Lilo Tissen
Mutterzwist im Hause Habsburg
Elisabeth Christine
Maria Theresia
Maria Anna

müry salzmann

Die Geschichte Ihres Lebens, meines Lebens, gibt es nicht, das ist allenfalls Lexikologie. Den Roman meines Lebens, unserer Leben, ja, aber nicht die Geschichte. Indem die Zeiten kraft der Vorstellung neu erstehen, wird dem Leben wieder Atem eingehaucht.

Marguerite Duras

Inhalt

Intro: Wien, Burgring und Schloss Hetzendorf 7

Es ist genug, mein matter Sinn sehnt sich dahin, wo meine Väter schlafen 20 Sind Mädchen weniger wert? 27 Das Reserl als Thronerbin, unvorstellbar! 32 Welfenblut 40 „Majestät müssen ein Mann sein!" 48 …mitten drin im Schlachtengetümmel 54 Immer muss sie sich in alles einmischen… 58 Es ist meine Schuld! 64 …et pour jamais, adieu! 73 „Ein gewisses Etwas!" 79

Intro: Braunschweig-Wolfenbüttel 85

Erzähl mir von dir, mamie! 92 Zauberschloss 94 Löwengleich 99 Hofklatsch 102 Zwei unzerbrechliche Säulen 109 Gibt es wohl etwas Seltsameres als die Erziehung der Frauen? 113 Frauenschicksale 117 Die Prinzessin von Clèves 121 Ehevermittlung 124 Lieber sterben als konvertieren 127 Abschied und Glaubensübertritt 141 In Wartestellung am Kaiserhof 148 Reise nach Spanien 155 Fünf Jahre im spanischen Krieg 167

Wiener Hof- und Familiengefechte 175 Nachlass für einen Toten 181 Dem Tod nah 206

Intro: Kapuzinergruft, Wien 209

Krankheit 214 Va banque, va tout! 222 Tod des Vaters 235 Mittelpunkt der Familie 237 Abschied von den Geschwistern 238 Neapel. Parma. Paris. 243 Folgenreicher Entschluss 245 Marianna ätzend wie immer! 247 Staatsraison und Mutterherz 254 Ein Opfer der Politik 259 Albträume 263 Arbeitsprogramme 267

Intro: Klagenfurt 271

„Es lebe Marianna" 276

Anmerkungen 294
Quellen und Literatur 296

Das Maria-Theresien-Denkmal zwischen Kunst- und Naturhistorischem Museum in Wien

Intro: Wien, Burgring

Während meiner Erkundungsgänge durch Wien fühlte ich mich eines Tages aufgerufen, Maria Theresia, der in einiger Höhe unübersehbar vor mir aufragenden österreichischen Kaiserin, die Reverenz einer genaueren Betrachtung zu erweisen. Bis zu diesem Zeitpunkt war ich viele Male, mit einem kurzen Blick auf die monumentale Steinfigur, an ihr vorbeigelaufen. Ganz absolute Herrscherin, dachte ich, wie sie da hoch über ihren Untertanen thront, zu ihren Füßen umringt von den IklTugenden der Gerechtigkeit, Kraft, Milde, Weisheit sowie von ihren Beratern, das Szepter in der einen, die „Pragmatische Sanktion" – dank derer sie auch als Frau die Nachfolge antreten konnte – in der anderen. Aus dem Stadtführer bezog ich einige zusätzliche Details: „Zwischen Kunst- und Naturhistorischem Museum steht das 19,4 m hohe Denkmal aus dem 19. Jahrhundert (1874–1888). Erbauer: Zumbusch. Kosten: 820.000 Gulden."

Ich schaute an dem Denkmal in die Höhe. Große Feierlichkeiten hatten zu seiner Einweihung stattgefunden. Maria Theresias Ururenkel, Kaiser Franz Josef, war höchstpersönlich mit seiner Gemahlin Elisabeth vor Ort erschienen. Alle Glocken der Stadt hatten geläutet, und vom Belvedere waren 101 Kanonenschüsse herabgedonnert.

Maria Theresia war für mich eine alte, wenn auch nicht unbedingt liebe Bekannte. Ich war ihr schon als Schülerin begegnet. Die ersten Informationen über sie und die Bilder, die sie mir spontan unsympathisch gemacht hatten, waren – gegen alle späteren kompeten-

Einer der größten und ältesten Teile der Hofburg ist der nach seinem Erbauer benannte Leopoldinische Trakt. Leopolds Enkelin, Maria Theresia, diente er als Winterresidenz. Heute residiert darin der österreichische Bundespräsident.

teren Einblicke in ihr politisches Wirken – hartnäckig in meinem Kopf geblieben und steuerten auch dieses Wiedersehen in Wien: eine pausbäckige Matrone mit schwarzer Witwenhaube, bigott, umringt von einer Vielzahl entzückender rosiger Kinder, und dazu die Stimme meiner Geschichtslehrerin, die mit unverhüllter Ergriffenheit erzählte, dass die österreichische Kaiserin den Verlust Schlesiens, den ihr, der armen tapferen Frau, der Wüstling Friedrich zugefügt hatte, nie verwunden und ein Leben lang beweint habe.

Als Maria Theresia jetzt von oben herab auf mich blickte, belebten sich diese Gefühle, und mir war, als wäre von Anfang an Kampf angesagt zwischen mir und ihr, zwischen den so ungleichen Frauen, die eine aus Bronze, die andere aus Fleisch und Blut, die beide dreiundsechzig Jahre zählten, die eine bei ihrem Tod, die andere zum Zeitpunkt dieser Begegnung. Weil sie mich nicht kalt ließ, begann ich, über sie zu ermitteln. Ich suchte die Orte auf, an denen sie gelebt hatte oder verewigt worden war, stand vor der Hofburg und schickte meine Blicke an der Fensterfront des Leopoldinischen Traktes empor, dort wo die kaiserliche Familie seit etwa Mitte des 17. Jahrhunderts gewohnt hatte und wo heute die österreichische Staatskanzlei untergebracht ist. In Schloss Schönbrunn betrieb ich amüsiert Quellenstudium anhand der Tintenkleckse ihrer Feder. Ich ging in das chinesische Kabinett, wo sie insgeheim politische Verhandlungen geführt, aber auch ihrer Spielleidenschaft gefrönt hatte. Vor dem Prunkbett aus rotem Samt mit kostbarer Goldstickerei und auch im Angesicht des riesigen Doppelsarkophags in der Kapuzinergruft, auf dem sie in voller Größe wie auf einem Brautbett neben ihrem Mann liegt, stellte ich mir ihr Ehe- und Liebesleben vor, und wie Liebreiz und Leidenschaftlichkeit sich in ihr mit militanter Prüderie verbanden. Zur Bekämpfung von Unmoral und Sittenlosigkeit hatte sie sogar sogenannte Keuschheitskommissionen eingerichtet.

Wie aber mag sie wirklich gewesen sein: als Mädchen, Tochter, als Frau, Ehefrau und Mutter, wie als Landesmutter und Feldherrin? Ich las mich fest in unzähligen Geschichtsbüchern, Dokumenten, Festschriften, Nachrufen und – um ihre authentische Stimme zu vernehmen – in den vielen Briefen, auch im geheimen Schriftverkehr zwischen ihr und ihrer Tochter Marie-Antoinette.

Ich lernte, dass sie die kardinalen Tugenden bei weitem nicht so vorbildhaft verkörpert hatte, wie ihr Ruf es glauben machte; dass die glaubensstrenge Katholikin es mit der Toleranz gegenüber Andersgläubigen gar nicht streng nahm – im Gegenteil. Ich staunte nicht schlecht, wie sie über die Juden dachte: „Ich kenne keine ärgere Pest von Staatt als diese Nation, welche Betrug, Wucher und Geldvertragen, Leut in Bettelstand zu bringen, alle üble Handlungen ausüben, die ein anderer ehrlicher Man verabscheute."[1] Aber auch Protestanten ließ sie gnadenlos ausweisen und verfolgen.

Mag sein, wie manche behaupten, dass sie Skrupel im Kriegführen hatte. Aber das Leid, dass das mörderische Schlachten so vielen Menschen bedeutete, hinderte sie dennoch nicht, bis zum beschworenen „glücklichen" Ausgang immer weiter zu machen; selbstverständlich wusste sie dabei Gott in ihrem Rücken.

Sie hat gedacht und gehandelt wie ein Mann und hat ihre Hausmachts- und Herrschaftspolitik entsprechend konsequent betrieben, vielleicht als Frau umso mehr betreiben müssen. Denn sie war nicht bereit, für Menschenleben einen Fußbreit des angestammten Besitzes aufzugeben, ohne den sie – wie sie selbst sagte – „nur eine arme Fürstin" gewesen wäre.

„Mein Entschluss ist gefasst", schreibt sie 1741 an Graf Kinsky, den böhmischen Kanzler, „es heißt alles aufs Spiel setzen, um mir Böhmen zu retten. [...] Ich sage nicht, dass ich das Land zugrunde richten will, [...] aber ich will Grund und Boden haben, und eher müssten alle meine Heere totgeschlagen sein, bevor ich irgendetwas abtrete."[2]

Erst 1745 und auch 1748 hat sie wegen massiven Drucks der Engländer mit dem Preußenkönig und den anderen Gegnern Frieden geschlossen. Dennoch besangen deutsche Dichter sie erfolgreich als Friedenskaiserin. „Sie weinte, aber sie nahm", sagte dagegen ihr größter Widersacher, Friedrich II., über sie. Sie vergoss Tränen, richtete sich aber an der Staatsraison auf. Mit den „weiblichen Waffen" der Larmoyanz und der vermeintlichen Hilflosigkeit hat sie sich – so ihr Gegner – gezielt volksnah inszeniert.

Das Amt – so mag sie es gesehen haben – verlangte von ihr den Erhalt und möglichst die Ausdehnung ihrer Macht. Als Mutter zahlreicher Kinder, darunter fünf männliche Erben, gab sie zum einen ein gut katholisches Vorbild ab, zum anderen unterwarf sie ihre Töchter zur Festigung ihrer Macht einer strikten Heiratspolitik, dies sogar im vollem Wissen um das daraus entstehende Unglück.

Die Herrscher aus dem Hause Habsburg waren österreichische Landesfürsten, Könige von Ungarn und Böhmen, und standen zugleich als Kaiser an der Spitze des Heiligen Römischen Reiches Deutscher Nation. Maria Theresia trat in allen Funktionen ihre Nachfolge an. Sie ist ein überzeugender Beweis dafür, dass eine Frau mit Kompetenz und Sachlichkeit einen Staat ebensogut führen kann wie ein Mann – mit Diplomatie, Krieg und Heiratspolitik und über maßgebliche Reformen. Nur Kaiserin konnte sie als Frau nicht werden. Die Kaiserkrone war Männern vorbehalten. Auf dem erwähnten Denkmal trägt sie statt einer Krone ein Diadem – vermutlich war der Bildhauer hier in einem Dilemma.

Wenn sie schon nicht selbst Kaiserin werden konnte, sollte ihr Gemahl und Mitregent Franz Stephan den Kaisertitel tragen. 1745 wurde er gekrönt. Sie ließ es zwar zu, wenn man sie infolgedessen Kaiserin nannte, lehnte es aber ab, sich in Frankfurt krönen zu lassen. Warum?

Da ihr die Krone lediglich in ihrer Funktion als Gemahlin zugestanden wäre und nicht, wie ihre beiden Königskronen, als Erweis eigener Macht, wollte sie sie vermutlich gar nicht.

Ganz anderes galt hingegen für ihre Töchter. Im Einklang mit der katholischen Tradition hat sie ihnen die strikte Unterwerfung unter den Manneswillen befohlen. Obwohl die Mädchen bis zu ihrer Verheiratung das Frauenregiment ihrer Mutter stets vor Augen hatten, drohte sie mit Strafmaßnahmen und Liebesentzug, sollten sie sich in die Politik der Staaten einmischen, die ihre Männer schmählich schlecht regierten.

Während der Beschäftigung mit Maria Theresia begann mich ihre Mutter Elisabeth Christine immer stärker zu interessieren. Nach ihr jedoch blätterte ich durch die Geschichtswerke, ohne die Antworten zu finden, die ich suchte. In Bezug auf sie bleiben alle landläufigen Darstellungen nämlich merkwürdig blass und wortkarg, in Maria Theresias vielen Briefen kommt sie nur ein einziges Mal vor.

Schloss Hetzendorf

Es war ein sehr heißer Sommertag. Ich war zu Fuß unterwegs von Schönbrunn nach Hetzendorf. Der Weg führte entlang des kilometerweiten grünen Gürtels der ehemals habsburgischen Besitzungen. Die Kaiserfamilie hat die einst schnurgerade Allee, die Maria Theresia eigens zwischen den Schlössern hatte anlegen lassen, natürlich nie anders als in einer Kutsche zurückgelegt. Zu besonderen Anlässen benutzte man wahrscheinlich sogar eine der prächtigen vier- oder sechsspännigen Hofequipagen, die ich in der Wagenburg gerade besichtigt hatte. Im 18. Jahrhundert war Hetzendorf noch eine eigenständige Gemeinde gewesen. Heute gehört es zu Wien-Meidling, dem 12. Bezirk.

Während ich dahinlief, stellte ich mir nicht zum ersten Mal eine Reihe von Fragen. Was berührt mich an dem hochherrschaftlichen Leben so, dass ich dieses Mal auf den Spuren einer vor mehr als 250 Jahren verstorbenen österreichischen Kaiserin, die den Geschichtsbüchern keinen Nachruf wert ist, schwitzend über staubige, verkehrsreiche Straßen marschiere? Und was maße ich mir an, von ihr zu verstehen, wenn ich meinen jahrhundertefernen unstandesgemäßen Blick auf die Zeugnisse werfe, die von ihrem Leben geblieben sind? Wie zum Beispiel neulich als ich lange vor ihrem Rollstuhl stand. Er ist im Hofmobiliendepot in Wien ausgestellt.

Die unmittelbare Nähe zu Elisabeth Christines vieljährigem hautengem Weggefährt und -gefährten versetzte mich in Spannung. Ich erwartete, in die Intimität hineingezogen zu werden. Ich lief um den Sessel herum, befragte jedes Detail. Vor allem auf dem dunkelgrünen Polsterbezug suchte ich nach Lebenszeichen von ihr. Ich staunte über die Unversehrtheit des Stoffes. So ein voluminöser Körper wie der ihre hätte sich doch in die Sitzfläche sichtbar eindrücken, Hände und Füße hätten dunkle Ränder auf den Armlehnen und der Fußstütze hinterlassen müssen. Ich versuchte auch Blickkontakt aufzunehmen zu der schwarz gekleideten Gestalt, die im goldenen Rahmen über dem Rollstuhl an der Wand hängt. Aber weder die Frau im Witwenschleier noch der Sessel gaben etwas von ihrer Geschichte preis. Kein persönlicher Abdruck, keine Spur von der schrecklichen Krankheit auf dem Polster, kein Ausdruck in dem geschönten Porträt, der mich mit ihr verbunden hätte. (Wahrscheinlich hat man den Sessel restauriert).

Es gibt eine Reihe von Gemälden von Elisabeth Christine, ein Standbild – gar in den Ausmaßen ihrer berühmten Tochter – existiert jedoch nicht.

Nach etwa 40 Minuten erblickte ich den feudalen kaiserlichen Altersruhesitz vor mir, dessen Schönbrunnergelb trügerisch einladend in der Sonne leuchtete. Hinein konnte ich nämlich nicht: In dem Schloss befindet sich heute eine berühmte Modeschule, und die hatte Ferien.

Es war mein zweiter fehlgeschlagener Versuch, den Ort, an dem Elisabeth Christine ihre letzten Jahre allein verbracht hatte, näher kennen zu lernen. Enttäuscht schaute ich an der Fassade empor. Waren es der schreckliche Durst und die plötzliche Feststellung, dass ich just an einem 28. August hier gelandet war, die mich für einen Moment vorstellen ließen, dass sich gleich das große Haupttor öffnen, ich durch das Vestibül schreiten und dann die breite Steintreppe in den ersten Stock zum Festsaal hinaufsteigen würde, um mich mit einem Glas Champagner unter die hochadlige Gesellschaft der großen Geburtstagsgala zu Ehren der Kaiserinwitwe zu mischen?

„Den 28. ware große Gala wegen der Kaiserin Frau Mutter Geburtstags. ... I. M., die verwittibte Frau waren kurtz vorhero mit einem abermahligen Anstoß vom Rothlauf behafftet worden, mithin bettlägerig, ..."[3] Die Tagebucheintragung Khevenhüllers stammt aus dem Jahr 1747. Es war Elisabeth Christines 56. Geburtstag. Seit Jahren litt sie an dieser schmerzhaften, lebensgefährlichen Krankheit, der Wundrose.

An die offizielle Ehrung, bei der man die Zeremonie des Handküssens mit Rücksicht auf die Kranke auf wenige Privilegierte beschränkt hatte, schloss sich ein Festmahl an.

Diese festliche Szenerie vor Augen betrat ich die Residenz, als ich dann doch noch einen Tag, bevor das Schloss wegen Renovierung der historischen Räume ein Jahr lang für öffentliche Besucher geschlossen bleiben würde, die Gelegenheit zur Besichtigung bekam. Als ich in der großen Eingangshalle stand, wurde mein Blick nach oben auf das Deckengemälde gezogen, auf Aurora und ihre wilden Rösser. Ich musste lächeln: die Göttin der Morgenröte als Empfangsdame in einer Altersresidenz! Das gefiel mir. Das Fresko von Daniel Gran stammt aus den Jahren 1746/47. War Elisabeth Christine die Auftraggeberin oder lässt die Wahl des Motivs, diese Allegorie auf den Tagesanbruch, nicht eher auf die am Anfang ihrer Regierung stehende Maria Theresia schließen? Sie hatte das Schloss, diesen „Lustorth", 1842 gekauft, ausbauen und einrichten lassen und ihrer Mutter geschenkt, „teils wegen der gesunden Exposition und schönen Aussicht, teils auch wegen der Nachbarschafft mit Schönbrunn"[4], das Maria Theresia als Sommersitz bevorzugte. Von Juni bis Ende November hielt sich die kaiserliche Familie dort mit ihrem Hofstaat auf.

War Schloss Hetzendorf also ein Lustort und großherziges Geschenk einer liebenden Tochter, wie Khevenhüller, der Obersthofmeister, Chronist und ein großer Verehrer Maria Theresias, berichtet, oder war es ein Ort der Verbannung, der Elisabeth Christine zugewiesen wurde, um sie von der Hofburg, dem Zentrum der Politik, möglichst weit zu entfernen?

Beim Rundgang durch Schloss und Park erzählte mir der Verwalter, dass in diesem historischen Ambiente gelegentlich Veranstaltungen der Modeschule und andere Festlichkeiten stattfänden. Neulich hätte ein amerikanischer Juwelier – gegen eine entsprechende Miete – hier seine Vermählung gefeiert. Entweihung? Oder lebendige Anknüpfung an den Glanz früherer Zeiten?

Staunend schlenderte ich durch Elisabeth Christines Residenz: Festsaal, Antichambre, Spiegelsaal, gelber und blauer Salon, Holztäfelungen, kostbare Tapeten, Wandmalereien, viel Gold, alles mit Vergangenheit angefüllt, schön und verlassen. Unwillkürlich suchte ich das Terrain nach Elisabeth Christines Gemüsegarten ab, als ich von dem Balkon an der Südseite des Schlosses in den herrlichen großen Park schaute, in den wir dann hinabstiegen.

Während ich so auf ihrem Grund und Boden lustwandelte, wünschte ich mir, dass mehr auf mich zurückstrahlen würde von dem höfischen barocken Leben und vor allem auch etwas von dem menschlichen, häufig sehr leidvollen Alltag seiner erlauchten Schlossbewohnerin. Diese Regung war offensichtlich so stark, dass ich für einen Moment Marianna, die kleine Enkelin

Elisabeth Christines, durch den Park springen sah. Das Bild setzte sich in mir fest.

Nähe zu der Schlossherrin erhoffte ich mir insbesondere von dem chinesischen Zimmer, ihrem einstigen kostbaren Schlafgemach. Hineingehen durfte ich nicht. Nur – auf meine ausdrückliche Bitte hin – einen Blick hineinwerfen. Der Raum war leer. Sobald ich die Nase zu weit vorstreckte, um die chinesischen Lackarbeiten an den Wänden oder die wunderschönen Einlegearbeiten des Fußbodens näher zu betrachten, mahnte der Verwalter mich, dass ich den Alarm auslösen könnte.

Das barocke Gartenschloss Hetzendorf um 1790. Architektenstars wie Fischer von Erlach oder Lucas Hildebrandt waren an seinem Bau beteiligt. In ein Schloss verwandelte es Nikolaus Pacassi im Auftrag Maria Theresias.

Die Protagonistinnen

Elisabeth Christine
* 1691 in Braunschweig, † 1750 in Wien
Mutter von Maria Theresia
Großmutter von Marianna
Frau von Karl VI.

Maria Theresia
* 1717 in Wien, † 1780 in Wien
Mutter von Marianna
Tochter von Elisabeth Christine
und Karl VI.

Maria Anna, genannt Marianna
* 1738 in Wien, † 1789 in Klagenfurt
Tochter von Maria Theresia
und Franz Stephan von Lothringen
Enkelin von Elisabeth Christine
und Karl VI.

*28. August 1747.
Kaiserinwitwe Elisabeth Christine an ihrem 56. Geburtstag
Schloss Hetzendorf, chinesisches Zimmer.*

Es ist genug, mein matter Sinn sehnt sich dahin, wo meine Väter schlafen

Was für ein Leben?! ... Ein Wrack bin ich ... Verwelkt, zerstört. ... Wie hat man mich einst mit Schmeicheleien über meine Schönheit, meinen Liebreiz überschüttet: Ich überträfe alles, was die Dichter über Juno und die zarten Maße der Venus je gesungen haben, die Grazien seien meine Schwestern ... Von meinen Augen voller Lieblichkeit hat man geschwärmt, „weiße Liesl" nannte Karl mich stolz wegen meiner ebenmäßigen hellen Haut. Die Leute drängten danach, meine Hände zu küssen. Noch immer sind sie wohlgeformt und das Einzige an mir, das dem Verfall bisher getrotzt hat. „Niemals hätte ich mir träumen lassen, dass Sie so schön sein könnten!", rief Karl begeistert aus, als er mich im Hafen der kleinen katalanischen Stadt Mataro zum ersten Mal sah. Er konnte seinen Blick nicht von mir wenden und das, obwohl ich todmüde war von der langen, strapaziösen Reise im Hochsommer, die mich von Wien über Mailand nach Spanien führte. Ein Mückenschwarm hatte mich noch dazu arg zerstochen.

Ja, Karl, der Kaiser und Mann, mit dem ich 32 Jahre verheiratet war – er ist lange tot, die Lobeshymnen auf mich verklungen.
    Seit Jahren bin ich nun schon krank, ohne Perspektive auf Besserung, gepeinigt von Hitzewallungen, Atem-

beschwerden, einem höllischen Reißen in den Gelenken und den unberechenbaren Attacken des Rotlaufs.

Die Nächte sind am schrecklichsten. Oft finde ich bis weit nach Mitternacht keinen Schlaf. So auch heute an meinem Geburtstag. Es ist schon der sechsundfünfzigste! Wie immer gab es große Feierlichkeiten, aber ich habe meine Anwesenheit auf das unbedingt Nötige beschränkt. Es ging mir zu schlecht.

Nun bin ich allein. Sitze in meinem chinesischen Zimmer, das ich an diesem Schloss vor allem liebe. Mein Blick lässt sich für Momente einfangen von der zierlichen chinesischen Plastik, die mir am nächsten auf einer Konsole steht und mich so besonders anrührt: ein fremdartig feingliedriges Figürchen, überaus kunstvoll aus Speckstein geschnitzt.

In meinen offenen Beinen ist ein schrecklicher Schmerz. Meine Verbände sind durchnässt, aus ihnen tropft es. Sie müssten gewechselt werden, bald wird die eklige ätzende Flüssigkeit aus den Wunden herausströmen wie aus einem Wasserkran. Ich kann weder liegen noch sitzen. Es ist niemand da, mich Tag und Nacht zu versorgen. So muss ich mich alleine durchschlagen.

Seit Jahren ruht Karl nun schon in der Kapuzinergruft, in seinem prächtigen Sarkophag, an jeder Ecke des Sarges tragen Totenschädel die vier Kronen, für die Karl ein Leben lang mit allen Mitteln gekämpft hat.

Dass ich, die über Jahrzehnte Kranke, Karl überleben sollte – und das jetzt schon fast sieben Jahre –, stand ganz sicher nicht auf der Wunschliste des Hauses Habsburg. Nicht böse, nein, eher traurig und wie um Erlösung flehend hatte Karl mich so manches Mal aus seinen braunen Augen angestarrt, wobei er seine Unterlippe, die typisch habsburgische, noch melancholischer als sonst herabhängen ließ. Ob wohl diese seine Frau noch imstande wäre, ihm den ersehnten Sohn und dem Reich den so dringend erwarteten Thronerben zu schenken? Bei meinem Alter und der zerrütteten Gesundheit standen die Chancen schlecht. Wenn ich also vor Karl gestorben wäre, hätte er wieder heiraten und männlichen Nachwuchs zeugen können.

Sänfte, Rollstuhl, Bett! Ich spüre, dass ich Karl sehr bald nachfolgen werde. Kein Schritt mehr ohne fremde Hilfe. Diese unförmig geschwollenen Beine können meinen fetten Körper nicht mehr tragen. Wassersucht nennen es meine Medici und lassen mich erneut zur Ader. Sie sind es, die mich auf dem Gewissen haben. Alles Quacksalber, mit ihrem Glauben an Wunder, Zauberei und Dämonen – bis auf einen, van Swieten, der Erste Leibarzt. Er gefällt mir. Hat ein edles und honnetes Auftreten, ist unermüdlich tätig und ein Mann mit Herz, der sogar unentgeltliche Konsultationen für Arme macht. Die erste Berufung aus dem niederländischen Leyden an den Kaiserhof in Wien hatte er Maria Theresia rundweg abgeschlagen mit der Begründung, er wolle lieber ein kleiner Republikaner bleiben, als, mit einem pompösen Titel versehen, an einem Fürstenhof Sklavendienste leisten. Aber die Kaiserin hatte ihn, auf die dringende Empfehlung ihres Gemahls, weiter persönlich umworben. Schließlich teilte er ihrem Kabinettsekretär mit: „*A la fin, je me rends*"[5] – und kam nach Wien.

Ich freue mich immer auf seine Visiten, weil er mich mit seiner direkten Art und seinem Esprit aufmuntert, wenn er sich etwa angesichts meiner Renitenz gegen eine neue Heilmethode gespielt verzweifelt die wenigen Haare rauft und behauptet, leichter sei es, Herkules die Keule zu entwenden, als den Frauen ihre Vorurteile abzugewöhnen. Aber auch er weiß oft keinen Rat, wenn sich meine offenen Füße lebensgefährlich entzünden.

Ich rolle ans Fenster. Öffne es und atme gierig die Luft, die der Wind, der in heftigen Böen durch die Bäume des Parks streift, zu mir hereinweht. Obwohl es noch sommerlich warm ist, schaudert mich. Ich habe Angst vor der Nacht, der ich Minute für Minute, Stunde für Stunde mit panisch klopfendem Herzen ausgeliefert bin, auch wenn ich mich ganz zusammenziehe und mich noch tiefer in meinen Sessel kauere. Wie oft schon habe ich mich in Stunden der Schmerzen und Verzweiflung an ihn gekrallt, seine großen Seitenräder vor Zorn ungeduldig gedreht oder die weißen Ziernägel, mit denen Lehnen und Fußteil gesäumt sind, in größter Einsamkeit gezählt.

Und wieder, wie in zahllosen Nächten zuvor, spreche ich inständig das „Sterbelied" aus der Feder meines Großvaters:

Es ist genug, mein matter Sinn
Sehnt sich dahin, wo meine Väter schlafen,
Ich hab es endlich guten Fug,
Es ist genug! Ich muss mir Rast verschaffen.
Ich bin ermüdt, ich hab geführt
Die Tages Bürd: Es muss einst Abend werden.

Erlös mich, Herr, spann aus den Pflug,
Es ist genug! Nimm von mir die Beschwerden.
Die große Last hat mich gedrückt,
Ja schier erstickt, so viele lange Jahre.
Ach lass mich finden, was ich such:
Es ist genug! Mit solcher Kreuzes Ware.

Meine Todessehnsucht wird von einer höllischen Todesangst begleitet. Mein Gewissen martert mich bei der Vorstellung, mich vor Gott verantworten zu müssen. Droht mir doch seit jenen fast noch Kindertagen für meinen Treuebruch die ewige Verdammnis. So sehr ich auch versuche, die jenseitigen Straf- und Schreckensphantasien abzuschütteln und um Erlösung zu beten, es gelingt nicht. Stattdessen tauchen neue quälende Bilder auf.

Sobald ich die Augen schließe, erscheint mir Leopold Johann, mein einziger Sohn. Auf dem Paradebett in der Ritterstube liegt er in einem silberdurchwebten Kleid. Bleich und starr. Zur öffentlichen Besichtigung aufgebahrt.

Im Tod noch wurde er Opfer einer ungemein barbarischen Sitte der Habsburger: sein winziger geliebter Körper von den kaiserlichen Leibärzten aufgeschnitten und ausgeweidet wie ein erlegtes Tier. Herz, Eingeweide, Zunge, Augen herausgerissen ...

Ich lag währenddessen in den Gemächern nebenan und kämpfte gegen die Übelkeit einer neuen Schwangerschaft an. In diesen verzweifelten Stunden sah ich mein zukünftiges Leben vor mir, wusste für Momente schmerzlicher Klarheit, dass Leopold Johann für immer mein einziger Sohn bleiben würde. Um so heftiger wehrte ich mich gegen das, was da seit Wochen in mir heranwuchs. Trug es nicht die Schuld am plötzlichen Tod des Erbprinzen? Hatten die Beschwerden, die es mir bereitete, mich blind gemacht und erste Krankheitszeichen an meinem kleinen Sohn übersehen lassen?

Als ich die Kutsche auf dem Kopfsteinpflaster hörte, die nach der Schändung die erbeuteten Trophäen nach Sankt Stephan brachte – nur das kleine Herz blieb in der Augustinerkirche –, brach ich in haltloses Weinen aus.

Nach acht unfruchtbaren Ehejahren war es im April 1716 endlich gelungen. Die Geburt des Thronfolgers konnte verkündet werden. Zu dem besonderen Anlass ließ der Kaiser auch eine Medaille prägen, ein besonders schönes Stück: in der Mitte ein Medaillon, mit der Aufschrift „Gaudete, Elisabeth Christine peperit filium."[6] Darüber die Krone Karls V. mit dessen Wahlspruch „Plus ultra"[7]. – Ja, der Bann war gebrochen, immer weiter, immer mehr, so dachten Karl und ich und blickten hoffnungsvoll in die Zukunft.

Überschwänglich wurde der kleine Erzherzog begrüßt. In ganz Wien war Festbeleuchtung. Im Mittelpunkt einer großen Feier stand die Aufführung von „Angelica, Vincitrice di Alcina" im Garten der Favorita. Diese Wasseroper war von Karls Hofkapellmeister Fux eigens für den strahlenden Anlass komponiert worden.

Die Bühne, über einem breiten Kanal erbaut, wurde während des Spiels in zwei Teile geteilt, so dass man das

Wasser erblickte, auf welchem zwei Flotten von vergoldeten kleinen Schiffen ein Seetreffen nachstellten.

Ich war glücklich: endlich ein Kind, ein Sohn, ein Erbprinz! Für den Moment fühlte ich mich von einer unerträglichen Last befreit. Das jahrelange Bangen und Hoffen, die Frustrationen und Schuldzuweisungen, die religiösen Anfeindungen, die in meiner Kinderlosigkeit die gerechte Strafe Gottes für eine Ketzerin sahen, die angeblich empfängnisfördernden Quälereien – das alles war vergessen. Meine Stimmung trübte sich auch nicht, als wir die Aufführung mittendrin abbrechen mussten, weil es zu regnen begann. Dass die Wasseroper im wahrsten Sinne ins Wasser fiel, darin sahen viele ein böses Omen, aber in meiner alle Welt umarmenden Seligkeit ließ ich solche Zeichen nahenden Unglücks nicht an mich heran.

Die Klänge der Jubel- und Dankfeste im ganzen Land waren kaum verklungen, da hatte dieser gefeierte Erlöser des Hauses Habsburg sein kaum begonnenes Leben ausgehaucht.

Ein halbes Jahr später wurde Maria Theresia geboren. Meine erste Tochter. Die einzige, die mir geblieben ist. Und die, kaum selbst an die Macht gelangt, mich hier, in Hetzendorf, auf dem Land, zwischen Spargel und Kühen abgestellt hat.

Einige Tage später in der Wiener Hofburg.
Elisabeth Christine in ihrem Gemach.

Sind Mädchen weniger wert?

Auch im September ist es immer noch sommerlich. Ich schaue in das Laub der wenigen Bäume, die es hier vor der Burg gibt. Nur ungern denke ich daran, dass bald die kalte Zeit kommt. Für einige Blätter heißt es schon jetzt, Abschied nehmen. Ich verfolge ihren Flug. In ihren leuchtenden Herbstfarben schweben sie eine Zeit lang selig, vom Wind sanft getragen, dahin. Bis die Luft still steht und sie rettungslos abstürzen.

Ich residiere für ein paar Tage in der Burg, wo ich in einigen Wochen wieder mein Winterquartier beziehen werde. Maria Anna, mein Liebling, von allen Marianna gerufen, die mich als einzige freiwillig besucht, steckt den Kopf zur Tür herein. Ich winkte sie lächelnd heran.

Die kleine Erzherzogin ist ein zartes Persönchen, aber hoch aufgeschossen für ihr Alter. Sie wird wohl ähnlich groß werden wie ich. Sie ist hübsch – nicht schön, aber gefällig. Die wohlgeformten Arme und Hände hat sie von mir geerbt. Was ihr sonstiges Aussehen angeht, ähnelt sie wohl weniger mir oder ihrer Mutter als vielmehr ihrem Vater. Meistens ist sie sehr lebhaft und fröhlich, mit einem ausgeprägten Sinn für Humor. Erst seit einiger Zeit hat sie sich einen hochmütigen Blick zugelegt. Mich erheitert der kindliche Versuch, damenhaft zu erscheinen. Ihr Umfeld jedoch geht nicht so freundlich mit der kleinen Mimin um. Sie werde immer überheblicher, kommentieren ihre Geschwister Mariannas neueste Laune, sie versuche mit allen Mitteln die anderen auszustechen. Auch Maria Theresia hat an ihrer Tochter ständig etwas auszusetzen. Dabei ist Marianna höchst begabt, energisch und für ihre neun Jahre verständig und wissbegierig. Meine Enkelin erinnert mich sehr an mich selbst in diesem Alter, wobei wir Kinder in Wolfenbüttel unter keinem so strengen Regiment wie dem Maria Theresias standen.

Marianna muss um ihre Stellung kämpfen. Als Älteste von bisher sieben Geschwistern – bei der Gebärfreudigkeit Maria Theresias kommen sicher noch einige dazu – fällt es ihr schwer, sich in das tägliche Kleinkindertheater, wie sie altklug bemerkt, einzufügen. Wenn sie zu mir auf Besuch kommt, hat sie meistens viele Fragen. Sie habe niemanden außer mir, mit dem sie ernsthaft sprechen könne, sagt sie bedauernd, auch mit ihrem geliebten Vater nicht. Der habe zu ihren wichtigen Anliegen die gleiche Meinung wie alle anderen.

Marianna kommt also herein. Sie schwenkt dabei etwas in der Hand, was ich auf die Ferne nicht sehen kann. „Schau mal, was ich hier habe", sagt sie und breitet einen Streifen Papier – oder ist es Stoff? – vor mir aus. „Der Pepi hat das von seinem Kammermensch bekommen", erklärt sie, „und der hat behauptet, dass der Großvater das", sie zeigt auf die Aufschrift, „zu meiner Geburt gedichtet haben soll, aus lauter Enttäuschung, dass ich kein Bub war."

Jetzt erkenne ich, was sie in der Hand hält, und erinnere mich schlagartig an den 6. Oktober 1738, den Tag von Mariannas Geburt. An dieses inbrünstige Hoffen allerseits. Und dann – bei der niederschmetternden

Nachricht – an das Schweigen, das gequälte Lächeln ringsum und an Karls Blick, den er mir zuwarf. Er war am Boden zerstört. Das Verhängnis ging weiter. Wieder kein Junge! Mit meinen drei Töchtern machte das fünf Mädchen hintereinander im Habsburgerhaus. Und, was ich damals natürlich nicht wusste: Ein sechstes würde folgen.

Um die eigenen unerfüllten Erwartungen vor den lamentierenden Wienern herunterzuspielen und sie bei guter Laune zu halten, ließ Karl zum allgemeinen Gaudium Freikomödien veranstalten und Brieftauben ins Land fliegen, die um den Hals Spruchbändchen trugen. Marianna hält das Band jetzt mit beiden Händen und liest mit stockender Stimme vor:

Das Mannsvolk bleibt nicht aus,
Wo schöne Jungfräulein.
Die Wahrheit des Spruches
Trifft unfehlbar ein.
Es wird daher ein Mann als drittes uns nach Wunsch
begaben,
Jetzt konnt's nicht sein.
Warum?
Gut Ding will Weile haben.

„Gut Ding will Weile haben", wiederholt Marianna. „Was heißt das, *mamie*? Hat der Großvater mich nicht gemocht? War ich ein schlecht Ding?" In Mariannas Augen sammeln sich Tränen. Nach einer Weile berichtet sie weiter, ereifert sich darüber, dass ihr Bruder nicht aufgehört habe, sie mit seinen Geschichten zu ärgern. Bei ihm, Pepi, sei ganz Wien außer Rand und Band vor

Freude gewesen. Das habe sein Kammermensch ihm erzählt und ihm auch das Lied beigebracht, das zu seiner Geburt in allen Gassen gesungen worden sei:

Das war a G'schrei
Heut nacht um drei.
Man hat ka Ruh,
Vivat der Bua.

„Vivat der Bua, vivat der Bua, hat Pepi herumtrompetet, und dabei ist der kleine Teufel mit diesem Band um mich herumgetanzt, obwohl er den Text doch gar nicht richtig verstanden hat."

Ich ziehe Marianna zu mir heran, kann sie aber nicht wirklich trösten. Womit Josef sich vor ihr wichtig machte, das stimmt. Genauso ist es gewesen.

Als Marianna zwei Jahre alt war, gebar Maria Theresia den von allen wie ein Messias erwarteten Erbprinzen. Unter den vielen Sprüchen, die damals zur Feier der hohen Geburt am Hof und auf der Straße kursierten, erinnere ich mich vor allem an diesen:

Ein Viertel Säculum
Hat Oesterreichs schöner Garten
Auf diese theure Blum
Mit Schmerzen müssen warten.

Obwohl es mitten im Krieg war, herrschte ein Freudentaumel sondergleichen. Aufwendige Illuminationen tauchten die Stadt in strahlendes Licht. Triumph- und Ehrengerüste wurden errichtet, und die Wiener feierten ein Fest nach dem anderen: Fackelzüge, Prozessionen, Défilés mit Musik und Fahnen, Bälle, Maskenfeste.

Nach dem frühen Tod der älteren Schwester rückte nicht Marianna in den Rang der Erstgeborenen auf, sondern Pepi – sie betont mit Absicht die zweite Silbe von Josefs Kosenamen und zieht das i dabei ganz lang –, der um zweieinhalb Jahre Jüngere. Der wird umschmeichelt und in allen Belangen hemmungslos vorgezogen, was Marianna traurig und wütend macht. Seitdem er da ist, rivalisiert sie mit ihm, behauptet stolz und wohl mit einigem Recht, dass sie nicht nur älter sei, sondern auch besser lerne, also klüger sei als er. „Warum wird dann *er* der zukünftige Kaiser?" Verständnislos blickt sie mich an. „Wenn ich den Lehrern, der Aya[8] oder meiner Mutter solche Fragen stelle, sind sie empört; sie finden mich vorlaut und geltungssüchtig. Statt Aufmerksamkeit bekomme ich böse Worte und immer die gleiche Antwort zu hören: Was ich denn wolle? Natürlich rangiere Josef vor mir, ich sei doch nur ein Mädchen. Nur ein Mädchen, was heißt das? Sind Mädchen weniger wert?", fragt sie mich irritiert.

Dann springt sie plötzlich auf, mit blitzenden Augen stellt sie sich vor mich hin: „Warum wurde *maman* Thronfolgerin? Die war doch auch nur ein Mädchen?", ruft sie. „Ich will Kaiserin werden wie *maman*!"

*Zur selben Zeit.
Das Privatappartement der Kaiserin.
Graf Silva Tarouca, ihr engster Vertrauter, ist gerade gegangen.
Maria Theresia läuft unruhig hin und her.
Schließlich lässt sie sich in einem Sessel nieder.*

Das Reserl als Thronerbin, unvorstellbar!

„Majestät sind ehrgeizig und leidenschaftlich. Und Sie sind verletzt. Der Stachel, nur als Ersatz für den fehlenden männlichen Erben Ihrem Vater auf den Thron gefolgt zu sein, sitzt tief, seit Ihren Mädchentagen." So hat sich Tarouca ausgedrückt, und ich spüre, dass mir seine Worte unter die Haut gehen, mehr als mir lieb ist.

Durch die sehr vertrauten Gespräche über all die Jahre ist mir der kleine Portugiese ein unverzichtbarer „Seelenhirte" geworden. Dass ich ihn gleich zu Beginn meiner Regierung zu meinem Mentor und Privatminister gemacht habe, war ein Glücksgriff. Er ist durch und durch loyal. Mit Sorgen und Verdruss kann ich mich an ihn wenden. Er dient mir mit Rat und Trost. Hat Fingerspitzengefühl und verfügt über eine scharfe Beobachtungsgabe, die ihn befähigt, in Dinge und Menschen bis auf den Grund hineinzublicken. Mich eingeschlossen. Niemand außer Tarouca wagt, so unverblümt mit mir zu sprechen. Manchmal brause ich auf. Auch bin ich nicht immer willens, ihm zu folgen, weil es mir schwer fällt, seine Wahrheiten anzunehmen. Nur selten findet sich jemand wie er, der bereit ist, einen so schwierigen Posten bei seiner Kaiserin einzunehmen.

Einmal mehr stimmt mich, was Tarouca gesagt hat, nachdenklich. Gibt es diesen Stachel in mir? Richtig ist, dass die Angst vor dem Aussterben der Habsburger ihren langen dunklen Schatten auch in die Kinderzimmer warf, wo wir drei Mädchen – ich, die Älteste, Maria Anna nur gut ein Jahr jünger, und die kleine Maria Amalia – heranwuchsen.

Seit der Geburt meines Vaters 1685 bis zu der meines Sohnes Josef 1741, also über ein halbes Jahrhundert lang, hatte es im Erzhaus nur zwei Buben gegeben. Beide sind über das erste Jahr nicht hinausgekommen.

Mein Bruder Leopold Johann ist ein halbes Jahr vor meiner Geburt gestorben. Als kleines Mädchen, wenn ich in der Kirche in Mariazell war, habe ich ihn mir manchmal lebendig vorgestellt. Dort lag er zu Füßen der Madonnenstatue, in pures Gold gehüllt, in der rechten Hand ein flammendes Herz und links neben sich das erzherzögliche Hütchen mit dem goldenen Vlies. Ich betrachtete ihn immer sehr genau. Wie gern hätte ich einen Bruder gehabt! Was hat sein Tod für mich bedeutet? Wie wäre mein Schicksal verlaufen?

Unsere Eltern haben vor uns Kindern nie über ihn gesprochen, aber durch seinen Tod und das quälende Ausbleiben weiterer Erben war er irgendwie immer anwesend. Fast wie ein Gespenst! Dass wir nur Mädchen waren, wurde uns zwar nicht direkt angelastet, aber wir registrierten die Seufzer des Kaisers, die verzweifelten Blicke in unsere Richtung, das Getuschel des Hofes.

Zur Geburt meines Bruders hatte es drei Tage „große Gala" gegeben, Spektakel und ganz Wien in Festbeleuchtung. Bei mir ein Jahr später war das Festprogramm bescheidener: ein Tag „große Gala" und zwei Tage „kleine Gala". In die Wermutstropfen über die Geburt eines Mädchens, erzählte mir meine Tante später, mischte sich bei meinem Vater doch auch eine verhaltene Freude. Immerhin hatte er Nachwuchs gezeugt. Das machte Hoffnung. Die allerdings schwand mit jedem Schrei eines neugeborenen Mädchens, was an seiner Haltung deutlich sichtbar war.

Mit meiner Heirat gingen die großen Erwartungen, bald einen Stammhalter zu gebären, von meiner Mutter auf mich über. Hätte ich zu des Kaisers Lebzeiten einem Jungen das Leben geschenkt, wäre nicht ich, sondern mein Sohn sein Nachfolger geworden.

Seitdem ich wusste, wozu die Vorsehung mich bestimmt hatte, war mir klar, dass ich einem männlichen Thronfolger ebenbürtig sein müsste. Diese Verpflichtung habe ich immer in mir gespürt. Genauso wie die Verlockung zur Macht. In unseren Kinderspielen war ich stets die Anführerin. Den Posten machte mir niemand streitig. Denn meine Schwester Maria Anna – es schmerzt mich immer noch, an sie zu denken, obwohl sie jetzt schon viele Jahre tot ist – war nicht nur jünger, sondern viel zurückhaltender als ich. Und Maria Amalia sowieso zu klein, und sie ist auch bald gestorben.

Zusätzlich erwuchsen mir Widerstands- und Kampfbereitschaft aus der täglichen Anschauung meines verzagenden Vaters, den ich häufig klagen und stöhnen hörte und zu Gott flehen, dass er ihm die Kraft geben möge, das schwere Los zu ertragen. Ich würde, das schwor ich mir, stärker sein als er.

In England und in Russland hatte es durchaus schon Frauen auf dem Thron gegeben, in der Habsburgermonarchie hingegen noch nie, und natürlich auch nicht im deutschen Kaiserreich. Sich ein solch verhängnisvolles Szenario für Österreich auszumalen, weigerte sich mein Vater trotz seiner offiziellen Verfügungen, die einzig und allein aus Gründen der Staatsraison getroffen worden waren.

Das Reserl als Thronerbin, unvorstellbar! Ich wurde als absolute Notlösung angesehen, nur eingesetzt, um den Besitz und die Dynastie zu erhalten. Im Grunde hoffte mein Vater immer weiter auf die Rettung durch einen männlichen Erben. Wozu sollte man die Erzherzogin da in reine Männerdomänen einführen: Verwaltung, Jura, Militärwesen? Und so hat er mich ohne irgendeine praktische Einführung in die Politik zurückgelassen. Zumal er davon überzeugt war, dass – sollte das Schlimmste doch eintreffen – sowieso der Mann an meiner Seite das Staatsschiff durch die Stürme lenken würde.

Doch das – vor mir selbst kann ich es freimütig eingestehen – hat mein Ehrgeiz nicht zugelassen. Mitregent und Kaiser ja, das sollte Franz unbedingt werden, ansonsten ließ ich vom ersten Tag an aber keinen Zweifel daran, dass ich die von Gott Auserwählte war und gedachte, die Herrschaft über mein Erbe selbst auszuüben, die Zügel der Regierung also fest in der eigenen Hand zu halten.

Meine entschiedene Haltung in dieser Frage hat manche Verstimmung bei Franz ausgelöst, doch er hat sich gefügt. Seiner Unzufriedenheit habe ich allerdings häufiger werdende Jagdpartien zuzuschreiben und damit zwangsläufig verbundene längere Abwesenheiten vom Hof. Wenn es nur die Jagd wäre! Zu meinem Leidwesen ist Franz auch sehr empfänglich für das schöne

Geschlecht, so dass ich ihn sicherheitshalber beobachten lasse.

Wenn ich ihn, wie heute morgen, in hartem Ton zur Rede stelle, heftig werde, weine, überspielt er meine Aufgeregtheit mit einem Lächeln und einem flüchtigen Kuss zum Abschied, erklärt und entschuldigt sie mit meinem monatlichen Unwohlsein und geht seiner Wege. Ich sitze da, gemartert von Misstrauen und Eifersucht. Dass ich meinen Willen nicht durchsetzen kann, Franz mich gar mit seiner freundlichen Gelassenheit und Douceur beschämt, lässt mich aufstampfen wie einst die kleine Maria Theresia. Ein leidiges Thema! Aber die Zeiten ändern sich, und gewisse Rückzugsbedürfnisse stellen sich nach einer langjährigen Ehe einfach ein.

Als ich Franz heiratete, fühlte ich mich über die Maßen selig. Das einzig wirkliche Glück auf dieser Welt, so meine Überzeugung, sind eine glückliche Ehe und viele Kinder, vor allem möglichst viele Söhne. Ich war voll guter Hoffnung, meine Pflicht und Schuldigkeit als Frau zu erfüllen. Fruchtbar wie die Natur fühlte ich mich, für mich stand fest, der Nachwuchs würde nicht lange ausbleiben. Ich malte mir aus, dass mir auf Anhieb gelingen würde, was meine Mutter in vielen Ehejahren nicht geschafft hatte: dem Kaiser und der Monarchie einen gesunden, starken Erben zu schenken.

Wenn nicht gleich beim ersten oder zweiten Mal, dann würde es doch zumindest im nächsten Anlauf ein Sohn, dachte ich und blieb auch während der dritten Schwangerschaft erst einmal zuversichtlich. Dass es wieder nur ein Mädchen wurde, stellte unser häusliches

Glück auf eine harte Probe. Einen Thronfolger gezeugt zu haben, hätte auch meinen geliebten Franz aus der Schusslinie genommen.

Alle schienen sich mit einem Mal gegen uns verschworen zu haben. Vor allem Franz war der Sündenbock. Das Volk erhob boshafte Anschuldigungen gegen ihn, nannte ihn abfällig „den Lothringer" und lastete ihm das mangelnde Feldherrnglück an. Man beschimpfte ihn als Fürst ohne Thron, als Hungerleider und Mitgiftjäger, als bösen Fremdling. Darüber hinaus verstieg man sich zu behaupten, dass er mit den Franzosen, dem Erzfeind, gemeinsame Sache mache. Abwegiger und verleumderischer konnten die Unterstellungen nicht sein, hegt Franz doch einen tiefen Groll gegen Frankreich, das er für den Verlust seines Stammlandes und somit für seine politische Machtlosigkeit verantwortlich macht. Man warf ihm auch vor, schuld an dem verlorenen Krieg auf dem Balkan zu sein und daran, dass ich nur Mädchen gebar. Dies war der Gipfel der Gemeinheit. Die beißende Ironie der Wiener machte vor nichts halt.

Der ausbleibende Erfolg sowohl auf dem Schlachtfeld wie in der Thronfolge machte meinen Vater zunehmend unleidlich. Er erscheine noch starrer als die höfische Etikette, witzelte Franz, dem das strenge Zeremoniell ein Gräuel ist. In der Tat nahm der Kaiser immer mehr die düstere Farbe seines spanischen Mantelkleides an. Und ich geriet in große Not.

Die Stimmung am Hof war unerträglich. Ich lag mit dem neugeborenen Mädchen da, noch gezeichnet von den Qualen der Geburt, den fürchterlichen Schmerzen.

Das Kind schrie, die Glocken läuteten, und die Gesichter, bleich vor Entsetzen, wandten sich von mir ab. Nach der Geburt hat sich mein Vater kaum mehr im Wochenbettzimmer sehen lassen. Er war so verbittert, dass er mir sogar Vorhaltungen machte.

Die unheilvollen, traurigen Ereignisse setzten sich fort. Mitte des Jahres, wenige Monate vor meinem Vater, starb unsere älteste, nicht einmal dreieinhalbjährige Tochter Elisabeth, und in den Anfang der bedrohlichen Auseinandersetzungen mit dem Preußenkönig im Januar 41 fiel der Tod der jüngsten, der kleinen Karoline. Für wenige Monate gab es in der Kinderstube nur noch Marianna. Für den Hof musste ich in diesen schweren Zeiten das Gesicht wahren, und so empfing die Welt das Bild einer fröhlichen, dem Vergnügen zugewandten Prinzessin. In meinem Herzen war ich das ganz und gar nicht. Ich hatte versagt. Es war meine Schuld, dass ich keinen Thronfolger gebar.

Träume, in denen das Volk mir und meinem Sohn ohne Ende zujubelte und mein stolzer Vater seine „Frau Mutz" dankbar anlächelte, zerplatzten, sobald ich die Augen öffnete. Bevor ich den Kaiser derart beglücken konnte, lag er – von den unerfüllten Hoffnungen und einer Pilzvergiftung niedergerungen – auf seinem Sterbebett. Er starb, während ich die Erlösung schon in mir trug.

Der Tod meines Vaters machte mich von jetzt auf gleich zu seiner Nachfolgerin auf dem Thron, den über Jahrhunderte ausschließlich Männer innegehabt hatten. Über vierhundertzweiundsechzig Jahre hatten sie Österreich regiert. Die Realität überrollte mich fast. Ich werde nie vergessen, welch abgrundtiefer Schrecken mich durchfuhr bei der Nachricht vom Ableben des Kaisers. Jetzt war die Stunde gekommen. Meine erste Regung war, mich hinter meinen Tränen zu verbergen, zu bekennen, dass ich zu schwach, zu unvorbereitet, kurzum der Aufgabe nicht gewachsen sei. Ich spürte die Blicke auf mir.

Auf der Schwelle des Spiegelsaals, in dem sich die gesamte Beamtenschaft wenige Stunden nach dem Hinscheiden des Kaisers zum Treueid versammelt hatte, gefror mein Schritt für einige Augenblicke. Gleich musste ich aus dem schützenden väterlichen Schatten hervortreten, musste mich vor aller Welt als fähig und würdig erweisen. Ich musste gut sein, ich musste besser sein, ich musste die von den Vätern ererbten habsburgischen Tugenden mehr noch als meine Vorgänger verkörpern.

Welche Last! Und wie allein ich war! Trotz Franz. Im Innern des großen Reiches, am Hof, in Stadt und Land, erhob sich lautes Wehklagen. Und tiefste Depression erfasste das Land. Undenkbar, eine Erzherzog*in*, schrie es ringsum, eine schwache Frau! Wie sollte sie es schaffen, ein solches Imperium, das im ständigen Kampf um Herrschafts- und Besitzansprüche zu zerreißen drohte, zusammenzuhalten? Für viele lag die einzige Rettung darin, zum bayrischen König überzulaufen. An den Mauern Wiens gab es Anschläge mit Versen wie diesen:

Vivat! Der Kaiser ist tot
Wir bekommen jetzt großes Brot,
Der Lothringer ist uns zu schlecht,
Der Bayer ist uns eben recht.

Zurück in die Gemächer von Elisabeth Christine.
Die Kaiserinwitwe bleibt mit ihren Erinnerungen allein zurück.

Welfenblut

Wenige Stunden nach dem Tod ihres Vaters im Jahr 1740 saß Maria Theresia, schwarz gekleidet, zum ersten Mal auf dem Thron der Habsburger, vor dem versammelten, von Alter und Gicht gezeichneten Ministerrat, den Sinzendorf, Königsegg, Kinsky. Trotz ihrer Trauer und einer gewissen, ihrem ersten eigenständigen Staatsakt geschuldeten Schüchternheit trat sie – wie mir berichtet wurde – hoheitsvoll auf. Auf das halblaut geäußerte Bedauern im Kollegium, dass sie kein Mann sei, reagierte sie, ohne zu zögern, von ihrer Kraft und Hingabefähigkeit an die große Aufgabe überzeugt. „Ja", sagte sie, „ich bin nur eine Königin." Sie machte eine Pause und lächelte für einen ganz kurzen Moment, um dann ernst und bedeutungsvoll, mit einer leisen, aber unüberhörbaren Schärfe in der Stimme, fortzufahren: „Aber ich habe das Herz eines Königs." Die greise Ministerschar verharrte gebeugt.

Maria Theresias Worte empfand ich nicht zuletzt als eine Warnung an mich. Auch ich würde mich beugen müssen.

Die kurze Krankheit und das so plötzliche Hinscheiden meines Gemahls, des Kaisers, hatten mich und Maria Theresia zunächst in Sorge, Angst und Trauer vereint. Dahinter aber lauerten andere Gefühle, die unweigerlich zur Konfrontation zwischen mir und meiner Ältesten führen mussten.

Als Karl starb, fühlte ich mir den Boden, auf dem ich mich so gut und gerne bewegte, brutal unter den Füßen weggezogen. Gerade im letzten Teil seines Lebens, da er immer träger und schwermütiger geworden war, hatte ich mir, von ihm nicht nur geduldet, sondern gewissermaßen erwünscht, mehr Mitsprache und Einfluss auf die Staatsgeschäfte verschaffen können. Ich war in meinem Element, nutzte die Gelegenheit, wohl wissend, wie schnell mir seine Gunst wieder entzogen werden könnte. In den Jahren zuvor hatte Karl mich politisch kalt gestellt, sobald er mich nicht brauchte.

Sein Tod stürzte mich also von der regierenden Kaiserin in die Rolle der Witwe – ich war von einer Stunde auf die andere schachmatt gesetzt –, und mit derselben jähen Unausweichlichkeit katapultierte er Maria Theresia in die Rolle der absoluten Machthaberin.

Als erstes – und das tat weh – musste ich die kaiserlichen Räume auf der zweiten Etage des Leopoldinischen Traktes der Hofburg, in denen ich siebenundzwanzig Jahre residiert hatte, für die Thronfolgerin und ihre Familie räumen und ein Stockwerk höher ziehen. Über die Höhe der Abfindungssumme für Spiegel und andere Möbelstücke konnten Maria Theresia und ich uns nicht einigen. Wir stritten erbittert darüber, wie auch über andere Angelegenheiten in der Folgezeit.

Ich konnte mich nur schwer daran gewöhnen, unter der Herrschaft Maria Theresias zu leben. Ihr Stolz und Ehrgeiz machten mir zu schaffen. Dass jetzt meine eigene, dreiundzwanzig Jahre junge, *in politicis* wie auch im Leben völlig unerfahrene Tochter die Entscheidungen treffen würde, war viel schmerzhafter, als durch den Kaiser und Ehemann abseits des Geschehens gehalten zu werden.

Sieben Jahre steht Maria Theresia jetzt schon an der Spitze des Landes. Obwohl er wegen des ausbleibenden Stammhalters die Erbfolge seiner Tochter in der Pragmatischen Sanktion selbst festgelegt hatte, hielt der Kaiser die Augen vor einer tatsächlichen Herrschaft Maria Theresias ängstlich verschlossen. Die Sorge um sein Reich und die Zweifel in die Eignung einer Frau zur Regentin marterten ihn bis zur Todesstunde. Ich suchte ihn zu beruhigen, im Gegensatz zu Karl wusste ich nämlich immer, dass meine Tochter die Richtige auf dem habsburgischen Thron sein würde. Und ihre tatkräftige Regierung in den vergangenen Jahren hat mir recht gegeben.

Maria Theresia besaß schon als Kind nicht nur ein liebenswertes Wesen, sondern – und das hatte sie ihrer jüngeren Schwester Maria Anna deutlich voraus – die Fähigkeit, sich Respekt zu verschaffen, sich in Auseinandersetzungen zu behaupten, mutig und entschlossen. Und was viele Beobachter bestätigten: Während Karl über die Anerkennung ihrer Thronfolge in Europa fieberhaft verhandelte, sah die Heranwachsende ihrer kommenden Aufgabe als Königin bereits klar und selbstbewusst entgegen.

Maria Theresia ist eine Kämpferin. Diese Eigenschaft aber haben ihr weder ihr so hoch verehrter habsburgischer Vater noch ihr Großvater in die Wiege gelegt. Denn beide, eher phlegmatisch, zögerlich und melancholisch, waren nicht zum Herrschen geboren.

Nein, Tatkraft, Wagemut und Durchsetzungsvermögen sind – auch wenn sie, die Vatertochter, das nicht gerne hört – ihr mütterliches Erbe. Das ist das Welfenblut in ihr. Und das brauchte sie. Seit ihrem Amtsantritt befand sie sich aus vielerlei Gründen in höchsten Nöten, vor allem wegen der leeren Staatskassen und des Angriffs von Friedrich II. auf Schlesien unmittelbar nach ihrer Thronbesteigung.

Was ihr in dieser ersten Zeit besonders fehlte, war ein vertrauenswürdiger, persönlicher Ratgeber, ein Mann mit der nötigen Kompetenz. Diese Lücke hätte, so glaube ich, Maria Theresias Gemahl Franz ausfüllen können. Karl, das weiß ich, hatte immer auf seinen Schwiegersohn gesetzt. Immerhin war Franz, der im Kampf um Lothringen an der Spitze seines Landes gestanden hatte, regierungserfahren und über acht Jahre älter als Maria Theresia. Auf seinen Reisen durch Europa war er an den Höfen, mit denen es 1740 zu verhandeln galt, persönlich vorstellig geworden, hatte Kontakte geknüpft. Er war ein vielseitig interessierter Mann, in Wirtschafts- und Finanzfragen besonders kundig.

Dank seiner großen Liebenswürdigkeit gelang es Franz, sich von Anfang an Maria Theresias Herrschaft unterzuordnen. Manchmal sehe ich ihm jedoch an, wie hart es ihn ankommt, dass sie ihm nur geringen Einfluss auf ihre Politik einräumt, obwohl sie ihn zum Mitregenten erhoben hat. Sie verweist ihn ganz entschieden in die zweite Reihe und behält sich vor, nach eigenem Gutdünken zu regieren. Erst neulich, so weiß ich aus guter Quelle, ist sie ihm in einer Konferenz wieder einmal vehement über den Mund gefahren. Er solle sich nicht in Angelegenheiten einmischen, von denen er nichts verstände. Deswegen hat sogar Franz, sonst die Nachsicht selbst, ihr mehrere Tage lang gegrollt.

Bereits 1740 befürchtete ich – und durch den Verlauf des Krieges bis heute sehe ich mich darin leider bestätigt –, dass Maria Theresia den preußischen Fehdehandschuh zu leichtfertig und selbstherrlich aufgehoben hatte. Wie Franz hätte ich mir Verhandlungen mit Friedrich und sogar gewisse Zugeständnisse an ihn vorstellen können. Deshalb versuchte ich auch meine verwandtschaftlichen Beziehungen zu nutzen. Aber es gelang mir nicht, den preußischen König zum Einlenken zu bewegen. Stattdessen habe ich von der Seite nur herbe Abfuhren und Spott geerntet. Und von Maria Theresia bin ich kalt in meine Schranken gewiesen worden.

Auf ihren ersten unsicheren Schritten in das neue Amt duldete Maria Theresia – allerdings zunehmend pflichtschuldig! – meine Begleitung. Ihr jedoch beim Regieren zur Seite zu stehen, ihr mein Wissen und meine Erfahrung, die ich hier in Wien und vor allem in meinen spanischen Jahren gesammelt hatte, zur Verfügung zu stellen, dies Angebot hat sie mit jener hochfahrenden Bewegung des Kopfes, die ihr im Umgang mit mir so eigen ist, zurückgewiesen.

Ich wollte es nicht wahr haben, auch wenn ich genau wusste, dass Maria Theresia von Anfang an entschlossen war, sich der störenden Mutter zu entledigen. Und dabei ging sie zielstrebig vor. Zwei Jahre nach Karls Tod, als ihr Projekt Schloss Hetzendorf fertig war, wies Maria Theresia es mir als neuen Residenzort zu. Ein unmissverständliches Zeichen. Sie schickte mich gleichsam unter dem Deckmantel der Fürsorge in die Verbannung. Die Hetzendorfer Luft würde mir gut tun, hieß es. Seitdem erweist sie mir selbstverständlich nicht nur die gebotenen Reverenzen, sie lässt mir auch alles, was sie an ärztlicher Versorgung und Pflege für nötig hält, zukommen, einen angemessenen Hofstaat eingeschlossen. So entsteht nach außen der Eindruck einer äußerst besorgten, liebevollen Tochter. In Wirklichkeit meidet sie meine Nähe.

Am Hof macht das Beispiel Maria Theresias Schule. Auch die anderen Familienmitglieder gehen auf Distanz zu mir. Sie sind auf der Hut. Dass ich ihnen die Wahrheit offen ins Gesicht sage, mögen sie nicht. Sie fürchten meine spitze Zunge. Ich bin zwar körperlich am Ende, aber mein Geist funktioniert noch –, und zwar sehr gut. Das tat er immer, auch wenn man hinter meinem Rücken ein anderes Bild von mir vermitteln will und genüsslich darüber klatscht, ich hätte meinen Verstand allmählich in Wein und Likör ertränkt. Man soll nicht glauben, dass mir die Geschichten, die am Hof über mich verbreitet werden, nicht zugetragen werden. Gott ist mein Zeuge, ich war nicht immer so. Ich bin erst hier in Wien so geworden.

Maria Theresias Entschlossenheit zur Alleinherrschaft wurde von der ersten Minute an jedem, der Augen im Kopf hatte, deutlich. Keinen Zweifel aufkommen ließ sie auch an der Haltung gegenüber dem Preußenkönig und ihrer Entscheidung zum Krieg, der jetzt bereits sieben Jahre dauert. Seit zwei Jahren ist zwar der Frieden mit Preußen geschlossen. Schlesien verloren. Aber der Krieg geht auf anderen Schlachtfeldern weiter, in Italien, den Niederlanden. Von Anfang an hatte ich gespürt, diese Auseinandersetzung um die Erbfolge für Habsburg würde keinen großen Sieg bringen, und deshalb auf ein schnelles Ende gehofft.

„Eines Tages, das habe ich mir geschworen", verkündet Maria Theresia, sobald die Rede auf das Thema kommt, „eines Tages werde ich mir Schlesien zurückholen." Das ist ihre unerschütterliche Überzeugung und nicht erlahmende Kampfansage an den Preußenkönig. „Nicht ich", ruft sie erbost und lässt sich in ihrer Redeflut nicht mehr unterbrechen, „nicht ich habe den Krieg begonnen. Dies auch der Nachwelt kundzutun und mich für meine Kriegserklärung zu rechtfertigen, ist mir ein innerstes Anliegen. Ich wurde in frechster Weise herausgefordert. Von einem Herrscher, dem Zurückhaltung und Respekt dem Kaiserhaus gegenüber gut angestanden hätten. Schließlich hatten nicht zuletzt die Fürsprache und finanzielle Unterstützung meines Vaters dem Prinzen erst das Leben und schließlich den Thron gerettet. Zum Dank dafür hat Friedrich mich überfallen, Stücke aus meinem Reich herausgerissen und mir damit eine Gewalt angetan, die ich nie vergeben und vergessen werde.

Auf die schamlose Missachtung und Demütigung der großen geheiligten Dynastie, aus der ich stamme, musste ich reagieren. Nicht Hochmut oder Eroberlust haben mich also veranlasst, Krieg zu führen, sondern Pflicht und Ehre.

Als Thronerbin sowie allgemeine und erste Mutter meiner Länder, für die ich Liebe und Zärtlichkeit hege, bin ich für deren Bestes in dem Maße verantwortlich, dass ich ihr Wohlergehen allem anderen vorziehe, auch jederzeit dem meiner Kinder, so sehr ich sie auch liebe. Ich musste und muss meine Provinzen verteidigen unter Einsatz meiner ganzen Person und all meiner Mittel. Meinen armen Erbländern konnte nichts Unglückseligeres geschehen, als in preußische Hände zu fallen.

Erst hatte mich Friedrich beraubt und sich dann, welch ein Hohn, großzügig als mein Schutzherr angeboten. Anstatt mich ihm auszuliefern, brach ich die würdelosen Verhandlungen mit diesem Rechtsbrecher ab und erklärte ihm den Krieg. Ich habe niemals daran gezweifelt, richtig gehandelt zu haben.

Allen Zweiflern und Widersachern habe ich gezeigt, dass die Habsburgerin in diesem Staat das Sagen hat und eine ernst zu nehmende Gegnerin ist. Wäre sie nicht durch ständige Schwangerschaften gehindert, würde sie im Kampf gegen die meineidigen Feinde am liebsten allen voranreiten.

Was mich einzig und allein immer stützte, war die Überzeugung, in höchstem Auftrag zu handeln. Gott hat mich für dieses Herrscheramt auserwählt, und nur ihm kann ich wirklich vertrauen. Er gibt mir bis heute die Kraft, die mich davor bewahrt, unter der Verantwortung nicht zusammenzubrechen."

Ich kannte Maria Theresias Rechtfertigungen für den Krieg zur Genüge, ließ sie doch keine Gelegenheit aus, ihre Gründe vorzutragen.

Ende September 1747. Maria Theresia hält Audienz.

„Majestät müssen ein Mann sein!"

Tarouca kommt herein. Ich will mit ihm, meinem Rechtsberater in der niederländisch-italienischen Sache, noch einmal unter vier Augen die aktuelle Kriegssituation durchsprechen. „Soll ich mich zum jetzigen Zeitpunkt auf Friedensverhandlungen einlassen?", frage ich ihn geradeheraus. Er schweigt, bedächtig wie er ist.

„Majestät mögen verzeihen", sagt er schließlich, „wenn ich nicht unmittelbar auf Ihre Frage antworte, sondern ein bisschen weiter aushole und an den Anfang des Krieges zurückkehre. Europa hoffte 1740, aus dem überraschenden Tod Ihres Vaters Profit zu schlagen. Und so beobachtete man Maria Theresia, die junge Erzherzogin, die von heute auf morgen den Thron bestieg, von Beginn an sehr aufmerksam. Was man sah und sowieso schon über sie wusste, gefiel: eine schöne, liebreizende Prinzessin, als Tochter aus hochadeligem Hause gewiss standesgemäß, für das höchste Staatsamt aber völlig unzureichend ausgebildet. Eine Dreiundzwanzigjährige, die sich bisher gern amüsierte, mit Vorzug auf Tanzböden und an Spieltischen – Majestät mögen mir meine Offenheit nachsehen –, nach Lust und Laune in den Tag hinein lebte. Eine verliebte, zärtliche Ehefrau und eine mit Kinderkriegen und -aufzucht beschäftigte Mutter. Dass sie bisher nur Mädchen geboren hatte und damit Habsburgs mannloses Schicksal fortsetzte, registrierte man schadenfroh.

Auch wie sich die Erzherzogin in ihrer neuen Aufgabe präsentierte, ließ auf eine umgängliche, nachgiebige, jedenfalls leicht zu beeinflussende Frauensperson schließen. Nicht unnahbar-gebieterisch, wie es einem absoluten Monarchen ziemte, trat sie dem Volk gegenüber auf, sondern hochherzig, wohltätig und leutselig. So zu sein, hatte man sie als Mädchen gelehrt. Und so geben es Ihnen, Majestät, bis heute Ihr spontanes Wesen und Ihre tiefe Frömmigkeit ein.

Sie schienen als leichte Beute geradezu prädestiniert, weil Sie überdies gänzlich unerfahren in der Politik waren, als Sie durch den Tod des Vaters aus dem geselligen Leben und der friedlichen Beschaulichkeit Ihrer Familie aufgeschreckt wurden. Wenn man also hörte, wie Sie in den ersten Wochen und Monaten das Unglück der allein gelassenen Tochter und Regentin beweinten und an die Unterstützung durch Ihre Untertanen appellierten, fühlte man seine Erwartung bestätigt: die Thronfolgerin würde sich für die Regierung des riesigen Reiches als zu schwach erweisen.

Lediglich Ihre engste Umgebung, vor allem Ihre Mutter, kannte Sie besser, und auch einige klarsichtige Beobachter hatten schon in der Halbwüchsigen die besonderen Fähigkeiten wahrgenommen. Inzwischen aber haben auch Ihre Gegner begriffen, dass das zu Amtsantritt gezeigte Verhalten nur die eine Seite dieser Habsburgerin ist."

Wie es Taroucas Art ist, wenn er mir Wichtiges begreiflich machen will, doziert er weiter: „Ihre Angreifer, selbstverliebt und verblendet, sahen in Eurer Majestät lediglich eine Platzhalterin. Sie wurden flüchtig gewogen und, wie ich schon sagte, als zu leicht für das Herrscheramt befunden. Die Herren waren überzeugt, eine

Marionette vor sich zu haben, ohne Befähigung zum Regieren und ohne reale politische Durchsetzungskraft. Denn was in den Augen Ihrer Feinde, abgesehen von Ihrem Geschlecht, das Machtvakuum noch erfreulich vergrößerte, war Ihr desolates väterliches Erbe: leere Kassen und ein führerloses Heer. Dazu kamen Misstrauen und Treulosigkeit im eigenen Land.

Mit Genugtuung sahen die Landesfürsten zunächst einmal zu, wie der Habsburger Koloss zu wanken begann. Man hat im Jahr 1740 angenommen, mit dem derart geschwächten Habsburgerstaat schnell fertig zu werden und beuteschwer heimzukehren. Gegen die Frau, die ihn repräsentierte, glaubte man ungestraft Gewalt ausüben zu können. In der unerschütterlichen Überzeugung von der gottgegebenen männlichen Überlegenheit hat man Sie, Majestät, zusätzlich entwürdigt und zum Gespött gemacht.

Dass Sie die Herausforderung Friedrichs mit Krieg beantwortet haben und diesen bis heute führen, erklären Staatsraison und heilige Pflicht gegenüber den Vätern und Untertanen nur zum Teil. Eine andere in Ihrer Situation hätte dem mörderischen Druck und der Last der Verantwortung nicht standgehalten und eilig Verhandlungen gesucht. Sie aber, Majestät, parieren den Angriff. Sie sind eine Kämpferin und Spielerin. Man muss Sie nur reiten sehen, tollkühn und draufgängerisch, oder am Spieltisch beobachten. Sie sind eine, die hasardiert, die gerne hoch spielt, nicht nur beim Pharao[9]. Sie wollen siegen, das Glück zwingen, um jeden Preis. Das spiegelt Ihr mürrisches, ja oftmals zorniges Gesicht deutlich wider, wenn Sie verloren haben! Ich erinnere mich gut, wie Sie nach der Einnahme von Prag durch die bayrisch-französischen Truppen gesagt haben: ‚Mein Entschluss ist gefasst, alles aufs Spiel zu setzen, um mir Böhmen zu retten.'" Tarouca verstummt.

„Frauen", setzt er nach einer längeren Pause wieder ein, „haben verglichen mit Männern angeborene körperliche wie geistige und charakterliche Mängel: Sie sind von Natur aus schwach, unvernünftig, verantwortungslos, wankelmütig und zum Herrschen nicht geeignet." Taroucas Augen funkeln. „Deshalb sollte auch kein weibliches Wesen in seiner zarten Hand das Zepter schwingen. Was aber geschieht, vor aller Augen, in der Donaumonarchie nach des Kaisers Tod? Da betritt nicht nur eine Frau die große politische Bühne, sie erklärt den Männern auch noch den Krieg. Ungeheuerlich! Zunächst glaubte man freilich weiterhin, Sie dominieren zu können. In dieser Überzeugung hatte der Preußenkönig für den Dankgottesdienst nach der ersten gegen Sie gewonnenen Schlacht die Textstelle aus dem Paulusbrief gewählt: ‚Ein Weib lerne in der Stille mit aller Bescheidenheit. Einem Weibe aber gestatte ich nicht, dass sie lehre, auch nicht, dass sie des Mannes Herr sei, sondern ich will, dass sie stille sei.'

Diese Frau aber ist nicht still, sie wagt es, auch in den männlichsten aller Herrschaftsbereiche einzudringen: Sie führt Krieg. Und sie zeigt in diesem Kampf Eigenschaften, durch die sich üblicherweise Männer auszeichnen: Durchhaltevermögen, Scharfsinn, Mut, Widerstandsgeist. Die Männerwelt staunt also nicht nur, sie ist zutiefst irritiert. Majestät müssen ein Mann sein, so der einhellige Befund. Eine Frau, die sich über uns erhebt, vertragen wir Männer nämlich nicht." Tarouca grinst vielsagend.

Er macht einige Schritte auf und ab, um schließlich fortzufahren: „So hörte ich einst den venezianischen Gesandten von der ‚Männlichkeit Ihrer Seele' sprechen. Auch Ihr Erzfeind Friedrich II., der seinen Gesandten Podewils geradezu darauf angesetzt hat, ihm die ‚Königin von Ungarn', wie er Eure Majestät zu nennen geruht, im Detail zu schildern, denkt ähnlich. Sie muss, sinnierte er in seiner Tafelrunde, eine eigenartige Frau sein, mehr männlich als fraulich. Einigen Gesandten gegenüber hat er sich über Sie ähnlich geäußert: eine Frau, als Mann verkleidet. Er soll sogar, was aus seinem Mund als höchstes Lob gilt, hinzugefügt haben: Man könnte sie als großen Mann ansehen. Aber ganz und gar nicht, würde ich ihm gerne zurufen und auch allen anderen, die sich in selbstherrlicher Weise den Kopf darüber zerbrechen, wer oder was Sie sind." Der sonst stets beherrschte kleine Mann gerät in ungewohnte Erregung.

Er stockt und spricht dann leise weiter: „Majestät selbst haben an Ihrem Amtsverständnis nie einen Zweifel gelassen. Sie haben sich immer als die allgemeine und erste Mutter Ihrer Länder gesehen und sich auch öffentlich unmissverständlich als solche – als *mater Austriae* – bezeichnet. Eure Feinde sollten endlich zur Kenntnis nehmen: Wird sie angegriffen, reagiert diese Landesmutter, die ihre Landeskinder naturgemäß zu schützen sucht, mit höchster Verteidigungsbereitschaft und todesmutigem Kampfeswillen. Wie eine Löwin. Und nicht", Tarouca schüttelt indigniert den Kopf, „wie ein verkleideter Mann. Die Borniertheit in den vorgeblich so aufgeklärten Kreisen Europas macht mich fassungslos!", seufzt er.

„Aber, und damit komme ich zum letzten Punkt: Ich bin sicher, dass es außer Pflicht und Ehre noch eine andere Triebfeder für Ihren Kampfeswillen gibt. Ich neige sogar dazu, sie als Ihre innerste, heftigste anzusehen: Sie glauben, sich vor sich selbst und den anderen ständig beweisen zu müssen. Um das mangelhafte Geschöpf Weib", jetzt schmunzelt Tarouca fast komplizenhaft, „vergessen zu machen, müssen Sie in den tagtäglichen Auseinandersetzungen Ihren Mann stehen, stark sein, um sich so den Respekt zu erhalten, den Ihre Rivalen nicht umhin können, Ihnen entgegen zu bringen. Diese Anerkennung ist Balsam für Ihre gekränkte Seele. Vielleicht lohnt es, Ihre Haltung in dem schrecklichen Krieg noch einmal zu bedenken. Je mehr Sie nach diesem öffentlichen Ansehen streben, desto unfreier werden Sie in Ihren Entscheidungen. Vertrauen Sie lieber auf sich selbst. Machen Sie Ihre Selbstachtung nicht von männlichen Lobhudeleien abhängig. Fürchten Sie sich nicht davor, man würde es Ihnen als weibliche Führungsschwäche auslegen, wenn Sie in diesem Machtkampf Frieden schließen wollten."

Damit verabschiedet sich *mon vieux grondeur philosophe*[10] von seiner erschöpften Kaiserin, die sich jetzt unbedingt bei einer Tasse Schokolade ein wenig erholen muss.

Anfang Oktober 1747.
Elisabeth Christine in ihrem Appartement in Schloss Hetzendorf.

... mitten drin im Schlachtengetümmel

Während ich noch über die Kriegsberichte nachsinne, wird mir der Besuch Ihrer Majestät, der Kaiserin, gemeldet. Maria Theresia ist alleine. Der Kaiser sei noch auf der Jagd, lässt sie mich wissen.

Schon lange nennt sie ihren Franz nicht mehr „mäusl", sondern nach über zehnjähriger Ehe sehr viel nüchterner „Alter" oder *„mon vieux"*. Heute wirkt sie sehr ungnädig. Wahrscheinlich hat sie ihm einmal mehr wegen seiner Jagdleidenschaft, die sie übertrieben findet und zudem nicht teilt, eine handfeste Szene gemacht. Oder es hat für sie wieder anderweitig Grund zur Eifersucht gegeben. Auf jeden Fall verbietet mir ein Blick auf meine schlecht gelaunte Tochter, das politisch-militärische Tagesgeschehen anzusprechen. Es würde doch nur wieder zum Streit kommen.

Ich betrachte Maria Theresia, die sich zum Handkuss über mich beugt, genauer. Meine anmutige Tochter wirkt schwerfällig. Ihre sonst so lebhaften Augen sind müde. Sie hatte immer ein volles Gesicht, eine glatte Haut. Jetzt ist sie schlaff, ihr Teint stumpf. Vielleicht sind es nur die Nachwehen des neunten Wochenbettes in zehn Jahren, das sie erst vor kurzem mit der Geburt eines dritten Sohnes hinter sich gebracht hat. Sie wird immer breiter und muss unbedingt mehr auf ihre Figur achten, wenn sie nicht wie ich im Rollstuhl enden will! Vielleicht drückt sie die Last des Herrschens, vor allem der lange Krieg doch mehr, als sie zugibt? Obwohl mit Preußen offiziell Friede herrscht, die beiden Länder längst Gesandte austauschen und Friedrich II. und Maria Theresia sich vor der Welt gegenseitiger Freundschaft versichern, tobt, da bin ich sicher, der Kampf gegen den Preußenkönig im Innern der Kaiserin erbittert weiter.

„Es ist stickig hier drin", beschwert sich Maria Theresia und rümpft die Nase. Der Geruch von Krankheit und Medikamenten in meinem Zimmer lässt sich durch das Parfum nicht ganz überdecken. Aus Rücksicht auf mich verzichtet sie darauf, die Fenster zu öffnen, erklärt dafür aber schwer atmend, dass sie kaum Luft bekomme, auch weil ihr Kleid sie einschnüre. „Außerdem", fährt sie fort, „sehe ich fürchterlich aus. Mein Gesicht ist von Insekten zerstochen – in dieser Jahreszeit! – und kaum zu überschminken. Den Anblick kann ich verschmerzen, wenn es mich nur nicht so jucken würde. Eines der kleinen Biester muss mir gar ins Decolleté gekrochen sein. Am liebsten würde ich mich ungeniert kratzen. – Haben Ihnen die Ärzte nicht jede Aufregung strengstens verboten?" In mokantem Ton, den sie mir gegenüber oft schon nach wenigen Minuten anschlägt, wendet sie sich schließlich meiner Lektüre zu. „Statt ins Gebetbuch vertieft, finde ich *Madame, ma mère*, wieder einmal mitten drin im Schlachtengetümmel!" Mit einer wegwerfenden Handbewegung fährt Maria Theresia über die auf meiner Bettdecke ausgebreiteten Zeitungsblätter.

„Sie haben Recht, *ma fille*," antworte ich, ohne mich provozieren zu lassen, „es erschüttert mich sehr, wie sich die Kriegssituation auch in Holland für uns zusehends verschlechtert." Mehr hätte ich nicht gesagt, die Zeitung weggelegt und mich nach ihrem Befinden und dem jüngsten Enkelkind erkundigt. Da gibt sie mir durch schnelles Abwinken mit Ring- und Mittelfinger der rechten Hand, als würde sie eine zudringliche Fliege verscheuchen, zu verstehen, ihr nicht wieder mit dem Krieg in den Ohren zu liegen. Meine Meinung interessiert sie nicht. So kann ich mich dann doch nicht zurückhalten, eine kleine Attacke zu reiten. „Selbst Sie, Madame, können nicht darüber hinwegsehen, dass die Franzosen unter diesem Teufelskerl, dem Marschall von Sachsen, sich nicht mehr aufhalten lassen. Um ihn zu besiegen, müsste den Habsburgern noch einmal ein genialer Feldherr vom Schlag eines Prinz Eugen vom Himmel fallen!"

Da Maria Theresia nicht reagiert, fahre ich fort: „Die Situation in Italien stimmt auch nicht gerade hoffnungsvoll. Wie man mir berichtet und ich hier lese, scheinen Österreicher und Sardinier mit dem Volksaufstand in Genua nicht fertig zu werden. Ist es da nicht an der Zeit, ernsthaft über Friedens …?"

Auf Maria Theresias Stirn ist längst – gefürchtetes Zeichen eines drohenden Unwetters! – die dunkle Zornesfalte erschienen. Scharf fällt sie mir ins Wort. Dass allein der Gedanke an Friedensverhandlungen, dazu noch von mir vorgetragen, entschiedenen Protest auslösen würde, war vorauszusehen. Schließlich kenne ich meine Tochter, also weiß ich, sie lässt sich zu keinem Zugeständnis bewegen, wenn sie sich – wie in diesem Krieg – im Recht glaubt. Schon in Kindertagen wollte sie mit dem Kopf durch die Wand. „Wo denken Sie hin?", fährt sie mich an. „Aufgeben? Jetzt? Niema ...!" Sie bricht mitten im Wort ab und lauscht eine Weile wie entrückt in sich hinein. Woran sie wohl denkt? Dann gibt sie sich einen Ruck und sagt, mehr zu sich selbst: „Niemals!" Dabei schwankt ihre Stimme.

Wider besseres Wissen spiele ich nun auch noch mein gewichtigstes Argument aus. „Mir liegen zuverlässige Informationen vor", sage ich und mache eine längere Pause, auch weil mir, durch die Krankheit bedingt, der Atem ausgeht. Maria Theresia klopft mit den Fingerspitzen auf die Sessellehne, bis ich endlich fortfahre. „Informationen, dass der englische König in nächster Zukunft aus dem Krieg aussteigen wird. Georg ist kriegsmüde."

Maria Theresia schießt aus ihrem Sessel hoch. „Können Sie es immer noch nicht lassen, Ihre Fäden zu spinnen und sich in meine Politik einzumischen? Ich flehe Sie an, Madame, nein, ich befehle Ihnen, Ihre lächerliche Geheimdiplomatie sofort einzustellen!"

Das Haupt hocherhoben und keinen Blick dafür, wie ich mich unter Schmerzen abmühe, die Kissen unter meinem Kopf zurecht zu rücken, verlässt sie wütend den Raum. In der halb geöffneten Tür dreht sie sich noch einmal um. „Haben Sie etwa vergessen", wirft sie mir hochmütig über die Schulter zu, „zu welchen Peinlichkeiten Ihr eigenmächtiges Vorgehen hinter meinem Rücken schon einmal geführt hat?"

Ich zucke zusammen, denn an meine missglückten Demarchen bei meinen preußischen Verwandten zu Beginn des Krieges denke ich nicht gerne zurück.

*Maria Theresia auf dem Rückweg
von Hetzendorf nach Schönbrunn.*

Immer muss sie sich in alles einmischen...

Ich fühle mich unwohl, habe Kopfschmerzen, bin schlecht gelaunt. Wie so oft, wenn ich von meiner Mutter komme. Oder sollte ich schon wieder guter Hoffnung sein? Es wäre das zehnte in zwölf Ehejahren. Obwohl ich erst dreißig bin, spüre ich, wie mich das Gebären schwächt und deutlich altern lässt. Auch beunruhigen mich die Gedanken an eine nächste Geburt, denn damit verbinde ich nur Schreckliches. Dazu lenken sie mich, was ich in diesen schweren Zeiten gar nicht brauchen kann, von meiner eigentlichen Aufgabe, der Politik, ab. Ich wäre sehr einverstanden, es bei zehn Schwangerschaften zu belassen. Dass Gott mir nur die sieben Kinder am Leben erhält!

Was Franz jetzt wohl macht? Ich versuche die Gedanken zu verscheuchen, denn es bekommt meinen Kopfschmerzen ganz und gar nicht, über ihn nachzugrübeln. Aber sofort drängt sich leider, und das ist auch nicht besser, meine Mutter wieder auf.

Ich schimpfe laut vor mich hin. Immer muss sie sich in alles einmischen: in meine Politik, meine Kindererziehung, meinen Lebenswandel. Was ich auch tue, ich finde nie ihre ganze freundliche Zustimmung, immer hat sie ein „Aber". Da nützt es gar nichts, ihr abseits vom Hof, in Hetzendorf, eine Residenz geschaffen zu haben.

Alles will sie wissen, horcht jeden aus. Unterhält eine riesige Korrespondenz, denn es verlangt sie immer nach den neuesten Nachrichten. Lächerlich verschlüsselt und unter größter Geheimhaltung natürlich. Überall hat sie ihre Spione.

Auch dass sich Marianna so an sie hängt, gefällt mir überhaupt nicht. Dabei ist doch zweifellos meine Mutter die treibende Kraft. Mit allen Mitteln versucht sie das Kind an sich zu binden, bringt ihm, als besonderen Affront gegen mich, sogar Plattdeutsch bei.

Wenn ich in die Kinderzimmer gehe, höre ich oft schon aus der Entfernung, dass sich Josef und Marianna streiten. „De lütt Düwel sall de Kuckuck holen!", schrillt es mir aus dem Munde meiner Tochter entgegen. Mariannas Eifersucht auf ihren kleinen Bruder kennt keine Grenzen. Sobald sie mich sieht, liegt sie mir mit ihren Klagen über Josef in den Ohren, behauptet, er sei eingebildet und gemein. Wenn ich ihr verbiete, so über ihren Bruder zu sprechen, begehrt sie auf und beschwert sich, ich nähme ihn immer in Schutz. Die Großmutter hätte auch gesagt, dass ich ihn schrecklich verziehe und allen anderen vorziehe.

Ich kann und will Mariannas Aufsässigkeiten nicht länger dulden! Ich werde ihrer Aya noch einmal schriftlich auftragen, wie sie sie zu erziehen hat. Strenger und respektvoller. Kindern erlaube ich keinen Widerspruch, sie sind dazu geboren zu gehorchen, und daran sollen sie sich möglichst frühzeitig gewöhnen.

Für mich ist meine Mutter, seit ich denken kann, die Schuldige an der ganzen Misere des Hauses Habsburg. Nicht nur, dass sie ständig krank war. Ich verdächtigte sie auch, gelegentlich zu simulieren. Sie brachte meinem armen Vater, der sich immer neue Anregungen für sie ausdachte und mit Hilfe der Ärzte alles Menschenmögliche versuchte, sie für einen Stammhalter empfänglich zu machen, nur Unglück. Gerade in der Ehe hängt doch alles von der Frau ab! Von ihrer Gefälligkeit. Meine Mutter aber war launisch, anspruchsvoll und so dominant, dass ich manchmal sogar meinte, der Kaiser habe Angst vor ihr. Denn er gab ihr oft nach.

In der Öffentlichkeit, wenn er im prächtigen Ornat des Ordens vom Heiligen Vlies erschien, wirkte er unnahbar. Auch sprach er nur ungern, lachte nie. Sobald wir im Familienkreis alleine waren, gab er sich locker und umgänglich, sogar witzig.

Für unsere Späße im Wiener Dialekt, den sie selbstverständlich nicht beherrschte, hatte meine Mutter nur spitze Bemerkungen oder schmallippige Korrekturen auf Französisch übrig.

Aus lauter Berechnung hat sie mich, schon als ich noch ein kleines Kind war, von sich weg- und zu meinem Vater hingeschoben. Denn wenn sie den Kaiser mit mir, seiner hübschen Tochter, entsprechend stolz gestimmt hatte, bedachte er sie mit Geschenken, vor allem in klingender Münze. Bis heute lebt sie verschwenderisch und steckt in dauernder Geldnot. Dass auch ich das Geld leichtfertig zum Fenster hinauswerfe, hat mir Franz vor einigen Tagen gerade wieder mit einem vielsagenden Blick zu verstehen gegeben und meine hohen Spielschulden wortlos beglichen.

Es war ein großes Glück für mich, als nach den beiden ersten Ajas die Gräfin Fuchs meine Erziehung übernahm. Ihr, meiner *Mami*, so nenne ich sie seit jenen Kindertagen, bin ich bis heute in besonderer Liebe verbunden. Sie hat einen feinen Geist und einen Herzenstakt, den ich bei meiner Mutter immer vermisst habe.

Sie, die Kaiserinwitwe, habe eine graziöse Art, Liebe zu gewinnen, sie sei schlau, boshaft und rachsüchtig, sagte mein Schwager Karl neulich über seine Schwiegermutter. Er trägt ihr nach, seiner Heirat mit meiner Schwester Maria Anna nur widerwillig und erst auf meinen Druck hin zugestimmt zu haben. Er war ihr als Mann für ihre Tochter nicht gut genug gewesen. Karl sagte es hinter vorgehaltener Hand. Ich habe ihm verboten, weiter zu sprechen, obwohl ich denke, er hat recht. Sie gibt sich freundlich, gnädig, wohltätig, viele lieben sie dafür, lassen sich einfangen, doch in Wahrheit ist sie wetterwendisch und kann hochfahrend und jähzornig sein. Und dann wird niemand verschont.

Vielleicht täusche ich mich, aber in letzter Zeit versucht sie mir näher zu rücken. Ich will das nicht. Dafür ist es zu spät.

Sie habe sich ein „wolfenpittelsch Herz" bewahrt, pflegt sie zu sagen. In jedes Gespräch mit fremden Besuchern lässt sie selbstgefällig einfließen, sie sei eine Welfin, stamme mithin aus dem ältesten Fürstenhaus Europas. Im gleichen Atemzug beklagt sie sich über den Hochmut der Wiener. Es liegt vor allem an ihr, dass die Wiener sie nie richtig akzeptiert haben. Sie weigert sich, das einzusehen. Obwohl sie schon so lange in Wien ist, geht ihr Blick doch immer nach Norden. Kommt jemand von dort an den Wiener Hof, insbesondere aus ihrer Verwandtschaft, lebt sie auf und besteht darauf, diese Person mit besonderen Ehren zu empfangen und an der Tafel gebührend zu platzieren. Über Fragen der Rangordnung kann sie den heftigsten Streit mit mir vom Zaun brechen. Dass letztlich ich die Entscheidungen treffe, erbittert sie.

Sie rühmt das herausragende kulturelle Niveau am Wolfenbütteler Hof und die hohe Bildung, die sie dort genossen habe. Die Erziehung der Prinzen und Prinzessinnen am Wiener Hof empfindet sie als nur mittelmäßig. Sie tut so, als wäre das winzige Herzogtum das Zentrum des Deutschen Reiches, als wären alle ihre Vorfahren, Männer wie Frauen, große Dichter und Denker gewesen. Ihre Herablassung gegenüber allem, was nicht welfisch ist, bringt mich seit jeher auf. Obwohl auch ich aus diesem zweifellos erlauchten Geschlecht stamme, kehre ich in ihrer Gegenwart immer stärker die Österreicherin in mir heraus.

Schon als Kind zog ich mich unwillig zusammen, wenn man mich dafür lobte, von Aussehen und Temperament meiner Mutter zu gleichen. Ich wollte nicht wie sie, sondern durch und durch Habsburgerin sein. Nicht einmal ihre Schönheit wollte ich damals. Und jetzt fürchte ich, ihre Fettleibigkeit geerbt zu haben.

Ich sollte den Kontakt zwischen Großmutter und Enkelin unbedingt noch schärfer kontrollieren. Mit ihrer Verklärung Wolfenbüttels nimmt sie einen schädlichen Einfluss auf Marianna, die sich den Kopf sowieso von allem Möglichen verdrehen lässt. Ich will nicht, dass sie sich eine kleine Welfin heranzieht.

Ich habe mich von dieser Verwandtschaft immer ferngehalten und auch die politischen Beziehungen dorthin auf das Nötigste beschränkt. Vieles nährt meinen Argwohn. Stehen die Braunschweiger doch seit Generationen immer wieder mit unserem Erzfeind, den Franzosen, im Bund. Mein tiefstes Unbehagen aber rührt daher – und dadurch wird der Graben für mich unüberbrückbar –, dass die Familie meiner Mutter protestantisch ist.

In Wien hält sich hartnäckig das Gerücht, meine Mutter hinge insgeheim dem Protestantismus weiter an. Auch ich misstraue ihr, wenn ich sehe, mit welchen Ratgebern, welcher Gesellschaft sie sich umgibt. Als Kind habe ich sie manchmal heimlich beobachtet. Verhielt sie sich anders als die übrige kaiserliche Familie? Machte sie weniger religiöse Übungen? War sie weniger fromm? Stimmte es, dass sie immer noch das Glaubensbekenntnis „von dem Luther" sprach, wie manche am Hof behaupteten? Ich schaute ihr während der Messe auf die Lippen, konnte ihr aber nie Verfehlungen nachweisen.

Wie meine Vorgänger sehe ich meine Mission als habsburgische Herrscherin darin, den einzig wahren römisch-katholischen Glauben sichtbar zu vertreten und seine Erhaltung und Ausbreitung zu fördern. Wenn es aber um die Politik geht, verlangt die Staatsraison von mir, Verbindungen aller Art zu unterhalten und zu nutzen, solange sie dem Land einen Vorteil bringen, ohne Ansehen der Religion. Nur so ist etwa das Bündnis mit England möglich. Wenn es aus besagten Gründen nicht opportun ist, vermeide ich den Umgang mit gewissen Leuten, mit Juden sowieso – in ihrer Gegenwart fühle ich mich geradezu körperlich unwohl –, aber auch mit Protestanten.

Ein paar Tage später.
Elisabeth Christine nach wie vor in Hetzendorf.

Es ist meine Schuld!

Meine Tochter innerhalb weniger Tage noch einmal allein und nicht in ihrer rastlosen Geschäftigkeit bei mir zu haben, freut mich. Wenn Maria Theresia ihre Krankenbesuche macht, geschieht das im Allgemeinen hoch offiziell und meistens in Begleitung des Kaisers, ab und an auch der Enkelkinder. Dann kümmert sie sich um alles Mögliche, rückt hier und zupft da, gibt meinen Hofdamen strenge Anweisungen oder wiederholt dieselben Vorwürfe, etwa, dass ich mich nicht an die ärztlichen Vorschriften hielte. Gespräche über das Notwendige hinaus gibt es dabei nicht. Sie ist immer in Eile. Sie wissen doch, *ma mère*, sagt sie brüsk, wie sehr ich von morgens bis abends beschäftigt bin.

Maria Theresias Blick bleibt umwölkt. Ich hoffe, er wird sich noch ein wenig aufhellen. Sie kann doch so herzlich, offen und lebenslustig sein. Nur leider mit mir schon lange nicht mehr. Sie schweigt, scheint ausschließlich mit ihren Füßen beschäftigt, die sie unruhig hin- und herbewegt. So wenig Sorgfalt sie oft auf ihre Kleidung verwendet, so sehr liebt sie Schuhe. Beinahe jeden zweiten Tag trägt sie ein neues Paar. „Meine Füße werden immer breiter, diese spitzen Schuhe schmerzen höllisch!", erklärt sie. Ziemlich unmajestätisch wirft sie einen Schuh von sich, verstummt für einige Minuten und sagt dann völlig überraschend: „Wenn ich an das schlimme Jahr 1740 zurückdenke..., an den Tod des

Kaisers, ... den Überfall des Preußenkönigs, ... und wie allein ..." Sie bricht ab.

„... und wie allein ...", wiederholt sie nach einer kurzen Pause „... ich zu Beginn meiner Regierung da stand ... Ich habe noch das Halali im Ohr", fährt sie fort, „das die bayrisch-französisch-preußische Meute – während sie offiziell ihr Beileid bekundete – beim Tod meines Vaters anstimmte, um die Hetz- und Treibjagd auf die Tochter zu eröffnen." Maria Theresia lacht kurz und hart auf. Ihr Atem geht schnell, und ihre Stimme wird mit jedem Wort lauter und schriller.

„Wenn ich zum Beispiel an diese abscheulichen Flugblätter denke, die nach dem feigen Angriff des Preußenkönigs in ganz Europa kursierten. Ich möchte lieber das Kleid am Leib als Schlesien missen, hatte ich irgendwann erklärt. Auf diese Äußerung spielte das Geschmiere in obszöner Weise an. Es treibt mir noch heute Tränen in die Augen und Schamröte ins Gesicht. Meiner Kleider, also der Provinzen beraubt, die Blöße mit den Händen nur unvollkommen bedeckend, stehe ich inmitten lüsterner Männer, regierender Staatsmänner. Als honorige Mitglieder eines Ärztekonsortiums treten sie auf, setzen mich krank und halbnackt auf einen Kübel und purgieren mich. Und es ist der besonders zudringliche französische Kardinal Fleury, der mir die Klistiere verabreicht, dazu Mixturen, von denen ich in hohem Schwall erbreche."

Maria Theresias Augen blitzen vor Wut bei der Erinnerung an diese schmutzigen Karikaturen, unwillig wehrt sie meine beschwichtigende Hand ab, die für einen Moment ziellos in der Luft hängen bleibt.

„Was sollte ich gegen den unerhörten Angriff des Preußenkönigs tun? Ich war umgeben von Bedenkenträgern. Ich musste handeln gegen Franzens liebenswürdigen Kompromisswillen und gegen meiner greisen Minister menetekelndes Kopfwackel.

Der Conseil hat sich zwar in den letzten Jahren deutlich verjüngt, aber entscheidungsfreudiger ist er nicht unbedingt geworden. Immer noch, immer wieder dieses zermürbende Reden, Zweifeln, Zaudern. Es ist eine harte Prüfung für eine, die so ungeduldig ist wie ich. Manchmal lasse ich, um mein Mütchen an ihnen zu kühlen, auch an den kältesten Wintertagen die Fenster öffnen und betrachte innerlich schmunzelnd meine frileusen Herren Hofkriegsräte, wie sie sich leicht schaudernd zusammenziehen, als würden sie an der Zugluft ernsthaften Schaden nehmen.

Noch bei meinem Regierungsantritt brachten es die drei ältesten Minister zusammen auf über 200 Jahre! Gott sei Dank musste ich sie nicht von eigener Hand entlassen. Sie haben sich mit ihrem Ableben einer nach dem andern selbst verabschiedet. Unter ihnen, wie überhaupt in der nächsten Umgebung des Hofes, war niemand, der sich nach dem Tod meines Vaters als Retter in der Not erwiesen hätte. Aus ihren bänglichen Reihen erhob sich kein Held, kein wirklicher Staatsmann. Und doch machten sie sich unerträglich wichtig, waren eitel, ehrgeizig, geldgierig und intrigant.

Wie oft habe ich mich zügeln müssen, wenn sie – mich aus trüben Augen anblickend – Entschlüsse verzögerten und mit Schulterzucken und Grimassieren den ganzen Staatsapparat behinderten. Sie lamentierten mit Vorliebe hinter meinem Rücken über das unselige Schicksal, das ihnen eine Frau an der Spitze des Staates beschert hatte. Ließen mich spüren, es sei unter ihrer Würde, von einer Weibsperson regiert zu werden. Ohne es zu verbergen, gingen sie fremd. Ihre Wünsche richteten sich auf meinen Konkurrenten, den Bayern.

Ich war die einzig Entschlossene damals, aber eben unerfahren. Ich wusste wenig von Politik und von Menschen. Um die notwendigen Kenntnisse für die mir plötzlich zugefallene Herrscherrolle zu erwerben, habe ich mir ein tage- und nächtelanges Arbeitspensum verordnet. In Tarouca fand ich einen wunderbaren Ratgeber, der mich in den Tugenden und Pflichten eines Herrschers unterrichtete.

Heute, sieben Jahre später, verdreht niemand mehr die Augen beim Auftritt seiner Kaiserin. Die hohen Herren täuschen sich nicht mehr darüber, dass ich es bin, die das Regiment in dieser Monarchie führt, und das nicht nur, weil ich von Gott in dieses Amt gestellt wurde, sondern weil ich die Politik genauso gut wie sie, oder besser, beherrsche. Ich durchschaue sie, weiß ihre Qualitäten und Schwächen einzuschätzen und sie mir zunutze zu machen. Es fällt mir zuweilen schwer, sie nicht zu sehr merken zu lassen, wie mich ihre Starrköpfigkeit und Pedanterie, ihr Dünkel, kurzum ihr Mangel an Hingabe aufbringt. Auch heute Morgen musste ich mein heißes Blut zügeln, um nicht wieder aus der Haut zu fahren wie neulich, als ich den Ulfeld vor dem versammelten Staatsrat einen Esel geschimpft habe. Ich muss es ja nicht unbedingt laut sagen. Aber er ist einer! Ich kann wohl mit Fug und Recht behaupten, dass keinem dieser Herren – mit Ausnahme von Harrach vielleicht – ein staatsmännischer Genius eingeboren wurde.

Das gilt auch für den Baron Bartenstein, der, von Ehrgeiz zerfressen, in dieser Konferenz fast unumschränkt herrschen kann, weil es an entschlossenen Kontrahenten fehlt. Er weiß über alles Bescheid, konzipiert, redigiert, registriert, verfügt dazu über eine ungeheure Arbeitskraft und versucht, nach eigenem Ermessen zu dirigieren. Ich verdanke ihm viel, diesem wandelnden Nachschlagewerk! Immer loyal gegenüber der Krone, hat er meinem Vater treu gedient und mich gelehrt, was Regieren heißt. Er hat mir bis ins Detail alles Wissenswerte aus Akten, Konzepten, Memoranden, Instruktionen zugänglich gemacht. In schlimmster Bedrohung hat er die Monarchie maßgeblich mit am Leben erhalten. Das vergesse ich ihm nie, auch wenn er mich mit seiner Besserwisserei und Weitschweifigkeit manchmal fürchterlich aufregt. So auch heute, als wir meinten, an ein Ende gekommen zu sein, er aber die verschiedenen Positionen zum Krieg in Italien noch einmal in allen Einzelheiten genüsslich darstellte.

Einzig Graf Harrach wagt ihm entgegenzutreten, dem allmächtigen Protokollführer Bartenstein, der, wenn er in Rage gerät, seinen Federkiel theatralisch wie einen Degen schwingt. Lachhaft!

Tarouca und auch Franz sind voll des Lobes über die Fähigkeiten Harrachs, empfehlen ihn für höhere Funktionen. Ich kann mich zu einer solchen Ernennung nicht entschließen. Er ist gewiss ein ansehnlicher Mann. Auch in der heutigen Diskussion hat er Bartenstein – gewohnt geistvoll und sachkundig – zu verstehen gegeben, dass dieser mit seinen überheblichen Angriffen auf die Engländer verhängnisvollen Schaden in der für uns kriegswichtigen Allianz anrichte. Am liebsten hätte ich mir die Ohren zugehalten, als Bartenstein aufkreischte, wie er es zu tun pflegt, sobald er auf Widerspruch stößt.

Die Versammlung wurde unruhig. Colloredo und Harrach steckten die Köpfe zusammen. Unterdrücktes Lachen. Khevenhüller warf mir einen auffordernden Blick zu. Ich solle doch endlich ein Machtwort sprechen. ‚Wir müssen Genua halten, um jeden Preis!', rief Königsegg. ‚Um den Krieg in Italien und auch in Holland erfolgreich weiter führen zu können, brauchen wir mehr Geld und Soldaten', erklärte ich und blickte bei diesem Appell an ihre finanzielle Unterstützung nicht zum ersten Mal auf die verlegenen Mienen und gesenkten Köpfe meiner Minister. Wenn es um ihren eigenen Geldbeutel geht, zieren sich die Herren doch sehr.

Einzig Harrach hielt meinem Blick stand. Und doch, irgendetwas missfällt mir an ihm. Schon immer suspekt ist mir seine Gesprächsbereitschaft gegenüber Preußen. Dazu kommt seine englandfreundliche Haltung, während ich innerlich immer weiter von den Engländern abrücke. Diese üblen Protestanten und Freigeister! Gewiss sind sie unsere wesentlichsten Verbündeten und Geldgeber. Aber gerade diese Abhängigkeit empfinde ich zunehmend als Demütigung. Sie erkundigen sich kleinkrämerisch nach dem Verbleib ihrer Subsidien, unterstellen, dass sie nicht vertragsgemäß dem Militär zuflössen, sondern an den Spieltischen des Wiener Hofes verschleudert würden. Das ist natürlich ein gezielter Seitenhieb auf mich. Außerdem setzen sie mich immer wieder massiv unter Druck, Frieden zu schließen. Vor zwei Jahren mit Preußen, und auch jetzt drängen sie wieder. Ich bin nicht bereit dazu. Noch nicht. Auch wenn sogar Tarouca mir zuredet. Über kurz oder lang werde ich mich auch dieses Mal wieder dem Diktat ihrer gottlosen angelsächsischen Interessenspolitik beugen müssen. Aber bis dahin sollen sie sich noch kräftig die Zähne an mir ausbeißen!

Neben seiner politischen Parteinahme stimmt mich Harrachs Mangel an Verschwiegenheit, von dem er immer wieder unerfreuliche Kostproben gibt, gegen ihn. Völlig unduldsam aber bin ich gegenüber seinen amourösen Verwicklungen. Obwohl ich überall meine Zuträger habe, bin ich nicht sicher, ob er nicht auch wie der Colloredo meinen Franz zu einigen Vergnügungsausflügen angestiftet hat. Es ist eine Schande für die Monarchie, dass gerade unter den Bettdecken der höheren Kreise die Sittenlosigkeit immer mehr zunimmt."

Mit angehaltenem Atem bin ich Maria Theresias Redererguss gefolgt. Nicht einmal zu husten habe ich gewagt, aus Angst, der Zauber könnte verfliegen. Ich kann mich nicht erinnern, dass meine Tochter mich jemals so offen in ihr Inneres hat blicken lassen.

Vom einen auf den anderen Moment schlägt die Stimmung um, und Maria Theresia sucht, als schäme sie sich dieser Vertraulichkeit, den Eindruck einer Gemeinschaft mit mir vergessen zu machen: „Auch Sie, *Madame*, haben mich allein gelassen damals in meinem Kampf gegen Friedrich. Ich empfand Ihre augenfällige Preußenfreundschaft als Verrat!" Ein verächtlicher

Blick trifft mich. „Genauso übrigens wie Ihre unverhohlene Kritik, *ma mère*, die meine Entscheidung zum Krieg als gefährlichen Hochmut verurteilte." Ich schweige.

„Allen voran marschierte der preußische König...," stößt Maria Theresia, plötzlich wieder von Erinnerungen überwältigt, zornbebend hervor. Sie greift nach der Zeitung. Als würgte sie ihren Erzfeind höchstpersönlich zwischen den Händen, knüllt und knetet sie die Kriegsberichte zu einer festen Rolle, einer Art Stock, und schlägt damit auf die Sessellehne. „Dieses Ungeheuer", faucht sie und zerpflückt den Rest der Zeitung in Stücke, „dieses böse Tier hat sich wider Recht und Sitte in fremden Gefilden wildernd meinen ererbten Besitz, mein Schlesien einverleibt. ... An einen männlichen Thronfolger hätte sich Friedrich nicht so hemmungslos herangetraut. Aber er hat sich getäuscht. Wenn auch nur eine Frau, so ist diese Habsburgerin auf dem Thron kein Freiwild!"

Hinter meinen geschlossenen Augen zerfließt das Bild meiner Tochter zu meinem eigenen aus vergangenen Zeiten und zu dem meiner Enkelin, die empört mit ihren Fragen vor mir steht: Nur ein Mädchen, was heißt das? Sind Mädchen weniger wert, weniger fähig?

Statt sie nur wortlos in den Arm zu nehmen, hätte ich ihr neulich antworten müssen: Nein, Marianna, nein. Ich hätte ihr mein eigenes Beispiel und das ihrer Mutter anführen müssen. Denn so wie viele Leute, die Einblick hatten, meine Regierungstätigkeit in Spanien einst als erfolgreicher einstuften als die des verstorbenen Kaisers, so überragt ihn auch seine Tochter an Willens- und Tatkraft.

Nach ihrem Ausbruch fällt Maria Theresia wieder in Schweigen. Auch ich sage nichts. Vielleicht habe ich leise gestöhnt. Die geschwollenen Beine pochen und brennen so, dass ich es kaum aushalten kann. Mit leerem Blick verfolge ich, wie Maria Theresia endlich auch den zweiten Schuh wie eine lästige Fessel abschüttelt. Wie soll ich sie jetzt noch zu mir zurückholen? Milder stimmen? Ich muss mich beeilen. Meine fortschreitende Krankheit lässt mir für Annäherungen an meine Tochter nicht mehr viel Zeit. Wie soll ich mit ihr reden über all das, was mir durch den Kopf geht?

Ich ducke mich unter ihren Schlägen. Es ist meine Schuld, dass sich Maria Theresia bereits als Kind von mir entfernt und ihrem Vater und ihrer Kinderfrau, der geliebten Gräfin Fuchs, zu der sie noch heute *Mami* sagt, zugewandt hat. Ich habe die Gräfin einst hoch geschätzt und als Aya selbst für Maria Theresia ausgewählt. Aber sie hat sich meine Gunst auf ewig verscherzt.

Und so begleite ich Maria Theresias liebevolles Verhalten gegenüber der Fuchsin mit bösen Blicken. Wenn die Gräfin in der Hofburg nicht in ihrer unmittelbaren Nähe ist, sondern auf ihren Besitzungen in Mannersdorf, hat Maria Theresia nichts Eiligeres zu tun, ihr – sofern die Geschäfte es eben erlauben – nachzureisen.

Mit Missfallen betrachte ich auch den Salon der Gräfin, wo etliche Kavaliere, die in vertrauter Liaison mit ihr stehen, gemütliche Abende im Gespräch verbringen, wie Khevenhüller oder Tarouca und nicht zuletzt auch mein Schwiegersohn Franz Stephan.

Ich öffne den Mund, möchte reden. Aber die Abweisung, die sich wie ein Eisring um Maria Theresia gelegt hat, lähmt mich. Die Minuten verrinnen. Wie abgetrennte Körperteile liegen Maria Theresias Seidenschuhe zwischen uns.

18. November 1747.
Elisabeth Christine in der Hofburg.

… et pour jamais, adieu!

In den letzten Tagen ist sehr viel Schnee gefallen, und es ist bitterkalt geworden. Ich bin nicht mit den anderen nach Schönbrunn gefahren, sondern in der Burg geblieben. Wie man mich wissen ließ, ist auch der Hof heute den letzten Tag dort draußen. Maria Theresia, die alle das Schaudern lehrt, weil sie gänzlich unempfindlich gegen Kälte ist, hat sich schließlich von der jammernden Hofgesellschaft erweichen lassen, schon heute, allerdings am sehr späten Abend, in die Stadt zurückzukehren. Eigentlich hatte sie vorgesehen, bis zum 2. Dezember, dem Vorabend des ersten Adventssonntags, in Schönbrunn zu bleiben.

Obwohl ich strengstens befohlen habe, mich nicht zu stören, klopft es an der Tür. Der Kaiser wird mir gemeldet, weit vor der geplanten Rückreisezeit.

Ich bin alarmiert. Franz bleibt auf der Schwelle stehen, findet für den Moment keine Worte. Dann kommt er langsam auf mich zu. Die Herzogin von Braunschweig, meine Mutter Christine Luise, sei gestorben. „Vor sechs Tagen, am 12. November, hat sie eine Lungenentzündung dahingerafft", sagt er und spricht mir sein Beileid aus. Gleich nach Erhalt der Nachricht, fährt er nach einer teilnahmsvollen Pause fort, sei die laufende Theateraufführung in Schönbrunn eingestellt worden, und er habe sich in den ersten Wagen gesetzt, um mir die traurige Botschaft persönlich zu überbringen.

Warum Maria Theresia wohl Franz vorgeschickt hat und nicht als erste zu mir gekommen ist?

Jetzt bin ich endlich allein. Schlaflos, erschüttert. Obwohl ich zwanzig Jahre jünger bin als meine Mutter, war ich immer sicher, dass ich vor ihr sterben würde. Nun ist sie tot, mit 77 Jahren, und ich lebe immer noch.

Vor mir sehe ich das kleine Mädchen, das einst an der Hand der geliebten Mutter durch den Tiergarten von Schloss Blankenburg spazierte, mit den Schwestern über grüne Wiesen tollte und zum Prinzessinnenturm lief, in dessen Turmstube drei Spinnräder für uns aufgestellt waren.

Wenn meine Mutter als Schauspielerin auftrat, war ich ihre hingebungsvollste Zuschauerin. Ich betete sie an. Sie war wunderschön. Zum letzten Mal auf der Bühne sah ich sie einige Tage vor meiner Abreise nach Wien. Da spielte sie noch einmal die Bérénice, die Königin von Palästina. Aus Gründen der Staatsraison – der Senat akzeptierte keine ausländische Königin – hatte sich der römische Kaiser Titus dagegen entschieden, Bérénice, die er liebte, zu heiraten. „... *et pour jamais, adieu*", höre ich Christine Luise deklamieren.

Diese *tristesse,* diese *tristesse majestueuse*, die sie auszudrücken wusste, hat mich, die ich damals meiner eigenen Trennung von zu Hause und insbesondere von meiner Mutter angstvoll entgegensah, bis ins Mark ergriffen. Die Racine'schen Verse haben sich in mein Gedächtnis eingebrannt. Ich spreche sie leise vor mich hin:

Pour jamais! Ah! Seigneur, songez-vous en vous-
même
Combien ce mot cruel est affreux quand on aime?
Dans un mois, dans un an, comment souffrirons-
nous,
Seigneur, que tant de mers me séparent de vous?
Que le jour recommence, et que le jour finisse,
Sans que jamais Titus puisse voir Bérénice, …[11]

Nie habe ich zwei Tage in meinem Leben vergessen: den Abschied von meiner Mutter in Seesen – sie hatte mich die erste Wegstrecke auf meiner Reise von Wolfenbüttel nach Wien begleitet – und die Trennung von ihr ein Jahr später in Altötting, vor meinem endgültigen Aufbruch nach Spanien.

Fünf Jahre, so lange wie Bérénice in Rom, lebte ich in Katalonien, einem Kriegsgebiet, wo mich das Meer von meiner Mutter trennte und auch ich eine *„reine étrangère"*, eine fremde Königin, war, in zweifacher Hinsicht: als Deutsche, noch dazu aus dem sagenumwobenen Norden, und als Konvertitin, in einem überaus nationalstolzen und rein katholischen Land.

Ich war noch so jung. 16 Jahre, als ich dort ankam. So oft ich konnte, schrieb ich meiner Mutter Briefe und wartete verzweifelt auf ihre. Ich verzehrte mich, bis ich ihren nächsten Brief mit der wiederholten Versicherung ihrer Zuneigung in Händen hielt, fürchtete ich doch jedes Mal, wenn die Nachrichten von ihr ausblieben, dass ich ihr gleichgültig geworden sein, ja, dass sie mich ganz und gar vergessen haben könnte.

Die Briefe erreichten aus unterschiedlichen Gründen oft nicht ihr Ziel. Entweder hatten sie den langen Beförderungsweg nicht heil überstanden, waren an Land verloren gegangen oder im Meer versunken oder – dahin richtete sich immer öfter mein Verdacht – von der Zensur abgefangen worden. Obwohl wir der offiziellen Post wichtige Dinge nicht anvertrauten oder sie verschlüsselten.

Ich fieberte der Fertigstellung des *„navire volant"* entgegen, das ein Mann in Lissabon angeblich erfunden hatte. Für ein paar Stunden zu meiner Mutter nach Wolfenbüttel zu fliegen, davon träumte ich. Mir ist, als hätte ich mein ganzes Leben lang Sehnsucht nach meiner Mutter gehabt.

Ich sehe uns in Schloss Wolfenbüttel im Vorzimmer der Herzogin, meiner Großmutter, um die Tafel sitzen. Ein Souper im engsten Familienkreis, ohne jedes Zeremoniell.

Manchmal wurden vor dem Essen die Sitzplätze durch Los bestimmt. So saßen die Familienmitglieder bunt gemischt. Es ging zwanglos zu, und es wurde viel erzählt. Ich beobachtete meine Mutter. Ein feines, kaum sichtbares Lächeln – war es amüsiert oder spöttisch? – spielte um ihre Lippen, wenn mein Vater am anderen Ende der Tafel das große Wort führte.

Nur die Frau des nachgeborenen Prinzen Ludwig Rudolf zu sein und sich in der Rangfolge am Wolfenbütteler Hof anstellen zu müssen, gefiel der jungen Herzogin Christine Luise nicht. Dazu war sie zu stolz: sowohl auf ihre Herkunft – schließlich war sie eine Prinzessin von Öttingen – als auch auf ihre Erscheinung. Bis zum Tod des alten Herzogs Anton Ulrich, ihres Schwiegervaters, war sie in privaten, künstlerischen, aber auch politischen Fragen seine Vertraute. Sie spielte eine große Rolle im Theaterleben und machte aus Blankenburg zusammen mit meinem Vater eine strahlende Residenz.

Wenn meine Mutter der Kämpfe um die Sitzordnung, der Intrigen und unzähligen Streitigkeiten oder auch der endlosen Geschichten der Männer über Kavalierstouren und Liebesabenteuer in der Enge des Wolfenbütteler Schlosses überdrüssig war, begab sie sich auf Reisen. Sie fuhr durch ganz Deutschland zu ihrer weitläufigen Verwandtschaft oder in die Kur.

Ich schluchzte und winkte der Kutsche jedes Mal fassungslos nach, die den Hof für mein Empfinden viel zu oft verließ. Jeden Schritt der Mutter, die sich für eine neue Reise vorbereitete, ihre ausdauernde und sorgfältige Schönheitspflege hatte ich, so lange man mich ließ, mit bangen Blicken aus nächster Nähe verfolgt. Meist erst nach vielen Wochen meldete das Rühren der Trommeln des Gardetambours am Schlossportal ihre Rückkehr. Ihr Lachen tönte nun wieder durch das Schloss. Auch der Großvater strahlte. Er erzählte uns, dass er ihr geschrieben habe, wie sehr wir Kinder uns nach ihr sehnten. Aber nicht nur wir, auch er selbst wünschte sie von ganzem Herzen zurück. Die Veranstaltungen ohne sie erschienen ihm langweilig und leer.

Wenn sie wieder da war, erzählte sie von den Verwandten, die sie besucht hatte, ahmte in komischer Übertreibung die Gäste der Badeorte nach und schwärmte von den zahlreichen Bällen, Picknicks, Assembleen und Déjeuners.

Von Wolfenbüttel kehren meine Gedanken zurück nach Wien, in den April 1716. Ich hatte endlich mein erstes Kind zur Welt gebracht. Der Moment, als die Hebamme den neugeborenen Erzherzog, den ersehnten Thronfolger, hochhielt, war unbeschreiblich. Erlösung und Triumph durchströmten mich.

Meine Mutter war auf Einladung des Kaisers aus Wolfenbüttel zur Geburt angereist. Während alle anderen bei der Taufe versammelt waren, saß sie an meinem Bett. Von der langwierigen Entbindung am Vorabend war ich körperlich noch geschwächt, ansonsten fühlte ich mich heiter und schwerelos. Ich hatte erfüllt, was man von mir als Ehefrau verlangte, und damit den bitterbösen Angriffen den Boden entzogen. Die Torturen, denen man mich unterworfen hatte, um mich gebärfähig zu machen, konnten eingestellt werden. Jetzt würde ich endlich ohne Vorbehalt in das Haus Habsburg aufgenommen und von den Wienern geliebt werden. Ein neues Leben begänne für mich, dachte ich damals. Auch der Druck, den mir die seit meiner Hochzeit stetig wachsende Schuldenlast bereitete, würde sich lockern. Mit Geldgeschenken, die ich zur Geburt zu erwarten hatte, hoffte ich einen großen Teil meiner Schulden bezahlen zu können und endlich ein Stück weit aus der Bedrängnis herauszukommen.

Durch Kissen gestützt, sehe ich mich im Wochenbett sitzen. Ich hatte alles, was ich mir wünschte: einen wunderschönen Sohn, einen Ehemann, den ich so befreit, glücklich und so überaus aufmerksam mir gegenüber noch nicht erlebt hatte, meine Mutter bei mir. Sie hielt meine Hand, schaute mich liebevoll an, und zugleich wusste ich, dass sie bedrückt war. Wie gern hätte sie den Kaisersohn in der Taufe gehalten! Als Großmutter wäre meine Mutter eigentlich die Taufpatin des Thronfolgers gewesen. Doch sie blieb von dieser Ehre ausgeschlossen, weil sie Protestantin war.

*Etwa zur selben Zeit.
Maria Theresia auf der Fahrt von Schönbrunn zur Hofburg.*

„Ein gewisses Etwas!"

Für meine norddeutsche Familie habe ich nicht viel übrig. Nur meine Großmutter Christine Luise liebte ich und betrauere ihren Tod von ganzem Herzen. Sie war ganz anders als ihre Tochter, meine Mutter. Lebendig, herzlich. Und immer lustig mit uns Kindern.

Eine außergewöhnliche Frau! Sie gab sich ungebunden und freizügig. Was ich, erwachsen geworden, zwar nicht immer gut hieß, aber, meist sogar mit einem Lächeln, hinnahm. Christine Luise war nicht verbraucht durch zu viele Geburten und legte außerdem großen Wert auf ihr Äußeres. Mutig und entschlossen reiste sie auch allein weite Strecken, und wenn es keine andere Möglichkeit gab, übernachtete sie in gewöhnlichen Gasthäusern. Früher war sie öfter in Wien zu Besuch, oder wir trafen sie bei Kuraufenthalten in Karlsbad. Vor zwei Jahren habe ich sie zuletzt gesehen. Von

Blankenburg war sie zu Franzens Kaiserkrönung nach Frankfurt angereist.

Auch ich war Mitte September 1745 zu den Feierlichkeiten aufgebrochen und hatte unterwegs eine Begegnung, die mich sehr überraschte. Als ich auf dem Weg von Nürnberg nach Würzburg Bayreuther Gebiet passierte, machten mir Markgraf Friedrich und seine Gemahlin Wilhelmine, die Schwester des Preußenkönigs, ihre Aufwartung. Ich weiß, dass diese gastfreundliche Geste, die sicherlich einer gewissen Neugier entsprang, nicht die Billigung ihres Bruders Friedrich gefunden hat.

Das Gespräch mit Wilhelmine war gegen meine Erwartung über den bloßen Austausch von Höflichkeiten hinausgegangen. Ja, es fand in einem insgesamt sehr herzlichen Rahmen statt. Als ich erzählte, dass ich mich freue, in Frankfurt nicht nur Franz nach längerer Trennung, sondern auch meine Großmutter, die Herzogin von Blankenburg, wieder zu sehen, gab Wilhelmine ihre Erinnerungen an das erste Zusammentreffen mit Christine Luise am preußischen Hof in Berlin zum Besten. Die Herzogin sei ihr sehr hochmütig begegnet, habe sich stets den Vortritt erzwungen. Darüber sei es zu unerquicklichen Wortwechseln gekommen.

Wohl weil sich Wilhelmine über diese Szenen maßlos ereiferte, ist mir ihre Schilderung in lebhafter Erinnerung geblieben. „Diese Fürstin", spottete sie, „ist klug und weltgewandt, doch ein gewisses Etwas an ihr deutet nur zu klar darauf hin, dass sie eine Lukretia[12] gewesen ist. Zu der Zeit, als sie an unserem Hof weilte, war Herr von Stoeken ihr Liebhaber. Es ist unerklärlich, wie eine so geistvolle Fürstin sich derart verirren konnte." Wilhelmine schüttelte indigniert den Kopf und fuhr fort: „Ich habe nie etwas Widerwärtigeres noch Unerfreulicheres gesehen als diesen Herrn. Ihr Gatte, der Herzog, war es nicht minder", führte sie genüsslich weiter aus und beugte sich verschwörerisch zu mir hin. „Die Freuden der Liebe waren ihm teuer zu stehen gekommen; sie hatten ihn um seine Nase gebracht. Mein Bruder sagte zum Spaß, er habe sie in einer Schlacht mit den Franzosen verloren.[13] Der Herzog fügte zu manch anderen schönen Eigenschaften die hinzu, ein vortrefflicher Ehemann zu sein. Die Herzogin beherrsche ihn so vollständig, sagte man, dass er ihr großartige Geschenke versprechen musste, so oft er bei ihr schlief."

Was auch immer die Markgräfin mit ihrer despektierlichen Erzählung über meine Großeltern bezweckte, ich ließ mich nicht darauf ein, bedachte sie lediglich mit einem hoheitsvollen Blick, erhob mich bald und dankte für den freundlichen Empfang.

Es ist allerdings wahr, man hört die unterschiedlichsten Urteile über meine Großmutter. Die einen bezeichnen sie als affektiert und dünkelhaft, die anderen loben ihre Leutseligkeit, Großmut und Bescheidenheit. Nur über ihr Aussehen streitet man nicht. Auch in Frankfurt fiel ihre majestätische Erscheinung und die immer noch beeindruckende Schönheit trotz ihrer 75 Jahre auf.

Mit ihr habe ich oft Tränen gelacht. Auch in Frankfurt. Christine Luise war dabei, als Franz zwei Tage vor der eigentlichen Krönung die Reichskleinodien anprobiert hat. Unter den missbilligenden Blicken von Franz'

Schwester Charlotte haben wir den zukünftigen Kaiser geneckt und über seine Verkleidung unsere kleinen Späße gemacht.

Die Erinnerungen an meine Großmutter erheitern mich so, dass ich auf dem Flur vor dem Appartement der Kaiserinwitwe kurz auflachen muss. Obwohl ich mich sogleich räuspere und ein dem Anlass der Kondolenz angemessenes Gesicht aufsetze, fange ich mir einen fragend-vorwurfsvollen Blick meiner Tochter Marianna ein.

Christine Luise
* 1691 in Öttingen, † 1747 in Blankenburg
Frau von Ludwig Rudolf
Mutter von Elisabeth Christine
Großmutter von Maria Theresia
Urgroßmutter von Marianna

Der Braunschweiger Löwe, die älteste erhaltene Großplastik des Mittelalters nördlich der Alpen

Intro: Braunschweig-Wolfenbüttel
Eines Tages brach ich nach Braunschweig und Wolfenbüttel auf, entschlossen, mehr über die vergessene welfische Mutter der berühmten Tochter zu erfahren. Ich reise mit leichtem Gepäck, denn bis zu dieser Fahrt hatte ich nur wenige historische Fakten gesammelt, und ich trug auch keine Vorurteile in mir wie bei meinen ersten Begegnungen mit Maria Theresia.

Im Mittelalter stellten die Welfen die Herzöge von Bayern und Sachsen und ab 1235 die Herzöge von Braunschweig-Lüneburg. So hieß nach seinen Residenzen damals das Gesamtherzogtum. Unter Heinrich dem Löwen entwickelte sich Braunschweig an der Oker zu einer mächtigen Stadt, die der Herzog zu seiner Residenz machte. Er ließ die Burg Dankwarderode als seine Pfalz ausbauen. Nach dem Tod Heinrichs gab es viele Erbteilungen.

    Eine ältere Linie der Welfen regierte im Fürstentum Braunschweig-Wolfenbüttel. Die Stadt Wolfenbüttel ist ungefähr zwölf Kilometer südlich von Braunschweig ebenfalls an der Oker gelegen.

    Zum Zeitpunkt der Geburt Elisabeth Christines stand das Herzogtum formell unter der Doppelherrschaft der beiden Brüder Rudolf August und Anton Ulrich, aber de facto hatte Anton Ulrich, der charmante Despot, die Führungsrolle inne und übte sie als Staatsmann wie als Familienoberhaupt unmissverständlich aus. Was seinen älteren Bruder häufiger veranlasste, sich aus der gemeinsamen Residenz in Wolfenbüttel vor Anton Ulrichs Alleinherrschaftsansprüchen und seinen ständigen Attacken zurückzuziehen, und zwar in den „Grauen Hof", der als Wohnung für die Wolfenbütteler Herzöge diente, wenn diese in Braunschweig waren. Dieses Quartier war die einstige innerstädtische Niederlassung der Zisterzienser gewesen. Den Namen „Grauer Hof" hatten ihm die Braunschweiger Bürger gegeben wegen der grauen Farbe der Mönchskutten.

Der Ort, an dem der Hof zur Zeit Elisabeth Christines gestanden hatte, wird inzwischen von dem brandneuen Residenzschloss eingenommen, das der Taxifahrer mir als erste Sehenswürdigkeit in Braunschweig präsentierte. Es ist nur eine Fassadenrekonstruktion des ehemaligen Schlosses aus dem 19. Jahrhundert. Im Innern des Gebäudekomplexes befindet sich ein Einkaufszentrum.

Möglicherweise hier, wahrscheinlich aber in der nahe gelegenen Burg wurde Elisabeth Christine geboren. An einem Dienstag im Hochsommer 1691.

„Den 28. Augusti ist des Durchl. Printzen Herrn Ludowieg Rudolphs, Herzogen zu Braunschweig und Lüneburghs, Durchl Fraw Gemahlin Christina Lovisa, gebohrne Princessin von Oettingen, in Braunschweig einer jungen Princessin genesen, welche den 30. Augusti getauft." Eine spätere Ergänzung im Braunschweiger Geburtenregister von 1691 lautet: „Diese Prinßeßin ist eine Gemahlin Ihro Majestät des Römischen Kaysers Caroli Sexti geworden."

Jahrhunderte nach Heinrich dem Löwen wurde aus dem Palas, dem repräsentativen Saalbau der Burg Dankwarderode, der inzwischen verfallen und teilweise verbrannt war, ein Renaissance-Schloss für Elisabeth Christines Urgroßvater Herzog August den Jüngeren errichtet. Auch sein Sohn, Herzog Anton Ulrich, betätigte sich hier mit Um- und Ausbauten als Schlossherr.

Auf dem Burgplatz war mein erster Blickfang die Raubtierplastik aus Bronze (eine Kopie, das Original befindet sich in der Burg), die auf Initiative Heinrichs des Löwen als Symbol seiner Macht und Gerichtsbarkeit entstanden war. Frei auf seinem Sockel steht der stolze Löwe, der ungefähr drei Meter lang und zwei Meter hoch ist.

Geboren wurde die kleine Prinzessin also in Braunschweig und zwei Tage nach ihrer Geburt in Wolfenbüttel getauft. Über die eigentliche Zeremonie ist nichts überliefert. Aber das Kleid Elisabeth Christines, das sie bei ihrem ersten öffentlichen Auftritt getragen hat, ist in Braunschweig noch zu besichtigen. Auch der Taufakt, der in der Hauptkirche Beatae Mariae Virginis stattfand – übrigens der erste protestantische Großkirchenbau der Welt – ist im Taufmatrikel nachzulesen. Das kostbare Taufbecken aus Messing aus der ehemaligen Schlosskirche hatte dort seit 1666 seinen Standort.

Als ich zum ersten Mal in Wolfenbüttel war, hat mich mein Weg unmittelbar ins Staatsarchiv geführt. Neugierig blätterte ich durch die vielen Akten. Es war bewegend, die ersten kleinen Schreibversuche Elisabeth Christines in der Hand zu halten. Tinte, Papier, Schrift auf mich wirken zu lassen und der einmaligen, mehr als 300 Jahre alten Geschichte nachzuspüren.

Ein Brief Elisabeth Christines an ihren Vater mag verdeutlichen, wie weit sie mit elf Jahren im Schreiben gediehen war. Schriftbild und Text weisen das junge

Mädchen aus als noch ziemlich ungewandte Schreiberin, aber als eine höchst respektvolle Tochter, die sich gehorsamst übt im höfischen Briefstil und einer langatmig gewundenen deutschen Sprache. Die alle Floskeln der Ehrerbietung und Unterordnung unter die väterliche Autorität kennt: „Durchläuchtigster Fürst, Gnädigster Hochgeehrter Sehr Wehrtester Her Vatter! Ob ich mich wol entsehen sollte an Ew. Gnade zu schreiben, in dem ich in dem selben noch schlecht versiret bin. So will mich dennoch Kühne machen der befehl welchen ich bey dem letzten Examen erhalten. Deß Wegen habe ich mit diesen den Anfang machen Wollen, bittende, wenn etwas in einem und anderen fehle, mich alß einem Anfänger zu pardonieren. Verspreche ins Künftige allen fleiß an Zu wenden, damit ich versichert leben Können, jederzeit zu seyn Ew. Gnade Unterthanig treu Gehorsamste Tochter und Dienerin Elisabeth Christina. Wolfenbüttel, den 13. November 1702."[14]

Nach dem Studium der Urkunden begann ich meinen Rundgang durch die Stadt. Als erstes wollte ich das in den alten Schriften immer wieder gepriesene Lustschloss Anton Ulrichs besichtigen. Ich lief also vom Forstweg in Richtung Salzdahlum. Die Ortschaft „lieget in einer kleinen Tiffe/ eine Stunde vor der Residentz Vestung Wolfenbüttel/ hat selbige Stadt nach den Westen/ und Braunschweig wovon es zwey kleine Stunden/ Nordwerts."[15]

In Salzdahlum hatte sich Anton Ulrich seinen Traum verwirklicht: ein Lustschloss, welches das Versailles Ludwigs XIV. übertreffen sollte: „die an zierlichkeit vollkommende und wolgeordnete Architektur, die schönen werke der Bildhauerkunst und Stuccador-Arbeit, das aller orten gleiche und volle Licht, die schönen und hochgebauten Säle/ die so viele und doch alle vortreffliche Zimmer und Gemächer/ deren immer/ sowol was die betäfelung des Bodens als übrige auszierung betrifft/ eines anders aussiehet als das andere/ der rare und unschätzbare Schatz der gemälde/ welche/ in fast unbeschreiblicher Menge/ so wol durch das ganze Hauß/ als absonderlich in der dazu gewidmeten Galerie/ zu sehen/ die unterschiedliche Bekleidung einiger anderen Gemächer/ und deren herrliche Meublen, sonderlich der Durchl. Hertzogin Porcellan-Cabinet/ die lustreiche Kühle der auf das natürlichst und zierlichste angelegten Grotte/ die um selbige herum befindliche schönen Gänge/ die Altanen/ Treppen/ ja die gelegenheit des ganzen Hauses/ fanden", als es am 24. Mai 1694 eingeweiht wurde, „so viel bewunderer als beschauer."[16]

Weil ich mich verlaufen hatte, fragte ich nach dem Weg zum Schloss. Der Mann sah mich verwirrt an: „Ein Schloss in Salzdahlum?"

Das Traum-Schloss gibt es leider nicht mehr. Es glänzte zwar wie Marmor, aber es war eben nur Holz. Und das vermoderte. Das Gebäude ist seit 1810 langsam abgerissen worden. Es gibt ein Hinweisschild und noch Straßennamen, die auf die Vergangenheit verweisen: „Am Schloss", „Am Klostergraben". Und einige Relikte.

Enttäuscht war ich schließlich ins Stadtzentrum gelaufen, zum Wolfenbütteler Residenzschloss, dem offiziellen Regierungssitz der Herzöge.

Meine Schritte klackten auf dem Kopfsteinpflaster, als ich über den Schlossplatz auf den erlauchten Wohnsitz zuging. Mir war, als halle der Stein nicht von meinen, sondern von den Schritten der hier vor Jahrhunderten stolz schreitenden oder wild herumlaufenden Prinzessin wider. In den prunkvollen Räumlichkeiten des Schlosses stellte ich mir seine ehemaligen Bewohner vor und ließ mich von Elisabeth Christine herumführen. Sie dirigierte mich durch Antichambre, Audienzsaal, Ess- und Festsaal, die Appartements von Herzog und Herzogin, machte mich neugierig und aufmerksam.

Außer Wolfenbüttel und Salzdahlum gab es noch die Residenz der Eltern Elisabeth Christines in Blankenburg im Harz. Ein Chronist aus späteren Jahren berichtet über das idyllische Familien- und Landleben der kleinen „blonden Lisbeth". Seine Schilderung liest sich wie die Fortsetzung der Geschichte, die mit den Worten beginnt: „Es war einmal eine wunderschöne Prinzessin."

Der Blankenburger Lust- und Tiergarten, den das Fürstenpaar ganz nach seinen Wünschen gestaltet hatte, „mit seinen stattlichen Gebäuden, seinen schattigen Wegen, seinen blumenreichen Wiesen, dem klaren Wasserspiegel seiner Teiche, seinem plätschernden Bächlein ... war der Lieblingsaufenthalt der jungen Herzogin Christine Luise. Hier spielten auf grünem Rasen ihre drei lieblichen Töchter als Kinder: die blonde Lisbeth ..., das Lottchen ..., und Antoinette Amalie."[17]

Die oberste Befehlsgewalt im Herzogtum Braunschweig-Wolfenbüttel übten zwar allein die Männer aus, aber schon lange vor der Geburt Elisabeth Christi-

Der Schlossplatz in Wolfenbüttel von Süden. Ausschnitt aus dem Kupferstich von Johann Georg Bäck (1676-1722) von 1711.

nes wurde das Hofleben in den Residenzen besonders durch die vielfältigen musischen Begabungen der Herzoginnen inspiriert und gestaltet. Als vollendete Hausfrauen und Gastgeberinnen schufen die Frauen die emotionale Atmosphäre, in der sich Kunst, Wohlbefinden und Schönheit, die Prestigeträger der fürstlichen Herrschaft, erst so richtig entfalten konnten. Im Besitz dieses reichen geistig-seelischen Erbes hat die spätere Kaiserin immer großen Stolz auf ihre welfische Familie empfunden.

Zur Annahme, dass Elisabeth Christines Kindheit in dem Ambiente der verschiedenen Residenzen nicht anders als sorglos, vergnüglich sinnlich-ausgelassen gewesen sein kann, verführen nicht nur der Anblick der Schlösser, sondern auch die zeitgenössischen Berichte von einem quasi ununterbrochenen, ständig neu inszenierten Unterhaltungs- und Lustprogramm auf der barocken Bühne: Man baute sich Lust-Schlösser, lustwandelte in Lust-Gärten, führte Lust-Spiele auf und ergötzte sich an den vielfältigen Lustbarkeiten; die Gier nach Lust trieb den Lüstling zu Ausschweifungen, die er nicht selten mit der Lustseuche bezahlte. Ein Carpe diem, mit dem man versuchte, die Vergänglichkeit, das beständige Memento mori zu verdrängen.

1747–1750.
Elisabeth Christine erzählt der Enkelin aus ihrem Leben
in Braunschweig-Wolfenbüttel, Wien, Spanien.

Erzähl mir von dir, mamie!

„Erzähl mir von dir, *mamie!*", hatte Marianna gebettelt und mich mit einem Schwall von Fragen überhäuft. Wie war das denn bei dir? Du warst doch auch nur ein Mädchen. Wie genau bist du aufgewachsen? Und wo bist du eigentlich geboren? In Norddeutschland, das weiß ich, mehr nicht. Wie alt warst du, als du nach Wien gekommen bist? Hast du nicht manchmal schrecklich Heimweh gehabt? Hat der Großvater, dein Mann, dich sehr geliebt? Wie war *maman* als Kind? Bin ich ihr ähnlich? Ob sie mich überhaupt liebt? Warum streitet ihr so oft miteinander? Wohnst du gerne in Hetzendorf? *Maman* sagt, dass sie es dir eigens hat bauen lassen. Papa ist doch ein schöner Mann. Alle behaupten, dass ich auf ihn komme. Warum findet mich denn niemand schön?

Ich möchte Marianna von Herzen gerne auf alle Fragen antworten. Noch zögere ich.

Das kindliche Interesse rührt und animiert mich. Habe ich mir doch schon oft gewünscht, die vielen, vor allem die schönen Andenken aus Kindheit und Jugend, die verstreut in meiner Erinnerung herumliegen, einmal noch ans Licht zu holen, bevor der Tod allen Worten ein Ende setzt. Aber Marianna sucht nicht nur das gemütliche Beisammensein und die Betrachtung gefälliger oder amüsanter Bilder aus der großmütterlichen Vergangenheit. Ihre eindringlichen, ja rebellischen Fragen gehen tiefer. Wie soll ich darauf reagieren? Ausweichen? Und das Kind, das mir nicht nur so viel Liebe und Vertrauen, sondern einen überaus wachen Geist entgegenbringt, mit ein paar hübschen Geschichten aus einem märchenhaften Prinzessinnenleben und einigen nichtssagenden Erklärungen und Trostworten abspeisen? Nein, wenn ich mich entschließe zu sprechen, dann muss ich offen zu ihr sein.

Wenn meine hinfällige Existenz überhaupt noch einen Sinn hat, dann, um Marianna, solange Gott mir noch Zeit lässt, zu begleiten und wo es geht zu unterweisen, denn ihre Erziehung und Bildung erscheinen mir unzulänglich. Nicht zuletzt weil die unzähligen religiösen Pflichten und Feiern am Hof einen solchen Raum einnehmen, dass sie einen geordneten Unterricht verhindern.

Maria Theresia setzt vorwiegend auf Sprachen und, um ihre Kinder für ein möglichst ungezwungenes öffentliches Auftreten und die Repräsentationsaufgaben zu schulen, auf eine musikalische und schauspielerische Ausbildung. Obwohl sie selbst beim Regierungsantritt ihren Mangel an Sachkenntnissen bitter beklagt hat, hält sie viele Fächer nach wie vor für Mädchen ungeeignet. Sie selbst hat sich immer wenig mit Lesen beschäftigt und wenn, dann mit antiken Autoren und religiösem Schrifttum. Ich befürchte, dass sie die Lektüre ihrer heranwachsenden Kinder weiterhin nach ihren sehr eingeschränkten Gesichtspunkten zensieren wird.

Ich will Marianna vor allem Geschichte lehren. Denn die kommt in ihrem Stundenplan viel zu kurz und ist römisch beziehungsweise habsburgisch orientiert. Sie soll auch die Geschichte ihrer welfischen Vorfahren kennen lernen. Ihre ureigenste Familiengeschichte.

Indem ich ihr mein eigenes Schicksal vor Augen führe, sie in meine Kindheit und Jugend, meine Zeit in Spanien hineinsehen lasse, indem ich versuche, ihr ohne Beschönigung zu vermitteln, was es für mich bedeutet hat zu konvertieren, Karls Gemahlin, die Mutter seiner Kinder und habsburgische Kaiserin zu sein, kann ich ihr vielleicht helfen, aus meiner Geschichte zu lernen und – weil wissender – auch stärker zu sein als ich.

Und so begann ich eines Tages, Marianna Stück für Stück aus meinem Leben zu erzählen.

Zauberschloss

„Ich lebe jetzt schon weit über 30 Jahre in Wien, und je älter ich werde, desto stärker sehne ich mich nach meiner Heimat, die ich als junges Mädchen mit fünfzehneinhalb Jahren auf immer verließ. Wenn ich die Augen schließe, sehe ich die weite Landschaft zwischen Sand, Heide und dem hügeligen Harzvorland vor mir, die mittelalterlichen Städte mit ihren schönen Fachwerkhäusern. Allen voran Braunschweig, die ehemalige Residenz meiner großen welfischen Vorfahren, die Heinrich der Löwe gegründet und zum Zeichen seiner Macht nach Art kaiserlicher Pfalzen ausgebaut hatte.

Mitten auf dem Burgplatz stand ein bronzener Löwe auf einem Sockel. Das kleine Mädchen, das ich damals war, schaute leicht ängstlich zu dem riesigen Raubtier, das die Zähne angriffslustig fletschte, auf. Seinen Schrecken verlor das Standbild, wenn die Sonne es beschien. Dann war ich wie verzaubert. Ich glaubte, es wäre aus purem Gold. Mein Großvater erklärte, dass der Löwe ursprünglich tatsächlich vergoldet gewesen sei. Dann erzählte er – und dabei sah ich das aufgerissene Maul des Löwen vor Schmerz brüllen – eine Geschichte, die ich immer wieder hören wollte: Zeit seines Lebens sei Heinrich, wohin er auch ging, von einem echten Löwen, den er wie ein Haustier hielt, begleitet worden. Nach der Verbannung seines Herrn aus Deutschland soll das treue Tier in seiner Verlassenheit wie rasend herumgelaufen sein und überall nach ihm gesucht haben. Voller Verzweiflung habe es seine riesigen Pranken in die Mauern von Burg und Kirche geschlagen.

Der Großvater zeigte mir die tiefen Kratzer, die der Löwe an einem der Portalpfeiler des Braunschweiger Doms hinterlassen hatte. Wenn ich mit meinen kleinen Händen den Spuren im Stein nachfuhr, musste ich manchmal weinen."

Was bin ich nur für eine rührselige Alte, dass mir noch jetzt in Erinnerung daran die Tränen kommen! Aber seit geraumer Zeit kenne ich mich sowieso nicht wieder.

„In Wolfenbüttel, der Stadt, in der ich 1691 zur Welt gekommen bin, gab es wie in Braunschweig viele Bauten von hoher geschichtlicher und kultureller Bedeutung sowie ein Schloss. In dem großzügigen, hellen Renaissance-Schloss mit dem luftigen, zu Spielen und Spaziergängen einladenden Arkadenhof und den Prunkräumen des herzoglichen Staatsappartements residierte mein Großvater Anton Ulrich, und dort blieb ich mit meinen beiden jüngeren Schwestern Charlotte und Antoinette, wenn meine Eltern auf Reisen gingen. So wuchsen wir auf zwischen Blankenburg, der elterlichen Residenz im Harz, Wolfenbüttel und Salzdahlum, der Sommerresidenz meiner Großeltern.

Das Salzdahlumer Schloss war ein kunstvoll bemalter Fachwerkbau, der wie Marmor glänzte. Die Wandflächen waren sandsteinfarben, Gesimse, Fensterrahmen, Balustraden und Figuren zumeist weiß, die Fassade des Erdgeschosses zum Garten hin hatte einen hellbraunen Anstrich, und die Schieferdächer leuchteten dunkelblau.

Nicht nur mich als Kind mutete es an wie ein Zauberschloss. Es fand seine Bewunderer bei allen, die es besuchten. Vor mir, der kleinen Prinzessin, lag eine wunderbare Welt zur lustvollen Entdeckung bereit: bunt, vielgestaltig, harmonisch, streng und verspielt zugleich, von Geist und Kunst durchpulst. Ich habe in meinem Leben viele Schlösser bewohnt, aber glaub mir, Marianna, keines strahlte so viel Wärme und Sinnenfreude aus wie diese *maison de plaisance* in Salzdahlum.

Winzig noch, tripple ich durch die hohen Säle, verlaufe mich, stehe ängstlich und staunend in immer neuen Gemächern, Glanz, mächtige Möbel, Bilder, Figuren, mir fallen die Augen zu, größer geworden, durchstöbere ich die kleineren gemütlichen Zimmer und Kammern, auch sie alle möbliert und dicht an dicht mit Gemälden behangen, zwischen der prachtvollen Ausstattung entdecke ich auch Abgewohntes, ein bisschen Schadhaftes, Zerschlissenes, was ist mit den Sachen geschehen? Wo kommen sie her? Ich denke mir Geschichten aus, fahre mit den Fingern vorsichtig über schwarzlackierte Tischchen, über Tannen-, Schiefer-, Spiegelplatten, nussbaumene Schreibpulte, über die Holzverkleidung an den Wänden, Schnitzereien, kuschele mich in seiden-, samt-, lederbezogene Sessel, drehe und wende mich selbstverliebt vor den Spiegeln mit vergoldetem Rahmen, setze mich auf Tabourets und Nachtstühle mit rotem oder grünem Plüsch gepolstert, hinter den indianischen Bett- und Kaminschirmen verstecke ich mich vor Charlotte, die nach mir sucht und ruft, tanze und gleite über Marmorfußböden, springe mit Charlotte um die Wette die Treppen hinunter in die Grottenanlage, streichle die Kindergestalten, aus Marmor gehauen, die auf den Geländern stehen, schlendere sommertags wie eine große Dame durch die wunderbar kühlen Galerien rund um die riesige Grotte, mit Blumen und Laubwerk beflochten, schleiche mit klopfendem Herzen, die ängstliche Schwester hinter mir herziehend, durch die dunklen unterirdischen Gänge bis zur tiefen Felsenhöhle, wo in Nischen lebensgroße Figuren sitzen, strecke die Hände aus nach dem Wasserfall, der sein Wasser in einem rauschend-silberglänzenden Bogen in ein großes Bassin wirft, spritze Charlotte nass und renne kreischend vor ihr davon, hangele mich an der Mauer der Grotte hoch und erreiche gerade die Öffnung, durch die man bis zum Parnass am Ende des Gartens schauen kann, Charlotte, zu klein noch, zupft und zerrt an mir, ich laufe über den Rasen durch den Blumengarten, zwischen den großen Kübeln der Orangen-, Zitronen-, Limonenbäumchen hin zur Orangerie, rieche, pflücke, schmecke, die Schwestern lachend hinter mir her, sie versuchen mich und den Ball zu fangen, grabe mit den Gärtnern in der Erde, turne den Handwerkern und Bildhauern zwischen den Füßen herum, sie amüsieren sich, wenn die kleine Prinzessin auf Plattdeutsch flucht wie ein Fuhrknecht: ‚Di sall de Kuckuck halen!‘, ich stelle, wenn bei den Bauarbeiten etwas schief gelaufen ist, achselzuckend fest: ‚Das'n Malheur! See de lütt buckelige Klempner, door harr he sien Nees an Teekettel fastlöt.‘ Dröhnendes Gelächter, ich stecke die Nase in die Farbeimer, sammle herumliegende Materialien: Holzstücke, Mauersteine, Schindeln, Glasscherben und baue daraus Traumschlösser und Ritterburgen, beobachte aufgeregt hin- und herhüpfend, wie große Wagenladungen mit immer neuen Kunstwerken eintreffen, aus Ostasien über Holland, von Italien, Frankreich, inspiziere die Wirtschaftsräume und nasche Zuckerwerk in der Konditorei, im Antichambre mische ich mich unter die Wartenden, die sich dort an Spieltischen die Zeit vertreiben, singe Tric-Trac und tanze, der Name des Spiels gefällt mir, Würfel rollen, weiße, schwarze Steine und Geld werden hin- und hergeschoben, und ich mittendrin."

„Den Pepi sall de Kuckuck halen!", probierte Marianna das Plattdeutsche nachzusprechen, was uns Lachtränen in die Augen trieb. Lange hatte ich mich nicht mehr so amüsiert! Bis eine unbedachte Bewegung mir einen Schmerzensschrei entlockte und mich von dem ausgelassenen Rundgang durch das entschwundene Kinderparadies in die Realität meines Hetzendorfer Krankenlagers zurückholte.

Löwengleich

„Ich liebte Anton Ulrich, meinen Großvater, sein Gesicht mit den markanten Zügen. Und auch er, wurde meine Großmutter Elisabeth Juliane nicht müde zu wiederholen, hätte mich ‚auf mein erstes Lächeln hin' fest ins Herz geschlossen.

Mit seiner wallenden, immer frisch frisierten Allongeperücke thronte er löwengleich über allen. Um sich bei offiziellen Anlässen noch zusätzlich Würde zu geben, befleißigte er sich gemessener Bewegungen bis hin zu steifer Distanz. Sein scharfer Witz aber war immer lebendig. Zuweilen ging mit ihm das Temperament durch. Er war ein begeisternder Erzähler. Ich hing an seinen Lippen und verfolgte jede seiner Gesten, wenn er mit seinen schlanken Händen schauspielernd die Worte begleitete und die hellblonden, weit über die Schultern fallenden Locken vor Vergnügen hin- und herschaukelten. Wenn er – lauter als seine Zuhörer – über eines seiner amüsanten Abenteuer in ein urwüchsiges, in Wellen auf- und abschwellendes Lachen ausbrach. Schlug seine Stimmung aber um, dann verfinsterte sich das edle Gesicht, das Lichtblau der Augen changierte ins Schwarz, und die Stimme brauste wie ein Orkan auf. Wie vom Donner gerührt saß ich vor der sich wild schüttelnden Löwenmähne.

Ich konnte mir oft nicht erklären, warum seine Laune urplötzlich und dramatisch kippte. Meistens, so viel verstand ich, ging es um die gänzlich ungesicherte Nachfolge im Herzogtum, die mein Großvater lautstark beklagte. Er attackierte seinen Bruder und seine Söhne, beschuldigte sie, dass ihnen das Schicksal des Hauses Braunschweig-Wolfenbüttel nicht wirklich am Herzen läge, während er mit vier Söhnen mehr als sein Teil zur Erhaltung der Dynastie beigetragen hätte.

Anton Ulrich schaute düster über die Tischrunde hin. Sein abfälliger Blick traf erst den Erbprinzen, von dem er nicht viel hielt, dann meinen Onkel Rudolf August, einen melancholischen, eher zaudernden, nach innen gekehrten Mann. Der Großvater wahrte nur mühsam die Form, vor allem wenn auch Rosina Mente, die Gott sei Dank meistens woanders residierte, in unserer Tafelrunde erschien. Denn im Grunde seines Herzens verzieh er seinem Bruder nie, dass er diese Bürgerliche, noch dazu Kammerfrau von dessen erster Gemahlin, geheiratet hatte. Ein anderer bitterböser Blick traf seinen Neffen Ferdinand. Die Herrschaft würde wohl eines Tages auf ihn und damit auf die wenig geliebte Seitenlinie Braunschweig-Bevern übergehen.

Trotz seiner Staatsgeschäfte, der Fülle an Solennitäten und Divertissements, seiner weitläufigen Korrespondenzen, der Schriftstellerei und dem Theaterspielen fand der Großvater fast immer Zeit, mit mir kleine Exkursionen zu machen, vorwiegend durch die Kunstwelt seiner Residenzen. Er freute sich an seiner wissbegierigen Enkelin, an ihren klugen Kommentaren und gab mit großem Vergnügen Antwort auf meine zahllosen, in alle Richtungen gehenden Fragen. Er entwickelte meinen Blick für die Malerei und Architektur, für Farben und Formen, redete über Musik und Literatur, aus der er ganze Passagen auswendig hersagte, und vermittelte mir auch erste Vorstellungen von der absoluten Macht des Herrschers und der gottgewollten Einstufung der Menschen in Stände. Über das politische Geschäft hielt er mir bisweilen regelrechte Vorträge, so als müsse er mich auf ein hohes Staatsamt oder gar seine Nachfolge als Herzog vorbereiten. Manchmal sagte er – und schaute mich dabei wie aus einem Traum erwachend an –, dass er sich niemand vorstellen könnte, der geeigneter wäre als ich, einst die Regierung des Herzogtums zu übernehmen. Aber ich sei eben leider nur ein Mädchen.

Der erste Weg an der Hand meines Großvaters führte vor den Stammbaum des Welfenhauses. Da ich noch klein war, hob mich der Großvater hoch, so hoch, dass ich mit beiden Händen an Stamm und Ästen entlang streichen, aber längst nicht das ganze mit unzähligen Namen von Heinrich dem Löwen bis zu Anton Ulrich versehene Gebilde umfassen konnte. ‚So mächtig, alt und festverwurzelt wie dieser bunte Baum', sagte der Großvater, nachdem er mich wieder abgesetzt hatte, und breitete wie der Pfarrer bei der Predigt die Arme aus, ‚ist die Welfenfamilie, zu der du gehörst und der du deine ganze Liebe schuldest. Bleibe dir ihrer herausragenden Stellung stets bewusst und sieh es immer als deine oberste Pflicht an, die Interessen des Hauses

Braunschweig-Wolfenbüttel zu wahren und sein Ansehen zu mehren.'

Die ganze Bedeutung dieses Appells verstand ich noch nicht, aber Szene und Worte habe ich genauestens behalten. Ich empfand sie wie meine feierliche Aufnahme in die Gemeinschaft des ältesten und berühmtesten Herrschergeschlechtes.

Wir kehrten noch oft zu familiengeschichtlichen Betrachtungen vor den Stammbaum zurück, und angesichts der hochadeligen Ahnenreihe, welcher der Großvater zum Teil poetische Reverenzen erwies, fühlte ich von Mal zu Mal mehr mein „wolfenpittelsch" Herz und den Stolz, der sich bis heute in mir bewahrt hat – den Stolz darauf, eine Welfin und in Wolfenbüttel aufgewachsen zu sein.

Hofklatsch

Ich genoss das ausschweifende Leben mitten in dieser Zauberwelt voller Spannung und Überraschungen. Neugierig wie ich war, spitzte ich überall die Ohren und sammelte kunterbunt erst Wörter und Sprüche und schließlich die vielen Geschichten, die auf Baustellen, in Ställen, Küche, Keller und Kammer kursierten. Ich machte mir ein Spiel daraus, mich in Nischen, hinter Vorhängen oder geschlossenen Türen zu verstecken und Gespräche zu belauschen. Wenn ich irgendwo auftauchte, die Unterhaltung plötzlich stockte und man begann, nur noch hinter vorgehaltener Hand miteinander zu flüstern, verstand ich es hervorragend, mich unsichtbar zu machen, indem ich den Kopf sittsam gesenkt hielt und mich völlig desinteressiert gab, so dass die Leute in meiner Gegenwart schließlich seelenruhig die Köpfe zusammensteckten und ungeniert über alles Mögliche, auch über die Herrschaft klagten und klatschten.

Dass es sich für eine Prinzessin nicht schickte, mit den Hofbediensteten zu nahen Kontakt zu pflegen, hatte man mir wohl wiederholt eingeschärft. Aber sie zogen mich unwiderstehlich an, die Orte, an denen es so geheimnisvoll raunte und knisterte, an denen Leben und Treiben am Hof genüsslich zu Klatschgeschichten verarbeitet wurden, die Orte, an denen man im Schutz unter seinesgleichen gegen Ungerechtigkeiten zuweilen lauthals zu rebellieren wagte.

Dort erwarb ich mir einschlägige, zum Teil intime Kenntnisse, die niemand bei mir vermutete. Was ich hörte und Wort für Wort, von hier und da, wie einen kostbaren Schatz zusammentrug und mit den eigenen, noch unschuldigen Vorstellungen zu verbinden suchte, behielt ich ganz für mich. Selbst meiner Lieblingsschwester Charlotte erzählte ich nichts. Zum Glück ließen die Großeltern, wenn sie in den Sommermonaten in Salzdahlum residierten, die Zügel etwas lockerer. So fanden meine hofmeisterlichen Erzieher mich oft gebannt zwischen den einfachen Leuten sitzen, wenn sie etwa über den Dreißigjährigen Krieg zwischen Katholiken und Protestanten erzählten. Wie unzählige Menschen nicht nur in den Schlachten dahingerafft wurden, sondern auch durch Seuchen und Hungersnöte, wie die kaiserlichen Soldaten das Herzogtum besetzt, Städte und Dörfer geplündert und eingeäschert, die Bevölkerung ermordet hatten – und wie den Frauen Gewalt angetan wurde. ‚Diese Tiere', stieß einmal die Silberwäscherin aus ihrem zahnlosen Mund hervor und ballte die Hand in ihrem Schoß zur Faust.

Ich machte mich ganz klein, wenn in einer solchen Versammlung August der Jüngere, mein Urgroßvater, heftig angeklagt wurde: Er regiere mit eiserner Strenge und drakonischen Strafen, habe sich auf Kosten des einfachen Volkes durch Betrug und andere skrupellose Mittel Geld beschafft. ‚Und wofür?', fragte der alte Kellerknecht, indem er jeden in der Runde scharf ins Auge fasste. Nach einer bedrückenden Pause gab er die Antwort selbst: ‚Um Tausende und Abertausende von alten Bücherschinken', er spuckte das Wort geradezu aus, ‚aus aller Welt aufzukaufen!' Ja, ein Büchernarr sei er gewesen, der Herzog, und ein fanatischer Hexenjäger dazu, empörte sich der Kellerschreiber. Eine der Küchenfrauen weinte und stammelte, ihre Tante, ein unschuldiges junges Mädchen, sei einst als Hexe verfolgt, gefoltert und verbrannt worden.

Was ich an heftiger Kritik, ja an Verwünschungen der Regierungszeit Augusts des Jüngeren bei meinen Streifzügen durch den Hof hörte, verwirrte mich zutiefst, weil mir mein Großvater Anton Ulrich ganz anderes erzählte. Wortreich rühmte er die herrschaftlich untadelige Person und die bedeutenden Leistungen seines Vaters. ‚Dein Urgroßvater, Lisbethgen', sagte der Großvater, ‚war jahrzehntelang nur ein unbedeutender Fürst in Hitzacker an der Elbe gewesen, wo er eine kleine Herrschaft und einen bescheidenen Hof besaß, im

Grunde nicht mehr als ein größeres Rittergut. Dass er jemals mehr würde als ein Herrscher über dieses Elbfischerdorf, stand nicht zu erwarten. Im hohen Alter von 56 Jahren jedoch erkämpfte er sich in einem komplizierten Erbfolgestreit gegen sechs andere Welfenfürsten den Thron von Braunschweig-Wolfenbüttel. Dort erwies er sich als tüchtiger, wirtschaftlich planender Herrscher.'

Außer dem gewandten Staatsmann sei August der Jüngere, betonte der Großvater, ein versierter Schriftsteller und Theologe, ein Friedensfürst und treusorgender Familienvater, ein leidenschaftlicher Bücherfreund und -sammler gewesen. Um diesen riesigen Bücherschatz endlich aufzustellen, habe er, Anton Ulrich, die alte Lagerhalle, den Marstall, abreißen lassen. Wie ich ja wisse und jeden Tag sehen könne, seien die Bauarbeiten für die neue Bibliothek, die nach seinem Vater *Augusta* heißen werde, schon angelaufen. Es werde die größte Bibliothek nördlich der Alpen, eine Rotunde, ein architektonisches Meisterwerk. Stolz schwenkte der Großvater die Baupläne. ‚Unter den frommen Fürsten sei August der gelehrteste und unter den gelehrten der frömmste gewesen', mit dieser Feststellung schloss Anton Ulrich meist seine Huldigung.

Es ist, als wäre es gestern gewesen, so genau höre ich die Stimmen der Leute am Hof noch über die Jahrzehnte hinweg, sehe sie leibhaftig vor mir, zu zweit, zu dritt wachsam-geduckt in einer Ecke stehend oder in einer großen Gruppe wild gestikulierend und schwadronierend: über die endlosen Streitigkeiten in der Herzogsfamilie, das Unglück für das regierende Haus, weil

Christine Luise, die junge Herzogin, bisher nur Mädchen geboren hatte. Über die Spielleidenschaft meines Vaters Ludwig Rudolf und seine Schulden, die so immens waren, dass die Geldgeber den Nachschub verweigerten und die Gläubiger mit Klagen drohten.

Geklatscht wurde auch über die Frauengeschichten meines Vaters, vor allem über die Affaire mit der Brockdorff…"

„Erzähl, *mamie*, erzähl doch weiter", treibt mich Marianna an. Sie rutscht ungeduldig auf ihrem Sessel hin und her. Meine *petites histoires intimes* bereiten ihr ein so großes Vergnügen, dass sie auch mich immer wieder mit ihrem Kichern und Lachen ansteckt.

„Konstanze von Brockdorff, die spätere Gräfin Cosel, war mit fünfzehn Jahren als Hofdame der Frau des Erbprinzen an den Wolfenbüttler Hof gekommen", erzählte ich also wunschgemäß weiter. „Dort wuchs sie zu einer sündig schönen, ungestümen Frau heran. Sie hatte tiefdunkles Haar, große schwarze spöttische Augen, ein bezauberndes Lächeln, war geistreich und begehrenswert, eine wilde Reiterin und Fechterin. Die Männer machten ihr den Hof, und sie genoss die Schmeicheleien. Auch mein Vater gehörte zu ihren Kavalieren. Eines Tages erzählte ein Page, er hätte gesehen, wie Ludwig Rudolf das schöne Fräulein küssen wollte. Da hat sie ihm eine heftige Ohrfeige gegeben. ‚So', feixte der Junge und holte spielerisch zu einem mächtigen Schlag aus. Das schadenfrohe Gelächter seiner Zuhörer schallte über den Hof. Andere behaupteten, dass sich Konstanze in den warmen Frühlings- und Sommernächten heimlich in den Lusthäusern im Park vergnügte, und wollten Ludwig Rudolf auch dort gesehen haben.

Man beobachtete sie genau, und zu Beginn des Winters glitten die Blicke immer unverfrorener und anzüglicher über Konstanzes Figur. Das Hoffräulein sei dicker geworden, tuschelte es in den Gemächern. Bevor die Schande sich nicht mehr verbergen ließ, reiste Konstanze plötzlich ab, nach Hause. Aber das hämische Gerede verstummte nicht. Die alte Herzogin Elisabeth Juliane, meine Großmutter, hörte ich, hätte sie bei Nacht und Nebel vom Hof verjagt. ‚Ein handfester Skandal!‘, donnerte der Schmied und rieb sich fröhlich die mächtigen Pranken.

Ich war ganz versessen auf diese Klatschgeschichten. Bald kannte ich alle, die am Wolfenbütteler Hof von Mund zu Mund gingen."

Wo Konstanzes Kind denn abgeblieben sei, höre ich Marianna neugierig nachfragen. Ich weiß es nicht. Und Konstanze? Was ist aus ihr geworden?, schickt sie gleich die nächste Frage hinterher.

„Konstanze hat geheiratet. Wurde geschieden. War Maîtresse des sächsischen Kurfürsten und polnischen Königs August. Später von ihm gejagt und verfemt. Ihren Lebens- und Leidensweg habe ich, soweit es die Geheimdiplomatie Augusts zuließ, verfolgt. Ich habe sie sehr gemocht damals in Wolfenbüttel. Sie war – das spürte ich schon als junges Mädchen – etwas ganz Besonderes. Eine, die mit hohem Einsatz gespielt und schließlich, von der eigenen Macht geblendet, alles verloren hat."

Durch das geöffnete Fenster, aus dem Sessel, an den mich mein Körper unerbittlich fesselt, schicke ich wie so manches Mal einen mitfühlenden Blick in die Ferne, dorthin, wo die arme alte Gräfin Cosel seit gut dreißig Jahren noch immer sitzt, auf die Burg Stolpen, gefangen hinter den Mauern, hinter die August der Starke, der längst tot ist, seine berühmteste Maîtresse einst verschwinden ließ. Sie kämpft noch immer um ihr Recht.

„Was ist denn eine Maîtresse?", fragt Marianna mich mit der ihr eigenen Ernsthaftigkeit. „Haben alle Könige und Kaiser so eine? Papa auch? Und Kaiserinnen, haben die einen Maître?"

Um mich aus der Verlegenheit zu befreien, täusche ich eine Hustenattacke vor. Erscheint es mit Rücksicht auf Mariannas Alter nicht angebracht, ihr manches galante Abenteuer im Detail noch vorzuenthalten? Ich entscheide mich dagegen, erkläre kurz, was eine Maîtresse ist und fahre mit der Geschichte der Aurora von Königsmarck fort.

„Sie war die erste große Geliebte Augusts. Wie Konstanze kannte ich sie vom Wolfenbütteler Hof, wo sie oft zu Gast war. Auch sie eine hinreißende Erscheinung, mit einer legendären Wirkung auf Männer! Nicht zuletzt auf die gastgebenden Herzöge, meinen Vater und Großvater. Sie machten ihr aufwendige Geschenke, schrieben verliebt Briefe, und Anton Ulrich hatte ihr nach dem Tod seiner Frau sogar einen Heiratsantrag gemacht. Aurora besaß ein gewinnendes lockeres Auftreten, war selbstbewusst, elegant, intelligent, schön, eine Literatin und Abenteurerin. Ich bewunderte sie. So hätte ich selbst gerne einmal werden wollen.

Mitte der 1690er Jahre – sie war schon über dreißig Jahre alt – hatte Aurora August den Starken mit der ganzen Palette ihrer Verführungskünste umgarnt und den Herzog so von sich eingenommen, dass er sie zur ersten *Maîtresse en titre* am sächsischen Hof machte. Das war eine politische Rolle, glanzvoll und lukrativ, die allerdings nicht viel länger als einen Sommer dauerte. Nach diesem Intermezzo wurde Aurora Pröpstin im Blankenburg nahe gelegenen Quedlinburg. Leichtsinnig und lebensfroh wie sie war, ließ sie die Dinge im Kloster laufen, war die meiste Zeit abwesend, weil sie es liebte, in der Welt herumzureisen. Unter anderem aufgrund dieses ungeistlichen Lebenswandels gelang es ihr trotz jahrelanger aufreibender Auseinandersetzungen mit den anderen Stiftsdamen und dem Kurfürsten von Brandenburg nicht, sich dort als Äbtissin zu etablieren.

Aus der Liaison mit August stammt übrigens Moritz von Sachsen. Er ist der illegitime Sohn Auroras, den sie lange Zeit geheim zu halten versuchte. Zur Zeit feiern die französischen Heere unter ihm einen Sieg nach dem anderen."

Zwei unzerbrechliche Säulen

„Gestern ist mir zufällig ein Buch in die Hände gefallen. Es war einst mein Lieblingsbuch gewesen: die *Princesse de Clèves*. Ich schlug es auf, und mit einem Mal sah ich klar und deutlich die halbwüchsige Elisabeth Christine vor mir, in Salzdahlum in der Orangerie sitzend und lesend. Sie war etwa in deinem Alter, Marianna.

In ihrer jungen Seele gärt es. Über kurz oder lang wird Elisabeth Christine verheiratet werden, ihre Heimat verlassen müssen.

Ist da schon etwas im Gange? Sie fühlt sich beobachtet. Vor allem der Großvater sieht sie jetzt manchmal so bedeutsam an. Vor seinen Blicken und mit ihren vielen Fragen zieht sich Elisabeth Christine an den kleinen See im hinteren Park zurück, wo es still ist und nur gelegentlich ein paar Klosterfrauen promenieren. Sie denkt daran, wie sie, als sie ungefähr zehn Jahre alt war, bei der Einweihung des Klosters sehr stolz eine von ihnen an der Hand in ihre Zelle führen durfte. Da lebte ihre Großmutter Elisabeth Juliane noch, ihre *mamie* Juju, wie sie sie seit Kleinkindertagen nannte. Wie gern würde sie sich noch einmal ein Lächeln von ihr holen! Die Großmutter war es, die das Kloster in Salzdahlum gegründet und ihr viel darüber erzählt hatte, wie das Leben früher war.

Elisabeth Juliane
* 1634 in Nordborg (DK), † 1705 in Wolfenbüttel
Frau von Anton Ulrich
Großmutter von Elisabeth Christine
Urgroßmutter von Maria Theresia
Ururgroßmutter von Marianna

‚Seit den fünfziger Jahren des vorigen Jahrhunderts als ich in Wolfenbüttel ankam, hat sich an diesem Hof viel verändert', sagte sie oft. ‚Ich weiß nicht, ob ich darüber froh sein soll. Manchmal sehne ich mich in die guten alten Zeiten zurück. Das alltägliche Leben war viel bescheidener, strenger, stiller. Es herrschte Frieden im Land und innerhalb der Familie. Der Herzog August genoss als Staats- und Familienoberhaupt uneingeschränkten Respekt. Eltern und Kinder waren nicht nur körperlich, sondern auch geistig tätig. Es wurde in den verschiedensten Sprachen gelesen, studiert, geschrieben, korrespondiert. Man arbeitete viel für sich, zugleich waren wir eine ausgesprochen fröhliche Gesellschaft, oft zusammen mit dem ganzen Hofstaat, bei den Theaterproben und -aufführungen und gelegentlichen Festmählern. Für Wolfenbüttel stellte das rege geistige Leben und das vielseitige künstlerische Schaffen einen unschätzbaren Wert dar. Das wachsende Ansehen, auch über die Grenzen des Herzogtums hinaus, verdankte Wolfenbüttel nicht zuletzt diesen Frauen', erklärte die Großmutter, auf einige Porträts in der Ahnengalerie weisend, ‚und in ganz besonderem Maße der Tatkraft und der liebenswürdigen Ausstrahlung Sophie Elisabeths.' Bewunderung und Ehrerbietung schwangen in ihrer Stimme mit, als sie fortfuhr: ‚Die Herzogin war 35 Jahre jünger als ihr Mann August, blieb jedoch von seiner bedrohlichen Majestät unbeeindruckt. Sie zollte ihm jederzeit den schuldigen Gehorsam, in einer unnachahmlich schönen Leichtigkeit und Würde.'

Ob sich diese Frauen in ihrer Jugend auch zwiespältig, aufsässig fühlten?, fragt sich die heranwachsende

Elisabeth Christine. Wie ist es ihnen gelungen, ihr Wissen, ihren Ehrgeiz, ihre Wünsche mit der festgelegten Bestimmung als Frau zu vereinbaren, die sie verpflichtete, dem angetrauten Mann dereinst zu gehorchen, ihm angenehm zu sein, zu gefallen und darüber hinaus eine gute Hausfrau und Mutter zu werden? Jetzt da sie ihre Großmutter so sehr bräuchte, um Antworten auf ihre drängenden Fragen zu erhalten und mehr über das Leben ihrer weiblichen Vorfahren zu erfahren, ist diese tot, und sie steht allein vor den Bildnissen."

Marianna sieht mich ängstlich an. Wird auch mir die Großmutter bald wegsterben?, prüft mich ihr Blick. Ich lege meine Hand auf ihre. Sie ist kleiner und glatter, aber sie hat die gleiche schlanke Form wie meine.

„In ihren einsamen Stunden am See, fahre ich fort, ist Elisabeth Christine zuweilen von Zweifeln geplagt, ob sie den Erwartungen, die ihre Umgebung an sie stellt, genügen kann. Auf der Suche nach Klarheit und anschaulichen Vorbildern liest sie viel, religiöse Bücher, aber auch Abenteuerromane und Liebesgeschichten.

Sie ist gottesfürchtig. Die feierliche Konfirmation liegt seit einigen Monaten hinter ihr. Auf diesen großen Moment hat sie sich freudig und gewissenhaft vorbereitet. Ihr protestantischer Glaube sowie die fügsame und zugleich liebevolle Bindung an ihre Familie stellen zwei unzerbrechliche Säulen in ihrem Leben dar.

Ist es denkbar, dass eine dieser Säulen jemals eingerissen werden könnte? Hastig schlägt sie das Gebetbuch auf, das ihre Großmutter Elisabeth Juliane selbst geschrieben hat. Streicht andächtig über das weiße Pergament, das mit goldenem Aufschlag und rosa Schleifen wie alle Bände der großmütterlichen Büchersammlung gebunden ist. Zu dieser Erbauungsliteratur, den Katechismen, Bet- und Gesangbüchern, den Anstandsfibeln zieht es sie hin. In den Texten ihrer frommen und durch viele Schicksalsschläge lebenserfahrenen Großmutter sucht sie Trost und Ermunterung. Und sie findet Worte, die sie anspornen, ein gutes, vor allem Gott gefälliges Leben zu führen."

Gibt es wohl etwas Seltsameres als die Erziehung der Frauen?

„Um als Gemahlin an der Seite eines großen Fürsten präsentabel zu sein, erwirbt Elisabeth Christine, was für die höfisch-gesellige Konversation benötigt wird, nämlich gefällige Kenntnisse auf möglichst vielfältigen Gebieten. Sie lernt sie leicht und anmutig vorzutragen. Darüber hinaus übt sie sich in den wichtigsten Tugenden. Mit dem Gehorsam und der Bescheidenheit tut sie sich am schwersten, aber sie verfügt über Contenance und ausgezeichnete Manieren. Und dass sie sich zu einer wahren Schönheit entwickle, hört sie – nicht ungern – immer öfter.

Am großväterlichen Hof genießt sie also eine sorgfältige Erziehung. Sehnlichst aber wünscht sich Elisabeth Christine, auch studieren und nach Holland, Frankreich, Italien reisen zu können, wie es für Prinzen selbstverständlich ist. Einem Mädchen hingegen sind Grenzen gesetzt. Ein schmerzhafter Neid auf die so viel größeren Freiheiten der Männer, die sie alles lernen und in der Welt herumkommen lassen, nagt in ihr.

Tja, Marianna, dich treiben ähnliche Wünsche und Sehnsüchte um. Klugheit und Gelehrsamkeit – das hast du schon so manches Mal erfahren müssen – fordern bei Mädchen weniger zur Anerkennung als vielmehr zu Spott und Ablehnung heraus. Oft spricht man ihnen Verstand und Urteilskraft sogar rundweg ab.

Elisabeth Christine saugt begierig auf, was sie zu all diesen Themen in der Dichtung findet. Und da gibt es in ihrer bücherliebenden Umgebung vieles.

Sie fühlt sich magisch zu den Romanen hingezogen. Zu den vielbändigen ihres Großvaters natürlich, aber letztlich, ganz in der Tradition der Familie, bevorzugt sie die Franzosen, Schäferromane wie *L'Astrée*[18] zum Beispiel, und noch mehr die Schriftstellerinnen, Mademoiselle de Scudéry und Madame de la Fayette.

Die Scudéry ist in Wolfenbüttel eine gute Bekannte. Der Großvater erzählt oft von seiner Kavaliersreise in den 1650er-Jahren nach Paris und davon, wie er das ‚schäumende', so drückt er sich aus, gesellschaftliche und geistige Leben dort genossen habe. Er berichtet von seinen Begegnungen und Gesprächen in den Salons wie dem Hotel de Rambouillet und den Samstagsempfängen bei Madeleine de Scudéry. Die Salons, erklärt er, sind eine Art kleiner Hof, wo Gelehrte, wichtige Autoren und Mitglieder der besseren Gesellschaft, Männer natürlich, aber auch – und das entzündet Elisabeth Christine – Frauen geladen sind und sich zwanglos über geistige und künstlerische Themen austauschen.

Durch seine Vermittlung stand auch Anton Ulrichs Schwester Sibylle Ursula mit der Französin in Briefkontakt. Sie war eine begabte, dem Bruder überlegene Schriftstellerin, die leider ziemlich früh verstorben ist. Auf Sibylles Wunsch hin hatte die Scudéry ihr Exemplare der *Clélie* persönlich zugeschickt. In Wolfenbüttel sind sie noch vorhanden, und Elisabeth Christine liest ehrfürchtig darin.

Die Scudéry sprach aus, was Elisabeth Christine bis dahin nicht einmal zu denken gewagt hatte. ‚Gibt es wohl etwas Seltsameres als die Erziehung der Frauen?', fragte sie provozierend. ‚Koketten sollen sie, die Frauen, nicht sein', so etwa argumentierte die Demoiselle, ‚aber gleichzeitig erlaubt man ihnen alles zu studieren, was zur Koketterie gehört, und verbietet ihnen die Kenntnisse, welche die Tugend befestigen und den Geist beschäftigen.' Es muss, so forderte sie kategorisch, den Frauen alles zugänglich gemacht werden, was den Geist aufklärt, das Urteil bildet und sie gut sprechen und schreiben lehrt.

Auch den anderen, dem Vater, den Onkels, den Cousins, hört Elisabeth Christine aufmerksam zu, wenn sie erzählen, an welchen europäischen Höfen und von welchen Berühmtheiten sie empfangen, welche Sehenswürdigkeiten ihnen präsentiert worden sind.

Leider gehen diese Reiseberichte nie vorbei, ohne dass die Männer ins Schwadronieren geraten. Wobei sie einvernehmliche Blicke wechseln, sich zuzwinkern und anzüglich lachen. Laut brüsten sie sich damit, was sie für unwiderstehliche Verführer und Draufgänger sind.

Liebesabenteuer fliegen über den Tisch hin und her: ‚In Marburg auf dem Schloss des Grafen von der Lippe bändelte ich mit einer Base der Gräfin von Hohenlohe an, sie wies mich ab, ich versuchte ihr beizukommen... Weil unsere Kammern so nahe beieinander lagen, ging ich in das Zimmer der Comtesse, als sie nicht darin war, und versteckte mich unter dem Bett. Die Damen zogen mich so unsanft unter dem Bett hervor, dass... Die Comtesse vergaß ich bald darauf in Paris, wo ich eine Tendresse mit der mittelsten Prinzessin von Hannover empfand... Ich ging nach Schweden und Dänemark, wo ich des Herzogs August von Zweibrücken seine zwei Töchter traf...'

Und so geht es immer weiter.

Wie wäre es, denkt Elisabeth Christine, als Kanonisse in ein Damenstift einzutreten? Sie stellt sich vor, die Nachfolge ihrer Tante Henriette, der Äbtissin in Gandersheim, zu übernehmen. Elisabeth Christine mag die Tante, die sich häufig in Wolfenbüttel und Salzdahlum aufhält, sehr.

Henriette ist klug und lebenslustig wie ihr Vater Anton Ulrich. Sie reist, feiert und spielt gerne, oft mit großem Verlust. Freimütig erzählt sie von ihrem Zusammenleben mit den anderen gebildeten Frauen, von den illustren Besuchern, den Festen, dem Prunk. Elisabeth Christine hört aufmerksam zu und fragt nach. Sie will mehr wissen über Henriettes Aufgaben als Leiterin der geistlichen Gemeinschaft und als Reichsfürstin, die über ein Gebiet mit Städten, Dörfern und Gemeinden regiert. Was sie hört, überzeugt sie. Eine solche Zukunft böte ihr viele Möglichkeiten zu einem standesgemäßen, gottgefälligen, von Geist, Tatkraft und Freude erfüllten Leben. Und da sie dort durch kein Gelübde gebunden wäre, könnte sie zudem wieder austreten und heiraten.

Als Äbtissin entginge Elisabeth Christine auch dem schlimmen Los der Frauen, über die am Hof traurige entmutigende Geschichten kursieren: von Marie Louise, der Stieftochter Liselottes von der Pfalz, die sich – so weiß man aus den Briefen Liselottes – hysterisch weinend, aber vergeblich gewehrt hatte, den geisteskranken Karl von Spanien zu ehelichen; von Sophie Amalie, die blass durch das Wolfenbütteler Schloss schleicht, während ihr Gemahl, der Erbprinz, sich hemmungslos seinen lasterhaften Vergnügungen mit seinen Günstlingen hingibt; von den Maîtressen Ludwigs XIV.; von ihrer Tante Eberhardine, Gemahlin des Kurfürsten von Sachsen, der, so schwatzt und amüsiert man sich am Hof, ein so frühreifer Schürzenjäger war, dass seine Maîtressen und galanten Abenteuer inzwischen nach Hunderten zählen."

Frauenschicksale

„In Sachsen lebte seit ihrem sechsten Lebensjahr meine jüngere Schwester.

Eines Tages hatte meine Mutter Charlotte und mich zu sich gerufen und uns, die wir völlig ahnungslos waren, mitgeteilt, dass Charlotte in ein paar Tagen nach Torgau in Sachsen übersiedeln würde, um in Zukunft am Hof der Kurfürstin Eberhardine, ihrer lieben Cousine, zu leben. ‚Der Großvater', sagte meine Mutter, machte eine Pause und fügte dann eilig hinzu, ‚aber auch euer Vater und ich haben das beschlossen.' Charlotte sei jetzt alt genug. Man müsste beizeiten für ihre Zukunft vorsorgen und der Cousine für ihr großherziges Angebot, Charlotte aufzunehmen, zutiefst dankbar sein. Denn das bedeute, dass sie unter der mütterlichen Fürsorge der Kurfürstin hervorragend erzogen und ausgebildet würde, was nebenbei auch den wolfenbüttelschen Haushalt entlaste. In Dresden, an Augusts Hof, von dem – so redete meine Mutter auf Charlotte ein – viele Besucher behaupteten, dass er Versailles an Glanz gleich käme oder gar überträfe, würden sich ihr später die allerbesten Heiratschancen eröffnen. Dessen könne sie gewiss sein.

Charlotte, eben noch vom Spiel erhitzt, lächelnd und mit rosigen Wangen, erstarrte, das kantige Kinn in kindlicher Tapferkeit leicht vorgereckt, aber mit Tränen in den Augen. Ich streichelte die wie leblos an ihrem Körper herabhängende Hand meiner sechsjährigen Schwester. Fassungslos starrte ich meine Mutter an. Wie konnte sie Charlotte weggeben? Sie war doch noch so klein und schutzbedürftig. Und sie war, obwohl drei Jahre jünger, mein Zwilling, am gleichen Tag wie ich geboren, meine liebste Spielgefährtin und Vertraute.

Es ist ihr schlecht ergangen, Marianna. Nicht in Sachsen, aber später. Nach meiner Verheiratung in die Habsburgerfamilie fand 1711 die zweite große Hochzeit statt, die mein Großvater arrangiert hatte und die das Haus Braunschweig-Wolfenbüttel so stolz machte.

In Torgau heiratete Charlotte Alexej, den Sohn des russischen Zaren Peters des Großen. Mit ihm wurde sie todunglücklich. Er neigte zum Trunk und tätlichen Misshandlungen. Qual und die Sehnsucht nach Erlösung von dieser Welt sprachen aus jedem ihrer Briefe. Sie sah sich als *armes Opfer* ihrer Familie, ohne dass sie dieser den geringsten Vorteil gebracht hätte.

Charlotte wurde nur einundzwanzig Jahre alt. Sie starb zehn Tage nach der Geburt ihres zweiten Kindes, eines Sohnes, an den Folgen eines wahrscheinlich durch den Zarewitsch verursachten Sturzes in Petersburg.

Alexej floh ein Jahr später, 1716, vor der Verfolgung durch den eigenen Vater an den Hof nach Wien, wo er den Kaiser und mich, seine Schwägerin, in arge Bedrängnis brachte. Um seines Sohnes habhaft zu werden, drohte der Zar sogar mit Waffengewalt. Wir schoben ihn von Wien ab nach Tirol und schließlich nach Neapel. Dort wurde er aufgespürt, nach Russland zurückgebracht und gefoltert. Er starb 1718.

Der Sohn von Alexej und Charlotte wurde 1727, zwölfjährig, zu Zar Peter II. Nach nur drei Jahren ereilte auch ihn der Tod.

Ich erzähle dir das alles so ausführlich, Marianna, weil du möglichst viel erfahren sollst über alle Mitglieder deiner welfischen Familie und die Dinge, die ihr zu Ruhm und Ehre gereichen. Auch die Schattenseiten will ich dir nicht verschweigen, wie etwa die tragische Geschichte der ‚Prinzessin von Ahlden‘.

Sophie Dorothea stammte aus der hannoverschen Verwandtschaft. Mit sechzehn Jahren wurde sie mit ihrem Cousin Georg Ludwig verheiratet und gebar ihm zwei Kinder. Graf Philipp, der Bruder Auroras von Königsmarck, begann mit seinem Eintritt in den Militärdienst des Herzogs von Hannover der jungen Herzogin den Hof zu machen. Wie seine Schwester war der junge Graf eine blendende Erscheinung. Georg Ludwig beschuldigte seine Gattin, eine Affäre mit dem Grafen zu haben und mit ihm fliehen zu wollen. Dafür wurde Sophie Dorothea grausam bestraft. Man beraubte sie für den Rest ihres Lebens der Freiheit. Sie wurde nach Ahlden, ein einsames, düsteres Wasserschloss im Herzogtum Celle, gebracht und dort gefangen gehalten.

Uns jungen Mädchen wurde bei jeder Gelegenheit die schreckliche, aber, wie man sagte, gerechte Verurteilung der Prinzessin vor Augen geführt, um uns auf immer in Angst zu versetzen vor der gesellschaftlichen Ächtung, in die eine Ehefrau zwangsläufig gerät, wenn sie den Pfad der Tugend verlässt.

Die näheren Einzelheiten erzählte man uns nicht. Nämlich dass die Prinzessin die meiste Zeit der Ehe einsam in ihren Gemächern verbracht und ihr Mann sich kaum um sie gekümmert hatte. Nach Aussagen Liselottes von der Pfalz ging eine Kälte von ihm aus, die alles zu Eis erstarren ließ. Völlig ungehemmt zeigte er sich öffentlich mit seinen Favoritinnen. Sophie Dorothea hatte ihren Vater angefleht, ihr die Trennung von Georg zu ermöglichen – vergebens.

Es bleiben bis heute Zweifel, ob zwischen Sophie Dorothea und Königsmarck tatsächlich ein Liebesverhältnis bestand und die gemeinsame Flucht geplant war. Und ob Anton Ulrich ihnen in Wolfenbüttel sogar Unterkunft in Aussicht gestellt hatte. Königsmarck blieb jedenfalls spurlos verschwunden. Wahrscheinlich ist er ermordet worden. 31 Jahre, bis zu ihrem Tod, dauerte Sophie Dorotheas Gefangenschaft in Ahlden. Ihre Kinder hat sie nie wieder gesehen.

Auch meine Tante Henriette erlitt ein schlimmes Schicksal. Einige Jahre, nachdem ich meine Heimat verlassen hatte, erfuhr ich in einem Brief meines Vaters, dass Henriette geschwängert worden war und das Stift hatte verlassen müssen. Es war wohl ein Hofrat Anton Ulrichs gewesen."

Die Prinzessin von Clèves

„Lass uns noch ein letztes Mal, Marianna, auf die Bank am Fischteich zurückkehren, wo Elisabeth Christine stundenlang sitzt und von Liebe, Treue, Zärtlichkeit träumt. Sie hofft, dass diese Gefühle und Tugenden alle Stürme des Lebens und der Seele überdauern werden.

Eines Tages hat sie *La Princesse de Clèves* für sich entdeckt. Du musst den Roman unbedingt lesen, Marianna. Es ist eine große Liebesgeschichte: Mademoiselle de Chartres heiratet den Prinzen von Clèves; er vergöttert sie, sie aber liebt ihn nicht. Als sie den Herzog von Nemours kennen lernt, verlieben die beiden sich auf der Stelle ineinander. Dennoch scheitern alle Versuche des Geliebten, die Prinzessin für sich zu gewinnen. Sie bleibt standhaft, verweigert sich, auch noch nach dem Tod ihres Ehemannes.

Elisabeth Christine bewundert Madame de Clèves, fiebert und leidet mit den Liebenden. Offensichtlich lassen sich Leidenschaft und Liebe nicht verbinden mit Pflicht, Ehre, Treue. Ist nicht der Vernunft in jedem Fall der Vorrang zu geben vor dem Gefühl? Die Halbwüchsige wird von diesen Widersprüchen gequält. ‚*L'amour peut aller au-delà du tombeau, mais elle ne va guère au delà du mariage*‘[19], liest sie bei der Scudéry, die selbst folgerichtig unverheiratet geblieben ist.

In einem letzten Gespräch der beiden Liebenden begründet die Prinzessin von Clèves ihren Entschluss, den Herzog nicht zu heiraten, damit, dass es keinen Mann gäbe, dessen Liebe in der Ehe nicht erkalte und der sich dann nicht anderen Frauen zuwende. Auch für sich selbst könne sie solch ein Verhalten nicht ausschließen, bekennt sie.

Elisabeth Christine lässt ihre Gedanken ruhelos in die Zukunft schweifen. Wird auch sie eines Tages über die Ehe, über die Liebe, von der sie so viel Verwirrendes erfährt, in große Konflikte und unendliches Leid stürzen? Oder wird sie ohne Liebe an der Seite eines alternden, untreuen Ehemannes dahinkümmern? Sie steigert sich in ihre Vorstellungen hinein. ‚Nein‘, ruft sie den Fischen im Teich zu, die an ihr vorbeischwimmen. Und noch einmal lauter: ‚Nein, nein!‘

Eine Mutter zu haben wie die Princesse de Clèves, wünscht sich Elisabeth Christine. Die nämlich spricht mit ihrer Tochter über die Liebe und die Männer. In dem Roman, Marianna, hört sich das so an: ‚Die meisten Mütter meinen, es genüge, jungen Mädchen niemals von Liebesdingen zu sprechen, um sie davon fern zu halten; Madame de Chartres war gegenteiliger Ansicht; sie redete mit ihrer Tochter oft über die Liebe und schilderte ihr ihre Vorzüge, um sie desto leichter von ihren Gefahren zu überzeugen; sie erzählte ihr von der geringen Aufrichtigkeit der Männer, ihren Täuschungen und ihrer Untreue, von dem Unglück, das Liebschaften in die Ehe bringen; und sie zeigte ihr auf der anderen Seite, welcher Friede das Leben einer rechtschaffenen Frau erfülle und wieviel Achtung und Ruhm die Tugend einer Dame von edler Geburt und Schönheit verleihe; aber sie wies sie auch darauf hin, dass sie diese Tugend nur durch äußerstes Misstrauen gegen sich selbst bewahren könne und durch ein stetes Bemühen, sich an das zu halten, was einzig das Glück für eine Frau bedeuten kann, den Gatten zu lieben und von ihm geliebt zu werden. ... Sie versprach ihr, dass sie ihr helfen würde, wenn sie in Dingen, bei denen junge Leute sich oft nicht zurechtfänden, keinen Ausweg sähe.'"[20]

In Gedanken bleibe ich noch sitzen, als mich meine Enkelin schon längst verlassen hat. Mit ihren zwölf Jahren kommt sie jetzt auch in das gewisse unruhige Alter. Damit sie nicht völlig in Zweifeln und Mädchenträumen versinkt, muss ich beim nächsten Mal unbedingt mit Marianna über ihren weiteren Lebensweg reden.

Nach den ersten Versuchen, für ihre Tochter eine standesgemäße Verbindung zu finden, und vor allen Dingen in letzter Zeit meine ich eine gewisse Hinhaltetaktik auf Seiten Maria Theresias festzustellen. Und ich kann mir denken warum. Marianna ist ein zartes, gesundheitlich anfälliges Mädchen. Darauf schaut Maria Theresia mit Sorge. Machtstreben und leidenschaftlicher Habsburgerstolz treiben sie an. Als Landesmutter hat sie nur eines im Blick: Die Dynastie soll weiter leben, blühen. Auf Marianna setzt sie in dieser Hinsicht wenig Hoffnung. Ganz im Gegenteil befürchtet sie, dass ihre Tochter den Anforderungen, die an eine Landesfürstin gestellt werden, nämlich viele Kinder, vornehmlich männliche, zu gebären, nicht gewachsen ist. Sie studiert, da bin ich mir sicher, weiterhin aufmerksam die Listen mit den Stammbäumen möglicher Heiratskandidaten, aber längst schon verstärkt im Hinblick auf Mariannas jüngere Geschwister.

Ehevermittlung

„Bevor ich weiter erzähle, wie sich mein Leben in Wolfenbüttel grundlegend änderte, weil Heiratspläne für mich geschmiedet wurden, möchte ich heute, Marianna, mit dir über deine Zukunft sprechen.

Wenn die endgültige Entscheidung über deine Verehelichung getroffen wird, lebe ich nicht mehr. Mir bleiben also kaum noch Gelegenheiten zu einem Gespräch. Vor dem Los, das eines nicht allzu fernen Tages über dich als habsburgische Erzherzogin geworfen wird, werde ich dich zwar nicht bewahren, aber dir doch über manches die Augen öffnen können.

Viele Jahre lang habe ich selbst Ehevermittlung betrieben. Vorwiegend zugunsten meiner wolfenbüttelschen Familie. Es ist ein kompliziertes Geschäft, bei dem die Verhandlungen – und das musst du unbedingt begreifen – von nichts anderem als der Staatsraison und dem Geld diktiert werden.

Ich erinnere mich, dass der erste Heiratsplan für dich geschmiedet wurde, als du neun Jahre alt warst. Bei dem Freier handelte es sich um den 21-jährigen Vittore Amadeo von Sardinien. Der sardische General La Rocca kam als Unterhändler nach Wien, um das Terrain zu sondieren und die Kandidatin zu sehen. Er wurde damals in Privataudienz von Maria Theresia und Franz Stephan empfangen. Woran die Verhandlungen gescheitert sind, weiß ich nicht. Möglicherweise weil Stellung und Einkünfte dieses kleinen Königreichs ihnen nicht gerade verlockend erschienen für eine Erzherzogin aus dem Hause Habsburg.

Es sollte dir, Marianna, auch klar sein, dass es bei der Verehelichung um vieles geht, aber bestimmt nicht um die Erfüllung von Liebeswünschen. Denen gegenüber wird deine Mutter immer unbeugsam bleiben und unbedingten Gehorsam für ihre kaiserlichen Entscheidungen fordern. Daran wird kein noch so flehentlich vorgetragener Wunsch ihrer Kinder rütteln können.

Auch auf den Einfluss deines geliebten Vaters solltest du nicht zählen. Bei allen anstehenden Heiratsprojekten wird Maria Theresia den Kaiser in ihre mütterlichen Absichten und die Ergebnisse ihrer bereits vorsorglich getätigten Nachforschungen einweihen, ist er doch das Familienoberhaupt und als solches die letzte Entscheidungsinstanz, der auch sie sich gehorsam fügen muss, ganz wie sie es bei ihrer Trauung gelobt hat. Aber sie kennt die Liebenswürdigkeit und Nachgiebigkeit ihres Franz, vor allem was die Wünsche seiner Kinder betrifft. Das könnte ihre eigenen Pläne stören. Und das wird sie nicht zulassen, da bin ich sicher. Sollte er nicht ihrer Meinung sein, wird sie es schaffen, ihn geschickt auszumanövrieren, um schließlich ihre Vorstellungen durchzusetzen. Er wird sich noch ein Stück weiter aus der Politik in seine eigenen Geschäfte, Freizeitbeschäftigungen und Heimlichkeiten zurückziehen, hat er doch längst davor kapituliert, dass seine Frau das Zepter im Hause Habsburg-Lothringen schwingt.

Vielleicht wirst du, Marianna, nie heiraten. Dann sollst du wissen: Der Prunk, die Kleider, der Schmuck, das Hochzeitsmahl, die Brautgeschenke, die ausgelassenen Feste und Bälle, die jubelnde Aufmerksamkeit für das Brautpaar – all das verblasst nur zu bald.

Und die jungen Frauen sind allein in einem wildfremden Land, verheiratet mit einem Mann, den sie möglicherweise nicht lieben, der sie schamlos betrügt, dessen Geistesgaben unter dem eigenen Niveau sind. Verfemt wegen Kinderlosigkeit oder erschöpft von den zahlreich aufeinander folgenden Wochenbetten. Wie auch immer, die Ehe kann aus vielerlei Gründen eine Hölle sein."

Lieber sterben als konvertieren

Heute kommt Marianna etwas verspätet. Sie hat sich wieder mit Josef gestritten, will aber nicht darüber sprechen. Deshalb fahre ich, sobald sie sich gesetzt hat, mit meiner Erzählung fort.

„Vom einen auf den anderen Tag hatte ich mein ziemlich ungebundenes Mädchendasein aufgeben und die Träume von einer ganz anderen Zukunft begraben müssen. Akt für Akt einer dramatischen Inszenierung, in deren Mittelpunkt ich mich plötzlich befand, war in Wolfenbüttel über die Bühne gegangen. Die mir zugedachte Rolle hielt mich in einer furcht- und schwindelerregenden Bewegung.

Ich sollte verheiratet werden, nach Spanien hin. Ein fremdes Land, weit weg, ein gänzlich unbekannter Mann, und ich, die kleine Herzogin aus dem tiefen Norden, sollte Königin werden. Allein diese Aussichten versetzten mich in helle Aufregung. Die schlug aber in maßlosen Schrecken um, als ich erfuhr, was für ein Hindernis meiner Verehelichung mit dem für mich Auserwählten, deinem Großvater Karl, im Weg stand: Ich war protestantisch, und meine Konversion hatten die Habsburger als Bedingung für die Einheiratung in das katholische Erzhaus gefordert."

Ich schwanke, was ich Marianna sonst noch erzählen darf. Mein Vorsatz, offen mit ihr zu sein, stößt leider überall an Grenzen. Hier in der Burg haben die Wände Ohren. Und ich bin sicher, dass meine streng römischkatholische Tochter, die Toleranz anderen Religionen gegenüber für das schlimmste Verderben hält, Marianna die Besuche bei mir sofort verbieten wird, wenn ich auch nur einen Satz zu viel sage. Der Preis ist mir zu hoch. Die Besuche zu kostbar, und so bin ich auf der Hut, auch um Marianna nicht in Schwierigkeiten zu bringen.

Ich wähle sorgfältig aus, was ich sagen kann, wäge ab, schlucke hinunter, spiele herunter, versinke in Schweigen und blicke auf Marianna, die sich mit ein bisschen Konfekt und einer Tasse Schokolade, die ich ihr habe bringen lassen, schleckend und knabbernd in ihrem Sessel zusammenrollt. Sie liebt Leckereien über alles. Wohl wissend, dass wir wieder einmal gegen ein Verbot ihrer Mutter verstoßen, lächelt sie mir spitzbübisch zu.

Derweilen eilen die Worte, die ich nicht ausspreche, als Gedanken, Gefühle und Bilder zielstrebig nach Wolfenbüttel zurück. Als seien darüber nicht Jahrzehnte vergangen, spüre ich die Anspannung und wirbelnde Geschäftigkeit der damaligen Zeit wieder in mir.

„Und dann bist du tatsächlich konvertiert, *mamie*?" ruft mich Marianna zu sich zurück. Ich nicke und spüre, wie hohl der Satz für Marianna bleiben muss, wenn ich ihn nicht mit der Wirklichkeit ausstatte, so wie ich sie erfahren habe.

Schließlich lasse ich alle Vorsicht fahren, auch weil mir dieser Seiltanz zwischen Aussprechen und Verschweigen auf die Dauer zu anstrengend wird. Außerdem sind die Stunden mit Marianna zu wertvoll, um sie derart zu vertändeln. Ich entscheide also, dass sie mit ihren zwölf Jahren alt genug ist für meine Lebensbeichte.

„Unter strengem Stillschweigen gegenüber der europäischen Öffentlichkeit", beginne ich also, nach einem passenden Einstieg suchend, „bemühte man sich mit allen Mitteln über sage und schreibe fast zwei Jahre in Wolfenbüttel darum, das Heiratsprojekt zu verwirklichen. Da Karl im Krieg in Spanien war, vertraten die kaiserlichen Majestäten in Wien, also Bruder, Mutter und Schwägerin, seine Interessen. Diese waren von meinen besonderen Vorzügen im Vergleich mit anderen Bewerberinnen zu überzeugen. Ich wiederum musste dazu gebracht werden, die unabdingbare Voraussetzung für die Heirat zu erfüllen: mich zum Katholizismus bekennen.

Mir, der damals Fünfzehnjährigen, so klug ich auch war, fehlte das Verständnis für die über weite Strecken hoffnungslos verwickelten Verhandlungen. Ich fühlte eine massive Bedrängnis. Jenseits aller Geheimdiplomatie war und blieb meine vordringlichste Sorge, ob ich meinen protestantischen Glauben aufgeben könnte, ohne damit – die Vorstellung löste in der noch kindlichen Seele pures Entsetzen aus – der ewigen Seligkeit verlustig zu gehen. Mit mir allein und in anstrengenden Religionsgesprächen versuchte ich Antwort auf diese Frage zu finden. Das hat so viel Kraft gekostet, dass mir noch heute in meinen schlaflosen Nächten ein Stein auf der Brust liegt.

Wenn ich darüber nachdenke, wie jung ich damals war und lange Zeit so ... vertrauensselig.

Als mein Großvater zum ersten Mal mit mir über die große Affäre, wie er es nannte, redete, wusste ich nicht, dass auf dem Heiratsmarkt schon fast ein Jahr lang über mich als mögliche Königin von Spanien, als Gemahlin des Kaisersohns Karl, verhandelt worden war und Anton Ulrich meinen Glaubensübertritt bereits als selbstverständlich in Aussicht gestellt hatte.

Das Ansinnen, meinem protestantischen Glauben abzuschwören, verschlug mir den Atem. Schließlich erklärte ich meinem Großvater doch mit fester Stimme, dass ich bei der Konfirmation gelobt hätte, den Bund mit Gott unverbrüchlich zu halten und weder durch Glück noch Unglück, weder durch Liebe noch Leid davon abzurücken. Wie ich da mit gutem Gewissen die Religion ändern könnte, fragte ich ihn. Als wäre das überhaupt kein Problem, versicherte er mir, dass für mich eigentlich alles beim Alten bliebe. Außer mit meinen Eltern mit niemandem über die Sache zu sprechen, befahl er mir eindringlich. Dabei stand er in großer Pose vor mir und strahlte Kraft und Gelassenheit aus, dass mir das Herz für Momente ganz leicht wurde.

Ich wollte ihm nur zu gerne glauben. Wie denn auch anders. Ich war gut erzogen, meiner Familie liebevoll zugetan, fügsam und davon überzeugt, dass mein Großvater das Beste für mich wünschte. So gab ich ihm einige Wochen später auf sein ausdrückliches Ersuchen hin schriftlich, ihm in allem, was er verfügen würde, gehorchen zu wollen.

Währenddessen aber steigerte sich meine innere Not. Ich betete viel und bat Gott inständig, das große Unglück, das über meinem Kopf schwebte, von mir abzuwenden. Wenn es dennoch dazu käme, würde ich, so war ich zu diesem frühen Zeitpunkt noch sicher, meine Zustimmung versagen müssen und lieber sterben, als das zu tun.

Eines Tages, und damit wurde die Heirat für mich zum ersten Mal unleugbare Realität, trafen der Jesuitenpater Tönnemann aus Wien, der auf der Reise nach Spanien zu Karl war, und ein Doktor Brunner in Wolfenbüttel ein, beide der Geheimhaltung wegen unter falschem Namen. Der eine, um Aussehen, gesellschaftliches Auftreten und Einstellung zur katholischen Kirche in Augenschein zu nehmen, der andere, um meinen Gesundheitszustand zu prüfen. Es war eine sehr unangenehme, peinliche Prozedur, die mich mit Abscheu erfüllte. In der Folge habe ich noch mehrere Untersuchungen dieser Art über mich ergehen lassen müssen. Denn, so erläuterte man mir, Wien wolle sicher gehen. Seien das vorherrschende Interesse an mir und meine vornehmlichste Aufgabe doch, Mutter möglichst vieler Habsburgerprinzen zu werden, um damit die Nachfolge am Kaiserhof sicher zu stellen.

Da, wie nicht anders zu erwarten, das Versteckspiel nicht durchgehend gelang, geriet ich mehr und mehr in die Aufmerksamkeit auswärtiger Besucher, die jede Wendung meines Kopfes, jeden Schritt, den ich tat, beobachteten, begutachteten und an ihre Auftraggeber, vorrangig aber nach Wien, meldeten.

Um mich vor den Spitzeleien so weit wie möglich abzuschirmen, hatte mein Großvater mich von Wolfenbüttel, wo vor allem die protestantischen Hofgeistlichen, sobald sie von der anstehenden Konversion erfuhren, heftig aufbegehrten, nach Gandersheim geschickt. Dort sollte ich die nächsten Monate verbringen, unter der Aufsicht seiner Tochter, der Äbtissin des Klosters, die der katholischen Religion sehr freundlich gegenüber eingestellt war. Sie ist später auch konvertiert.

Ich war immer gerne bei meiner Tante Henriette gewesen, aber dieses Mal fühlte ich mich bei ihr regelrecht gefangen, auch weil ich von meiner Mutter getrennt war. Ich konnte die Sehnsucht nach ihr kaum aushalten. In dem Punkt war Anton Ulrich allerdings unnachsichtig. Er ließ niemanden in meine Nähe, der mich hätte gegen seinen erklärten Willen beeinflussen können. ‚Irre machen' nannte er das.

Die Erwartungen, denen ich ausgesetzt war, schnitten mich mitten durch. Der Großvater war zwar meistens besonders lieb mit mir, er machte mir aber unmissverständlich klar, dass dem Haus Braunschweig-Wolfenbüttel aus der Liaison mit dem Kaiserhaus unschätzbare Vorteile erwachsen würden. Damit uns kein anderes Fürstenhaus zuvorkäme, ermahnte er mich, müsste der geforderte Glaubenswechsel so schnell wie möglich erfolgen. Was ich damals nur am Rande mitbekam: Die verwitwete Kaiserin und die Parteien am Wiener Hof blieben lange Zeit auch anderswo auf der Suche nach einer geeigneten Prinzessin.

Die Stimme meines Großvaters hatte, wenn er seine Absichten gefährdet sah, einen kalten gebieterischen Klang, den ich so sehr fürchtete. Wenn er merkte, dass er mich erschreckt hatte, wurde er wieder verbindlich. Meine Mutter, erzählte er mir, sei sich der großen Ehre, die ihrer Tochter widerfahre, bewusst. Sie blicke schon jetzt voll Stolz auf mich, die ich bald Königin sein würde. Bei der Konstellation im Hause Habsburg sei es sogar nicht ausgeschlossen, dabei zwinkerte er mir verschwörerisch zu, dass ich über kurz oder lang Kaiserin würde. Eine rosige Zukunft, beschwor er mich, davor hätten religiöse Gewissensbisse zurück zu stehen. Bei den letzten Worten war er wieder in den harten Ton verfallen, außerdem müsse ich, so fuhr er fort, der Vorsehung, die mich für diese Aufgabe auserwählt hätte, gehorchen.

Nach all dem, was man mich bisher gelehrt hatte, geriet ich am meisten in die Irre über seine unbekümmerte Behauptung, zwischen der katholischen und protestantischen Religion gäbe es eigentlich keinen Unterschied, da sie schließlich beide christlich seien. Ich kannte mich nicht mehr aus: Die Lutherischen stritten doch leidenschaftlich gegen die Papisten, der Papst war gar als Antichrist verschrien, und die Katholiken galten nach der Vorstellung der Protestanten als ewig Verdammte.

Ich wollte meinem Großvater eine gehorsame Enkeltochter sein und ihm seinen größten Wunsch erfüllen, indem ich durch den Glaubensübertritt die prestigeträchtige Verbindung der Wolfenbüttler mit dem Kaiserhaus ermögliche. Auch seine Gesundheit durfte ich nicht zusätzlich gefährden durch Aufregungen, die ihm meine mögliche Weigerung verursacht hätten. Er war immerhin schon über siebzig Jahre alt, von Gicht geplagt und dazu noch mitten in die komplizierten Verhältnisse hinein über einen Hund meiner Tante Henriette gestolpert. Der Ärmste litt sehr an den Folgen dieses schweren Sturzes. Er konnte lange Zeit nicht allein gehen und war für Promenaden in Salzdahlum auf einen Rollstuhl angewiesen.

Ihn also zu betrüben oder gar zornig zu machen, wollte ich um alles in der Welt vermeiden. Aber ich fühlte mich eben auch mit ganzer Seele an mein Gelübde gebunden, hielt den Religionswechsel für einen Verrat, für den ich einst zu Recht mit dem Entzug der ewigen Seligkeit bestraft werden würde. Verzweifelt suchte ich in einschlägigen Schriften stundenlang nach Erklärungen, nach mich entlastenden Hinweisen und Deutungen, nach Rechtfertigungen, um einen solchen Schritt im Einklang mit meinem Gewissen tun zu können. Hilfreich waren mir vor allem auch die Unterredungen mit dem Theologen Fabritius, dem vertrautesten Berater meines Großvaters, und später mit Behm, dem Superintendenten in Gandersheim, der aber auf die Dauer überfordert war, zumal die Gegenseite seine Mittlerrolle gezielt zu untergraben trachtete.

Auf Erleuchtung hoffte ich in innigen Gesprächen mit Gott. Und um eine Form des katholischen Glaubenbekenntnisses, das ich ohne Skrupel würde ablegen können, rang ich mit dem schließlich Ende 1706 von Wien zu meiner Bekehrung abgesandten Jesuiten, Pater Plöckner, der mir auf Anhieb unangenehm war. Er hatte etwas Hochfahrendes und Fanatisches. Sein stechender Blick verunsicherte mich.

Wie mein Lehrer Oppermann einmal von mir gesagt hatte, sei ich wie weiches Wachs gewesen, wenn es darum ging, Gutes zu tun, und härter noch als Diamant,

Stahl und Eisen im Kampf gegen das Böse. Schon als Kind zeigte ich diese Eigenschaften, so dass der Großvater, wie er oft betonte, manchen Wesenszug von sich wiedererkannte. ‚Du, Lisbethgen, mein Mädgen', äußerte er manchmal anerkennend und gleichzeitig bedauernd, ‚bist aus dem richtigen Holz geschnitzt, du kommst auf mich, du hast eine Herrschernatur.'

War ich von den Ereignissen und Zumutungen zunächst eher eingeschüchtert, so erwies ich mich mit der Zeit doch als zäh und widerständig. Außerdem wusste ich gut zu argumentieren, hatte eine schnelle Auffassungsgabe und war in Glaubensdingen durchaus beschlagen.

Die Wolfenbütteler Bibliothek lieferte, was ich an Lehr- und Nachschlagewerken brauchte. Jeden Schriftsatz, den ich von dem Pater erhielt, habe ich nach eingehender Gewissenserforschung sorgfältig kommentiert an ihn zurückgehen lassen. Tag für Tag – nachts konnte ich noch dazu nicht schlafen – saß ich über wieder neuen Auslegungen und Formulierungsvorschlägen von Seiten des Paters. Der Kopf schwirrte mir. Aber ich prüfte gewissenhaft, redigierte – und verwarf. Die Stimmung wurde immer gereizter. Würde das große Werk doch noch scheitern?

Anklagende, verständnislose Blicke trafen mich.

Wenn ich allein war, habe ich viel geweint, gejammert, gefleht. Ich hatte niemand an meiner Seite, der mir von dem Glaubensübertritt abgeraten und mich in meinem Widerstand aus Überzeugung gestärkt hätte. Die Hofgeistlichen – von ihrer tatkräftigen Unterstützung habe ich erst viel später erfahren – wurden zu mir gar nicht vorgelassen, weder schriftlich noch persönlich.

Immer heftiger sehnte ich mich nach meiner Mutter. Von ihr, der frommen, überzeugten Lutheranerin, hatte ich mir eigentlich Trost, Zuspruch und festen religiösen Beistand erhofft. Gerade in meinen schlimmsten Stunden war sie aber nicht da, allein ihre Worte brannten in mir.

Sie hatte mir eines Tages von der Prinzessin von Ansbach erzählt. Diese, deutlich älter als ich, sei lange Zeit die erste Wahl der Habsburger für Karl gewesen. Auch sie hätte für die Ehe konvertieren müssen, was sie schließlich verweigert hat. In diesem Gespräch über die Ansbacherin hatte meine Mutter sehr eindringlich zu mir gesagt, dass ich ihr nicht gehorchen dürfte, wenn sie mir eines Tages befehlen sollte, um einer Heirat willen die evangelische Religion zu ändern. Ich sei Gott mehr Gehorsam schuldig als den Menschen.

Wie nicht anders zu erwarten, hatte auch meine Mutter sich ihrem Schwiegervater längst gefügt. Er lockte und gewann sie unter anderem damit, dass er sie in seinen Briefen bereits als ‚*mère de la mère du futur empereur*‘[21] titulierte.

Nie mehr, selbst später im Krieg in Spanien, habe ich mich so verlassen gefühlt.

Ich durchschaute bald, welche Interessen Plöckner und diejenigen, die hinter ihm standen, leiteten. Was sie mir im einen Moment durch großzügige Auslegung der Glaubenssätze zugestanden hatten, nahmen sie im nächsten wieder zurück, weil sie im Grunde nie geneigt waren, von ihrer katholischen, der für sie einzig wahren Lehre, abzugehen.

Während der Pater, so gewann ich den Eindruck, gekommen war, um meine Bekehrung möglichst schnell durchzuführen, wollte ich von dem neuen Glauben innerlich überzeugt werden. Ich kämpfte um mein Seelenheil. Für ihn war es ein Geschäft, in dem er sich auszeichnen wollte. Das er ohne wirkliches Entgegenkommen betrieb. Von meinem Großvater wurde er hin und wieder zur Mäßigung angehalten, um mich durch seinen rauhen Dogmatismus nicht völlig zu verschrecken und das Unternehmen nicht letztlich noch zu gefährden. Er wurde dann konzilianter. Und ich immer müder, erschöpfter. Gegen die jesuitischen Spitzfindigkeiten und die anderen Theologen und Politiker, die aus Überzeugung oder Eigennutz, ich weiß es nicht, im Sinne Anton Ulrichs gefällige Stellungnahmen zur Konversionsfrage abgaben, war ich machtlos, wie auch gegen die Autorität meines Großvaters selbst, der seine Familie ebenso wie seinen kleinen Fürstenstaat absolutistisch regierte. Das durfte freilich nicht zu deutlich werden. Die Form musste gewahrt bleiben und ich es sein, die die Entscheidung traf, und zwar freiwillig.

In den Stunden völliger Mutlosigkeit wünschte ich mir nur noch, mein Großvater möge ein Machtwort sprechen, mir den Übertritt befehlen und mich so endlich aus der Verantwortung entlassen, für die ich mich viel zu jung fühlte. Das konnte er freilich nicht. Für ihn war mein persönliches öffentliches Bekenntnis ebenso wichtig wie für die katholische Kirche. Wenn auch aus anderen Gründen. Die Professio aus meinem Munde würde aller Welt klar machen, dass ich aus freien Stücken übertrat und Anton Ulrich lediglich meinem Entschluss seine Zustimmung erteilte. Auf keinen Fall durfte das Gerücht Nahrung bekommen, Anton Ulrich hätte mich um der weltlichen Vorteile für sein Haus willen zur Aufgabe meines alten Glaubens gezwungen.

So ging der Austausch von Vorschlägen, Änderungen, Deutungen weiter.

Schließlich erklärte ich mein Einverständnis zu einem moderaten Text, den ich mit meinem protestantischen Gewissen glaubte vereinbaren zu können, auch dank der beschwichtigenden Erklärungen, um die ihn sowohl Behm wie Plöckner beim Vorlesen ergänzten.

Jetzt endlich durfte ich auch zu meiner Mutter zurück. Die Majestäten in Wien, umgehend vom Erfolg der jesuitischen Mission in Kenntnis gesetzt, beglückwünschten mich. Auf ihren Wunsch hin suchte ich um ihre Protektion nach. Um meine katholische Erziehung, die schon begonnen hatte, weiter zu sichern und zu vervollkommnen, sollte ich möglichst bald nach Wien kommen, bevor es nach Spanien ging. Das erzkatholische Land sollte von meiner protestantischen Vergangenheit nichts wissen, weil es, so fürchtete man, Karl geschadet hätte.

In der bis zum Aufbruch noch verbleibenden Zeit mussten der Fünfzehnjährigen in aller Eile die letzten gesellschaftlichen Umgangsformen beigebracht und eine der zu erwartenden Stellung angemessen umfangreiche und kostbare Aussteuer beschafft werden. An den Geldern, die dafür aufgenommen werden mussten, haben ich und dann Karl noch jahrelang zurückgezahlt.

Gleichzeitig wurden die Vorbereitungen für die Reise getroffen.

Mir blieb bei der wilden Geschäftigkeit gar keine Zeit, mich von den Seelendramen zu erholen, zumal mir jetzt die Angst vor dem endgültigen Abschied unmittelbar im Nacken saß. Doch vorher erreichte mich noch ein anderer Schrecken.

Um über den Ablauf meiner öffentlichen Konversion zu beraten, kamen der Abt von Corvey und der geistliche Rat des Kurfürsten von der Pfalz nach Wolfenbüttel. Das Ergebnis ihrer Gespräche war niederschmetternd. Es war so, als hätte es das langwierige Ringen in Gandersheim um eine gemäßigte Form des Glaubensbekenntnisses, mit der beide Seiten leben konnten, gar nicht gegeben. Was ich geahnt hatte, seit ich meine katholischen Verhandlungspartner kennen gelernt hatte, trat ein. Einmal im Besitz meiner Zustimmung und damit im Hochgefühl, einen großen Sieg über den Protestantismus davon getragen zu haben, wurde die Gandersheimer Übereinkunft beiseite geschoben.

Man hatte nicht nur zugesagt, mir den Kelch zu erteilen, wie es im Protestantismus üblich war, sondern auch dem Glauben meiner Väter nicht öffentlich abschwören zu müssen. An keines dieser Versprechen fühlte man sich noch gebunden, obwohl Plöckner mir die Zusage schriftlich gegeben hatte. Die Kirche gedachte meinen Übertritt mit der ganzen strengen Überzeugung von ihrer allein seligmachenden Lehre zu inszenieren, und zu diesem Zweck wählte sie die große Bühne, eine Bischofskirche, mit der entsprechenden dekorativen Kulisse: einem erlauchten Publikum.

An diesem Ort sollte ich, die Abtrünnige, meinen Sündenfall in vollem Umfang offen bekennen. Dazu musste ich veranlasst werden, den Wortlaut des römisch-katholischen Glaubensbekenntnisses ohne jede Auslassung laut vorzutragen und zu beschwören.

Ich war über den Vertrauensbruch so empört, dass ich sogar einen eigenen Kurier nach Mainz zum Erzbischof, vor dem ich das öffentliche Bekenntnis ablegen sollte, schicken wollte, um dort den wahren Sachverhalt zur Kenntnis zu bringen.

Wie sich mein Großvater auf die neuen Bedingungen der Kirchenmänner, von der sie keinen Zoll mehr abrückten, eingelassen hat, weiß ich nicht. Zähneknirschend, vermute ich. Aber für ihn stand während der ganzen Zeit immer das habsburgisch-wolfenbüttelsche Ehebündnis im Vordergrund, und da dieses jetzt so weit gediehen war, konnte und wollte er es nicht mehr aufgeben. So ließ er Behm nach Wolfenbüttel rufen, der dann zusammen mit dem Abt von Corvey tätig wurde, mich durch weitere Unterweisungen von allen Skrupeln und Zweifeln zu befreien."

Für den Moment bin ich unsicher, ob ich alle meine Gedanken tatsächlich vor Marianna laut ausgesprochen habe. In ihrer Schonungslosigkeit erschrecken sie mich ja selbst, um wie viel mehr müssen sie dieses Kind bestürzen, das noch dazu um einiges jünger ist als ich damals. Tue ich Unrecht? Sollte ich meine Zunge nicht besser hüten? Kann meine Enkelin die heillose Verwirrung überhaupt begreifen, in die dieser Glaubensübertritt mich gestürzt hat? Wird sie, selbst streng katholisch erzogen, nicht sagen, dass es doch ein großes Glück für mich gewesen sei, vom Irrglauben zum wahren Glauben zurückgeführt worden zu sein?

Ich schaue zu Marianna. In ihrem Gesicht lese ich wache Anteilnahme und Spannung.

Abschied und Glaubensübertritt

„Was, so hast du mich neulich gefragt, tat der österreichische Erzherzog Karl, der Mann, den ich heiraten sollte, eigentlich in Spanien?

Das ist eine lange Geschichte, Marianna, die tief in vergangene Jahrhunderte hineinreicht. Ich erzähle sie dir vielleicht ein anderes Mal. Für heute nur so viel: Um dieses Königreich Spanien mit seinen bedeutenden Kolonien brach vor einem halben Jahrhundert, im Jahr 1700, zwischen den französischen Bourbonen und dem Haus Habsburg ein Erbstreit aus. Sowohl Ludwig XIV. wie auch Leopold I., dein Urgroßvater, sahen sich als legitime Erben. Der französische König erhob Anspruch auf den spanischen Thron für seinen Enkel Philipp von Anjou, der Kaiser für seinen zweitgeborenen Sohn Karl, meinen zukünftigen Gemahl. Der Erbstreit weitete sich 1701 zu einem Krieg aus, der mehr als zehn Jahre dauern sollte. Die Kriegshandlungen fanden nicht nur in Spanien und wegen seiner Kolonien auch in Übersee statt, sondern teilweise gleichzeitig auch in Süddeutschland, den spanischen Niederlanden und Oberitalien.

Bei Ausbruch des Krieges war ich zehn Jahre alt. Noch zeichnete sich an meinem kindlichen Horizont nicht ab, dass ich in einigen Jahren dazu ausersehen würde, Königin von Spanien zu werden. Mein Großvater Anton Ulrich hatte sich, wie einige andere Reichsfürsten auch, in dem Krieg nicht auf die Seite des Kaisers, sondern auf die Ludwigs XIV. gestellt. So blieb auch meine Heimat von militärischen Angriffen nicht verschont. Braunschweig und Wolfenbüttel wurden von den kaiserlichen Truppen besetzt. Anton Ulrich musste fliehen. Nach seiner Rückkehr machte er – zunächst gezwungenermaßen – eine Kehrtwendung. Eine vielversprechende Möglichkeit, die Beziehung zum Kaiserhaus zu verbessern und dauerhaft zu festigen, vor allem aber, dem danieder liegenden Herzogtum finanziell aufzuhelfen und sein Ansehen zu steigern, sah er in mir, seiner schönen Enkelin.

Seine unermüdlichen Aktivitäten wurden schließlich von Erfolg gekrönt. Am 1. August 1708 haben Karl und ich in Barcelona geheiratet.

Karl befand sich zu diesem Zeitpunkt schon einige Jahre im Land. Noch keine 18 Jahre alt, war er von Wien über England, das gegen die französischen Hegemonialansprüche auftrat und deshalb neben den Niederlanden Österreichs Bundesgenosse war, nach Spanien aufgebrochen, um das Erbe anzutreten und seine Rechte als designierter spanischer König Karl III. militärisch durchzusetzen.

Während Karl also mit seinem französischen Kontrahenten um die spanische Krone kämpfte, rang ich mit ganz anderen Mächten ebenfalls um eine Krone, wenn auch keine weltliche. Meine ganze Kraft war darauf gerichtet, diesen Glaubenskampf Gott wohlgefällig zu bestehen. Zuweilen flogen meine Gedanken doch auch durch die Lüfte hin zu dem Mann, den, wie man mir versicherte, die Vorsehung für mich bestimmt hätte. Ich versuchte, ihn mir vorzustellen, hörte aufmerksam auf alles, was am Hof über ihn gesagt wurde. Als die kaiserlichen Gesandten mir eines Tages als Geschenk ein Porträt von ihm überreicht hatten, betrachtete ich es, wenn ich allein war, immer wieder prüfend. In Karls Gesichtszügen fand ich bestätigt, was man über ihn erzählte. Mit den großen braunen Augen, die mich anstarrten, erschien er mir dunkel, streng und traurig.

Dieses Bildnis schüchterte mich ein. Dazu kam, dass alles, was in Wolfenbüttel an Anstrengungen zur Verwirklichung des großen Eheprojektes unternommen wurde, was ich an Gewissensqualen durchlebte, ohne Reaktion aus Spanien blieb. Ich wusste also nicht, ob Karl mich, selbst wenn ich die habsburgischen Bedingungen eines Tages erfüllt hätte, tatsächlich möglichen anderen Bewerberinnen vorziehen würde. Bisher gab es von seiner Seite keine offizielle Einverständniserklärung zu unserer Heirat. Und so lag über der Konversion und dem Antritt meiner Reise nach Wien eine beklemmende Ungewissheit. Die einzige Sicherheit, allerdings auch sie beunruhigend, war, dass die kaiserlichen Majestäten in Wien versprochen hatten, angemessen für mich sorgen zu wollen, sollte Karl sich gegen die von ihnen getroffene Wahl erklären. Was aber würde das heißen?

An einem kalten Apriltag, ich weiß es wie heute, es war der 19. April 1707, habe ich schluchzend Abschied genommen von meiner Familie. Meine Heimat habe ich nie wiedergesehen. Für die große Reise musste ich all meinen Mut, meine ganze erlernte Contenance zusammennehmen. Bis dahin war ich doch kaum jemals über Braunschweig und den Harz hinausgekommen.

Ich besaß nichts mehr. Man hatte mir alles genommen: meine Heimat, meine Familie, meinen Glauben.

Was würde am Ende dieses Weges stehen? Immer wieder zog ich das Miniaturporträt Karls hervor, dieses fremde Bildnis, das mich nicht wärmte, selbst wenn ich es fest gegen mein Herz drückte. Vergeblich auch versuchte ich ihm Antworten auf meine Fragen zu entlocken.

So ganz ohne Halt war mein Blick ängstlich darauf gerichtet, in wenigen Tagen meinen Glaubensübertritt öffentlich bekennen zu müssen, ohne Einschränkungen gemäß den kategorischen Vorgaben der römischen Kirche. Ich, Kind, so versuchte ich mich zu beruhigen, würde den Schritt tun, um meinem Großvater in allem Gehorsam zu leisten und meine Pflicht gegenüber der Familie zu erfüllen. Auch sagte ich mir immer wieder vor, dass mein Großvater nichts Gewissenswidriges von seiner Enkelin verlangen würde. Doch es blieb dieses innere Rumoren. Würde ich die endgültige Abwendung von meinem protestantischen Glauben tatsächlich durchstehen? Handelte ich richtig?

Mein geistlicher Betreuer während der Reise war Pater Plöckner. In der Sache nach wie vor jesuitisch kompromisslos, war er in den Gesprächen umgänglicher geworden, und so hatte ich meine Abneigung gegen ihn nach und nach aufgegeben. Er war mir wirklich behilflich dabei, in die neue Religion hineinzuwachsen. Er hat mich nicht nur nach Wien, sondern auch nach Spanien begleitet, wurde mein Beichtvater, und ich habe seinen Tod, den er auf der Flucht aus Spanien fand, tief betrauert.

In Duderstadt, der dritten Station meiner Reise, erreichte mich durch einen aus Wien kommenden Kurier die Botschaft, Karl habe sich für mich als zukünftige Gemahlin entschieden. Nur langsam sickerte die Bedeutung dieser Nachricht in mich ein und löste einen Tränensturz aus. Obwohl sie nicht direkt und offiziell von Karl kam, sondern in Form einer Eildepesche aus Wien, hatte ich zum ersten Mal das Gefühl, einen realen, festen, wenn auch noch immer unbekannten Raum zu betreten.

Trotz der angesagten Geheimhaltung fuhr ich mit einem Mal in eine nun schon deutlich lichtere Zukunft. Mir war, Marianna, als sei ich zwischen Duderstadt und Bamberg um Jahre gereift. Lange genug hatte ich traurig und sorgenvoll vor mich hin sinniert. Auf einmal spürte ich wieder Neugier, Lebensfreude, Tatkraft. Ich würde nicht als kleine Herzogin irgendwo sitzen gelassen, dem Gelächter der europäischen Höfe ausgeliefert, sondern eines nicht zu fernen Tages Königin werden. Königin! Ich jubilierte. Die Aussicht darauf und der Wirbel, der um mich gemacht wurde, begannen mir zu gefallen.

Dass mein Weg nach Spanien über die nach römischen Richtlinien verfügte Konversion führte, nun gut, diesen Preis würde ich, da ich sowieso nicht umhin konnte, zahlen. Man wollte ein Spektakel. Ein solches war ich willens mitzuspielen. Nicht umsonst bin ich die Tochter einer Schauspielerin! Mit jeder Meile gen Süden breitete sich auch die von allen Seiten so oft gehörte Versicherung als Gewissheit in mir aus: Ich war tatsächlich eine von der Vorsehung Auserwählte und tat mit der Konversion nichts anderes, als Gottes Willen zu erfüllen.

Die Professio legte ich, wie gesagt, in Bamberg ab. Ein feierlicher Gottesdienst mit illustren Vertretern der hohen Geistlichkeit und Weltlichkeit wurde eigens zu diesem Anlass zelebriert. Der Dom war bis auf den letzten Platz gefüllt. Von dem Augenblick an, da ich von einem prächtigen Gefolge geleitet unter Pauken und Trompeten die Kirche betrat, bebte ich – so allein vor aller Augen hatte ich noch nie gestanden. Zugleich war ich gefasst und entschlossen.

Mit lauter Stimme sprach ich das Glaubensbekenntnis, verbot meiner Stimme, vor den Worten panisch zu zittern, mit denen ich alle Irrtümer und Ketzereien, welche von der Kirche verdammt, verworfen und verflucht werden, gleichfalls verdammte, verwarf und verfluchte. In einer nach innen gerichteten, ganz persönlichen Erklärung bat ich Gott um die Vergebung dieser Sünde des Verrats an meinem Kinderglauben, so es denn eine wäre, und ich gelobte ihm, mich wie bisher vom heiligen Geist leiten zu lassen und meinem Heiland zu folgen.

So hoffte ich, auch innerhalb der katholischen Kirche selig zu werden.

Von diesem Weg bin ich nicht mehr abgewichen. Aber von den schlimmen Erfahrungen blieb etwas in mir stecken. Misstrauen. Und Sehnsüchte. Ähnlich wie ich ein Leben lang den Wunsch nach Heimat und Mutter in mir getragen habe, so liegt irgendwo tief in mir als Vermächtnis der Glaube meiner Väter.

Nach der kirchlichen Veranstaltung gab es viele Gratulationen und Komplimente für mich. Offensichtlich hatte ich den hohen, von allen Seiten an mich gerichteten Erwartungen bestens entsprochen.

Ungeheuer erleichtert, den heiklen Akt mit der mir selbst verordneten Überzeugungskraft und Standfestigkeit hinter mich gebracht zu haben, trat ich wenige Tage später die Weiterreise an. Von jetzt an war mein Blick nur noch nach vorn gerichtet. Würde ich den kaiserlichen Majestäten gefallen? Und insbesondere dem König in Spanien? Wann würde ich zu ihm gelangen und ihn endlich von Angesicht zu Angesicht sehen? Diese und andere Fragen gingen mir durch den Kopf.

Auf einmal machte die Reise richtig Spaß. Fröhlich und wissbegierig blickte ich auf die Landschaften und Städte, durch die wir reisten. Ich war auf dem Weg, freute ich mich, in eine Welt, von der viele Besucher am Wolfenbütteler Hof begeistert erzählt hatten. Bald würde ich sie mit eigenen Augen sehen, die von verschiedensten Völkern wimmelnde Hauptstadt des Römischen Reiches. Gut gelaunt nahm ich alle Eindrücke in mich auf, atmete die Frühlingsluft gierig ein, sah gerührt auf die vielen Leute, die herbeigeeilt kamen und mir zuwinkten, und ich genoss von ganzem Herzen, welche Dienste und Aufmerksamkeiten mir von meiner Begleitung, die seit Erfurt durch Zuzug aus Wien stattlich angewachsen war, zuteil wurden.

Aus der kleinen, noch namenlosen Welfenprinzessin war, wenn auch noch keine Königin, eine glückliche junge Frau geworden, die schon wie eine habsburgische Erzherzogin gefeiert wurde."

In Wartestellung am Kaiserhof

Ich schaue auf meine kleine Enkelin, die erwartungsvoll zu mir aufsieht. Sie war einige Zeit nicht mehr bei mir. Vermutlich steckt Maria Theresia dahinter. Es ist ein Glück, dass Marianna sich von dem am Hof gegen mich verbreiteten Misstrauen nicht beeinflussen lässt. Für mich ist sie ein Gottesgeschenk. In dem unbefangenen Kind steckt ein kluges, empfindsames Mädchen, das mehr versteht als so manche Erwachsene hier am Hof. Wenn ich mit ihr zusammen sitze, fallen mir die Worte leicht. Gelegentlich sogar unvorsichtig und unverantwortlich leicht!

Mit Marianna ist es ganz anders als mit meiner Tochter. Als die noch jung war, habe ich manchmal versucht, ihr von meiner Familie, meiner Heimat zu erzählen. Ich brauchte nur den Namen Wolfenbüttel in den Mund zu nehmen, dann hat sie schon gelangweilt und gereizt die Augen zum Himmel aufgeschlagen.

„Nach einer mehrwöchigen anstrengenden Reise", beginne ich schließlich weiter zu berichten, „kamen wir am 13. Mai in Klosterneuburg an. Am Tag darauf geleitete man mich, obwohl kein öffentlicher Einzug gehalten wurde, in einem großen Konvoi von mehr als 200 Karossen zur Hofburg.

Neugierig, mit heftig klopfendem Herzen, betrat ich den fremden Boden, die Metropole des Kaiserreiches. Bloß nicht stolpern oder gar ausgleiten. Eine tadellose Figur galt es vor den vielen Schaulustigen zu machen. Schließlich musste ich doch das Haus Braunschweig-Wolfenbüttel standesgemäß vertreten. Winzig stand ich auf einem riesigen Präsentierteller, sollte und wollte möglichst allen gefallen. Und ich machte es wohl vorbildlich. Ich strahlte so von innen heraus, dass sämtliche Majestäten höchst angetan von mir waren.

Von der Kaiserinmutter Eleonore wie von dem damaligen Kaiser Josef und seiner Gemahlin Amalia Wilhelmine wurde ich überaus freundlich aufgenommen. Die Kaiserin, eine Prinzessin aus Hannover und Welfin wie ich, hatte sich im Kaiserhaus sehr für meine Heirat mit Karl, ihrem Schwager, eingesetzt. Täglich speiste ich mit dem Kaiser und der Kaiserin und wurde häufig mit kostbaren Juwelen beschenkt. Man überschlug sich in einhelliger Bewunderung. Die Worte haben sich mir bis heute fest eingeprägt. Man sprach von der ‚vortrefflichen, liebreizenden, wohlgestalteten, unvergleichlichen Prinzessin.' Durch ‚Schönheit und liebe Manier' hätte ich mir ‚einen Universalapplauso erworben', schrieb die Kaiserin an meine Mutter.

Ja, sieh mich nur groß an, Marianna! Ich selbst erkenne mich in diesem maßlos aufgedunsenen Körper und meinen bitteren Reden nicht wieder."

„Das äußere Erscheinungsbild der Hofburg", erzähle ich schließlich weiter, „schüchterte mich ein, als ich 1707 hier ankam. Noch heute, jedesmal wenn ich im Winter wieder von Hetzendorf in die Stadt übersiedle, kommt mir die Hofburg wie eine Kaserne oder Festung vor. Auch nach den vielen Jahren noch legt sich auf meinen maltraitierten Körper oft ein Druck, verengt mir die Brust. Wie habe ich während meiner ganzen Wiener Zeit die Gemütlichkeit und Lebenslust der Schlösser meiner Kinder- und Jugendzeit vermisst! Ich versuchte Karl immer wieder dazu zu bringen, standesgemäßer zu bauen, da ich alle unsere Residenzen einer Herrscherfamilie für unwürdig hielt.

Der einzige Ort, den ich von ganzem Herzen liebte, war der wunderschöne Garten der Favorita. Die Freude an Gärten, am eigenhändigen Züchten und Pflanzen, ist mir bestimmt von meiner Großmutter Elisabeth Juliane vererbt worden. Sie betrieb die Gartenarbeit mit Hingabe und Meisterschaft, wofür sie als Blumen- und Obstgöttin, als ‚Flora' und ‚Pomona' verehrt wurde. Mit ihr habe ich als junges Mädchen viele Stunden auf den Knien in der Erde grabend verbracht. Jetzt kann ich ohne Schmerzen kein Gelenk mehr biegen, lediglich stocksteif in meinem Sessel sitzen und den Pflanzen beim Wachsen zuschauen.

Nicht nur die dunkle und enge Burg legte sich mir aufs Gemüt, sondern auch das viele Schwarz der Kleidung und die spanische Hofetikette, die den zeremoniellen Umgang bei Hof in extrem starren Regeln hielt, die ich von Wolfenbüttel so nicht kannte. Mit zunehmendem Alter sind mir, ich gebe es zu, die altehrwürdigen Formen so wichtig geworden, dass ich inzwischen um ihre Bewahrung streite und sie gegen alle Neuerungen verteidige, die Maria Theresia einführt.

Die freundliche Zuwendung, die ich – ungeachtet ihrer eigenen Schwierigkeiten – in der gesamten Kaiserfamilie fand, machte mir trotz allem Mut."

„Der Kaiser Josef", fahre ich erst nach einer längeren Pause fort, „war ein verführerisch schöner und interessanter Mann. Schlank, mit langen blonden Locken und strahlend blauen Augen. Er pflegte prunkvoll gekleidet in der Öffentlichkeit aufzutreten, mit Edelsteinen übersät, begleitet von Dienern in kostbarer Livree. Ein Abbild Ludwigs XIV: ein österreichischer Sonnenkönig. Noch dazu war er äußerst begabt, klug und hochgebildet. Er liebte Jagd, Musik und Tanz, hielt nicht viel von Frömmigkeit und war Abenteuern aller Art nicht abgeneigt.

Wenn ich Josef bei der Tafel die vom Zeremoniell vorgeschriebenen Dienste leistete – ihm vor und nach dem Essen das Tuch zum Trocknen der Hände gab, den Stuhl rückte, wenn er sich von der Tafel erhob, schließlich den Hut reichte, was er jedes Mal mit einer leichten Neigung des Kopfes quittierte –, fürchtete ich, alle sähen, wie ich errötete.

Ob wohl mein Karl auch so ein stattlicher, charmanter Mann wäre?, träumte ich vor mich hin. Wenn ich die Porträts, die ich besaß, ansah, und auch das Gemälde, das in der Hofburg hing, war mir schnell klar, dass Karl mit seinem Bruder, diesem waghalsigen Heißsporn und einsamen Flötenspieler, rein äußerlich nicht konkurrieren konnte. Im Gegensatz zu Josef hatte er die charakteristische Unterlippe und das langgezogene Gesicht der Habsburger geerbt. Sein Blick wirkte auf mich, wie du weißt, Marianna, dunkel und trübsinnig.

Schon bald nach meiner Ankunft merkte ich die Entfremdung zwischen ihm und seiner Gemahlin. Sie hatten zwei niedliche Töchter, damals etwa neun und sieben Jahre alt, aber keinen Sohn. Einer, zwischen den beiden Mädchen geboren, war als Säugling gestorben. Dass es keinen Thronfolger gab, löste große Besorgnis aus."

Es war auch keiner mehr zu erwarten, die Gründe dafür zögere ich jedoch, Marianna offen zu erzählen. Josef besaß schon seit Jugendtagen eine beinah krankhafte Vorliebe für das weibliche Geschlecht, und Amalia, eine schöne Frau, doch ernst und fromm, konnte ihren Ehemann auf Dauer nicht fesseln. Welche Frau kennt das nicht! Mit der Geschlechtskrankheit, die er sich bei seinen Seitensprüngen geholt hatte, steckte er Amalia an. Ihr Unterleib war voller Geschwüre. Der Kaiser selbst trug also die Schuld daran, dass seine Frau keine Kinder mehr gebären konnte.

Marianna bedenkt mein Zaudern und plötzliches Schweigen mit einem fragenden Blick. „Du kannst dir sicher vorstellen," versuche ich deshalb schnell über das Thema hinweg zu kommen, „dass die Atmosphäre in der sowieso schon finsteren Hofburg durch die offenkundigen Spannungen zwischen Kaiser und Kaiserin manchmal schwer auf mir lastete. Dazu kam das Warten.

Als meine verbindliche Anerkennung als Karls Braut aus Spanien nicht eintraf, lag es nahe, das Ausbleiben offiziell mit dem Krieg und der großen Entfernung zu erklären. Auch ich versuchte mich damit zu beruhigen. Aber sollte man dem Getuschel am Hof nicht mehr Glauben schenken? Karl sei anderweitig beschäftigt, wurden mir die Gerüchte zugetragen, nämlich mit seiner Liebschaft, einer spanischen Adligen, die angeblich sogar von ihm schwanger war.

Immer eifriger, immer ungeduldiger studierte ich die Kriegsberichte. Solange die endgültige Resolution Karls nicht eintraf, befand ich mich doch immer noch gleichsam incognito in Wien. In dieser Zeit widmete ich mich von ganzem Herzen der Aufgabe, mich in den neuen Glauben einzuleben. Ich wohnte täglich der heiligen Messe bei, absolvierte die geistlichen Übungen, fastete, lernte die vielen Gebräuche und wallfahrte mit der Kaiserinwitwe und ihren Töchtern nach Mariazell. Wollte ich doch insbesondere Karl, der als sehr fromm beschrieben wurde, nicht durch irgendeine Nachlässigkeit einen Grund geben, sich in letzter Minute für eine andere zu entscheiden.

Ich war ernsthaft und bereitwillig. Nicht zuletzt jedoch mein Leben lang abhängig von dem tief gläubigen Umfeld der Kaiserfamilie. So konnte es gar nicht anders sein, als dass ich rundherum römisch katholisch geworden und der Kirche bis heute treu geblieben bin.

Diejenigen aber, die mir seit meinem Glaubensübertritt feindlich gesonnen waren, haben ihren fanatischen Kampf gegen mich fortgesetzt. Nach Bamberg ging der Streit zwischen den Theologen der beiden Kirchen weiter. Er holte mich ein, wo auch immer ich lebte, ob in Spanien, ob in Wien. Obwohl ich mein Gelöbnis gehalten und nachweisbar eine untadelige Katholikin geworden war, hörten die Anschuldigungen gegen mich, vornehmlich im ersten Jahrzehnt nach meiner Konversion, nicht auf. Es hieß, ich hätte in Bamberg einen Meineid geleistet, hätte um irdischer Vorteile willen der protestantischen Religion abgeschworen, sei insgeheim immer noch eine Ketzerin. Die Verunglimpfungen nahmen eine solche Schärfe an, dass sowohl Kaiser Josef wie auch Karl sich veranlasst sahen, dagegen vorzugehen. Mit der Geburt meiner Kinder hat sich das böse Gerede etwas beruhigt. Es glimmte freilich unter der Decke und flammte bei der kleinsten Gelegenheit schnell wieder auf.

Ich glaube, es hat sich hinter vorgehaltener Hand, namentlich im Frauenzimmer, bis heute gehalten. Stets blieb bei einigen der misstrauische, auf Fehler lauernde Blick auf mich gerichtet, nicht zuletzt auch der meiner Tochter. Besonders argwöhnisch verfolgte sie, wenn ich Protestanten oder auch Konvertiten in meine Nähe zog.

Aber zurück in das Jahr 1707. Du musst dir die langen Monate meines unruhigen Ausharrens in Wien noch einmal richtig vor Augen führen, Marianna: Am 13. Mai war ich in Österreich angekommen und erst Mitte Oktober, genauer am 16., erschien ein Abgesandter Karls in der Hofburg, hielt vor mir eine Ansprache auf Spanisch und überreichte mir kniend ein edelsteingefasstes Porträt des Königs. Ich dankte ihm in spanischer Sprache, die Kaiserin befestigte es daraufhin an der Brust. Nun wurde ich auch in Wien als Braut des spanischen Königs deklariert und am Hof als echte Erzherzogin behandelt.

Das Warten fand aber immer noch kein Ende. Der bevorstehende Winter ließ kein Reisen, schon gar nicht mit dem Schiff, zu. Mein Aufenthalt in Wien erstreckte sich über ein ganzes Jahr. Schließlich war doch der Tag des Aufbruchs gekommen.

Davor lag nur noch ein wichtiges Ereignis. Ich wurde getraut, per procurationem, das heißt der Kaiser höchstpersönlich vertrat die Stelle des Bräutigams für seinen in Spanien kämpfenden Bruder.

Du kannst dir sicher vorstellen, Marianna, wie weich meine Knie waren, als ich am 23. April 1708 an Josefs Arm als Braut in die Pfarrkirche von Wien-Hietzing einzog."

Reise nach Spanien

Als Marianna heute kommt, habe ich ihr schon ein bisschen Zuckerwerk und einen Kakao hinstellen lassen. Sie sieht mich fragend an, als ich sage: „Lies das!" und ihr ein Bündel arg lädierter Blätter reiche, das von einer Kordel notdürftig zusammengehalten wird. Es sind meine Tagebuchaufzeichnungen über die Reise, die ich im Frühjahr 1708 von Wien nach Spanien angetreten habe. Ich setze mich Marianna gegenüber und betrachte sie. Sie liest leise, ohne aufzuschauen. Ihr Mienenspiel jedoch nimmt mich mit auf den Weg durch die vielen Seiten.

25.4.1708
Abschied. Endgültiger Aufbruch. Tränen. Erschöpfung. Während der Fahrt schließe ich die Vorhänge der Kutsche oder starre in die Landschaft, ohne etwas zu sehen. Selbst meiner Jungfer Kätherle gelingt es kaum, mich aufzuheitern. Am liebsten setze ich die Zwergin auf meinen Schoß, dann schmiegt sie sich wie ein Hündchen an mich.
Müdigkeit vorschützend, ziehe ich mich abends früh zurück.
Was ich schreibe, soll niemand lesen. Wo nur finde ich ein sicheres Versteck?

27.4.
Seit vier Tagen verheiratet und Königin.

30.4.
Es geht durch die habsburgischen Lande, gen Westen. An die 100 Wagen, ungefähr 500 Zug- und Reitpferde sowie mein Gefolge: Obersthofmeisterin, Hofdamen, Kammerfrauen und -herren, Stallmeister, Beichtvater, Barbier, Krankenwärterin, Mundköchin, Kuchenbäcker und unzählige andere. Das alles, um mich standesgemäß und wohlbehalten nach Spanien zu bringen. Mich, Elisabeth Christine von Braunschweig-Wolfenbüttel, 16 Jahre. Königin von Spanien.
Stolz lese ich, was man im „Fremdenblatt", das man mir nachgesandt hat, über mich anlässlich der Trauung geschrieben hat: „Elisabeth Christine trug eine kostbare Robe von Silberbrokat und Juwelen von unschätzbarem Wert. Ihre dichten, seidenweichen Haare waren

von der prachtvollsten blonden Farbe, ihre Züge von der seltsamsten Regelmäßigkeit, ihre Augen blau und voll des gewinnendsten Zaubers, die Stirne hoch und frei, die Nase leicht gebogen, insbesondere aber der Mund von hinreißender Lieblichkeit. Ihre Haut war auffallend weiß, die ganze Gestalt aber von vollendeter Formenschönheit."

Mit Genugtuung nehme ich auch den außerordentlichen Eifer zur Kenntnis, mit dem nunmehr alle Bediensteten, da ich endlich offiziell Königin bin, mir die ihre Ehrerbietung entgegenbringen. Hatten sich doch in meiner Zeit in Wien einige noch spürbar lauernd und berechnend gezeigt, mich fühlen lassen, dass ich ohne Karls endgültige Entscheidung nur eine kleine Prinzessin vom anderen Ende des Kaiserreiches war. Nun buhlen sie um meine Gunst. Ich muss vorsichtig sein, mich vor dem Geschwätz, der Wankelmütigkeit und möglichen Intrigen hüten. Man glaubt womöglich, meine Jugend und Freundlichkeit ausnutzen zu können. Unter den jetzigen Bedingungen rückt der Hofstaat zwangsläufig enger zusammen. Viele Schwierigkeiten lassen sich nicht voraussehen, wenn auch der Kaiserhof sorgfältig geplant hat. Bei einer so langen und beschwerlichen Reise durch unbekanntes Land, mit immer neuen Quartieren: Schlössern, Klöstern, Poststationen.

Ich wünschte, ich wäre schon angekommen. Hätte wieder festen Boden unter den Füßen. Dabei sind wir gerade erst aufgebrochen!

Ungefähr drei Monate werden wir unterwegs sein. Voller Abenteuer und Unsicherheiten. Gott sei Dank begleitet mich eine bewaffnete Eskorte zum Schutz vor den Räuberbanden. Bisher war alles ruhig. Gefahr droht aber auch von anderswo. Wir durchfahren täglich Gebiete, in denen es noch bis vor kurzem Krieg gab. Und wo er vielleicht unerwartet wieder aufflammt und wir zwischen die Fronten geraten.

Hundert Tage von morgens bis abends in rumpelnden, schaukelnden, gar umkippenden Kutschen, auf Straßen teils zum Erbarmen schlecht. Solange es trocken ist, geht es einigermaßen, doch der Regen verwandelt die von Bauernkarren tief zerfurchten Wege im Handumdrehen in Schlammfelder. Abends fühle ich mich wie zerschlagen.

Das Schlimmste liegt noch vor uns. Die Überquerung der Alpen. Von Genua geht es dann weiter mit dem Schiff.

Unterwegs werden wir überall mit Glockengeläut und Gewehrsalven empfangen. Kleine Begrüßungs- und Freudenfeste. Stattliche Bewirtung des gesamten Hofstaates, wie zum Beispiel im Kloster Melk.

Ich halte mich königlich tapfer. Mache, so wird mir immer wieder versichert, den besten Eindruck. *„Un esprit vif et brillant"*[22] hörte ich neulich. Schnell gewinne ich die Herzen der Menschen: durch meine Schönheit, Liebenswürdigkeit, Großzügigkeit. Ich schenke gerne.

Die Aussicht, meine geliebte Mutter in vier Tagen wiederzusehen und die Schwestern, erfüllt mich mit Freude. Immer noch bin ich allerdings tief enttäuscht und bekümmert, dass der Herzog, mein Vater, nicht mitkommt. Wo ich doch in Zukunft in Spanien wahrscheinlich für mein Leben lang unerreichbar weit weg sein werde.

4.5.
Wiedersehen in Altötting. Unvergesslich. Drei geschenkte Tage.

8.5.
cruelle séparation. Grausame Trennung.

9.5.
Bei unserer Durchreise erwartet mich allerorts der Jubel des Volkes. Diese Begeisterung und was sich die Menschen zu meiner Unterhaltung ausdenken, rührt mich so, dass ich darüber zeitweise den Schmerz über die neuerliche Trennung von meiner Mutter vergessen kann. In Wasserburg Vorführungen: Gänsejagd auf dem Inn, bayrischer Bauerntanz auf dem Stadtplatz.
Die Reise führt immer weiter durch das Inntal. Station in Rosenheim, über das man erzählt, dass die Innschiffer die Stadt einst gerne ansteuerten, weil es dort besonders viele „Rosen", also schöne Mädchen, zu bewundern gäbe. Daher der Name...

Jetzt ist es in die Alpen hineingegangen. Über Kufstein und Schwaz nach Innsbruck.
Der Inn fließt mitten durch Kufstein. Oberhalb der Stadt liegt die imposante Festung. 1703, erzählte Plöckner mir, wurde sie vom bayrischen Kurfürsten, der als Bundesgenosse der Franzosen in Tirol eingedrungen war, heftig belagert. Im Kampf mit den Habsburgern sei die

Stadt durch einen verheerenden Brand zerstört worden. Überall sieht man noch die Spuren des Krieges.

Obwohl wir schon im Monat Mai sind, ist es kalt im Gebirge. Zum Teil noch bis tief herunter verschneit. Nachtfröste. Fest in dicke Decken und Pelze gehüllt, lasse ich missgelaunt die Landschaft an mir vorbeiziehen. Die hügeligen, dunkel bewaldeten Täler, das weite Wiesen- und Weideland, das sich bis zu den nackten Felsen erstreckt, Kühe, Schafe, Ziegen, hölzerne, schindelgedeckte Hütten, Burgruinen, hier und da eine Dorfkirche. Berge, die alles überragen und einschließen. Ihre Gipfel erheben sich finster und majestätisch in den Himmel, von Schneekronen bedeckt.

Das Gelände fordert alles von den Pferden, Kutschern, Reitern. Täglich Unfälle. Gestern wurden drei Fräulein und der Oberststallmeisterwagen umgeworfen. Gefluche, Gekreische, Gekicher, Geschluchze. Alle haben blaue Flecken, eine der Hofdamen hat sich sogar den Ellbogen ausgekugelt, der Oberststallmeister hinkt.

Wenn ich daran denke, was noch alles passieren kann, da wir uns doch tagelang weiter durch diese bedrohliche und unwirtliche Gebirgslandschaft kämpfen müssen! Selbst einer *„femme virile"* wie mir kommen da Bedenken. Ich versuche, soweit es in meiner Macht steht, die Reise zu beschleunigen.

Der Courier nach Wien geht gleich ab. Ich muss abbrechen. Will noch einen Brief an die kaiserliche Familie schreiben.

Das unfreundliche Wetter, die Berge legen sich mir von Tag zu Tag mehr aufs Gemüt. Dazu die zunehmenden

Anstrengungen und Unbequemlichkeiten. Ich schlafe schlecht und träume schlimm. Die Stimmung unter den Leuten wird gereizter. Man ist für viele Stunden in den Kutschen eingeschlossen. Manchmal halte ich es dort kaum mehr aus. Würde am liebsten selbst aufs Pferd steigen. Zwinge mich aber zur Geduld, suche Ablenkung, lasse mir Geschichten erzählen und vorlesen, Karten legen, spiele mit Kätherle, unter Lachen verkleide und schmücke ich sie mit Perlen und Diamanten.
In den Wagen meines Gefolges wird eifrig geklatscht, über die Liebe natürlich, über die Kaiserfamilie, den Wiener Hof, über mich, über Karl. Das meiste erfahre ich. Ich habe meine Zuträger.

Obwohl ständig in Gesellschaft, fühle ich mich zuweilen sehr allein. Auf mir ruhen alle Augen. Jeden Moment muss ich mich als würdig erweisen. Alles an mir wird beobachtet: Kleider, Busen, Haltung, Schminke, Parfum, Frisur, Schmuck. Meine Blicke und Worte zensiert. Berichte nach Wien, Barcelona, Wolfenbüttel gehen ständig ab. Umgekehrt warte ich ungeduldig auf Nachrichten von dort, auf die Zeitungen mit den Neuigkeiten von den Kriegsschauplätzen. Und immer wieder die bange Frage: Wie sieht es bei Karl aus? In was für eine Situation gerate ich? Soweit ich es verstehe, wechselt das Kriegsglück offensichtlich hin und her, und Karls Herrschaft beschränkt sich im Grunde auf einen kleinen Teil Spaniens, auf Katalonien. Den kriegerischen Unternehmungen der Verbündeten scheint der Zusammenhang zu fehlen, so dass es zwar siegreiche Schlachten gibt, diese Erfolge aber nicht von langer

Dauer sind. Mancher Berichterstatter, auf den wir unterwegs treffen, hält nicht hinter dem Berg, wenn er sich außerhalb meiner Hörweite glaubt. Der entscheidende Grund, erklärt er dann unverblümt, liege darin, dass Karl, sehr auch zum Unwillen seines kaiserlichen Bruders in Wien und seiner Bundesgenossen, kein Kriegsheld sei und seiner eigentlichen Aufgabe, Spanien für sich, für die Habsburger, zu erobern, nur halbherzig nachkomme. Sein Phlegma und der Mangel an Entschlussfreudigkeit würden dazu führen, dass sich auf dem Kriegsschauplatz nicht allzu viel bewege und er in die Vormundschaft der Seemächte gerate.
Ich bin beunruhigt.

14.5.
Gestern in Innsbruck eingetroffen.
Im Burghof strömte roter und weißer Wein, aus einem Brunnen.
Kräftiger Sturm, deshalb Illumination des Burghofs ausgefallen.
Abends Aufführung einer Serenade über den Vater „Inn", mit Hirten und Nymphen.
Trotz der vielen Aufmerksamkeiten fühle ich mich bedrückt, möchte mich am liebsten verkriechen. Weg, zurück nach Wolfenbüttel. Ich sehne mich so sehr nach meiner Mutter. Regelmäßig schreibe ich ihr und warte verzweifelt auf Antwort.
Ich habe keine wirkliche Vertraute. Außerdem gefällt mir die Obersthofmeisterin, die erst im letzten Moment für die Fürstin Liechtenstein eingesprungen ist, nicht. Es gibt immer wieder kleine Auseinandersetzungen.

Dass ich zuweilen so schwermütig bin, hängt sicher mit den ewigen Bergen zusammen. Genauso wie meine wiederkehrenden Albträume vom Tod des Kaisers Josef und von Kerkern, in denen die Inquisition mich, die Ungläubige, gefangen hält.

Meine Zweifel. Werde ich die Erwartungen, die man an die Gemahlin des spanischen Königs richtet, erfüllen können? Nach manchen Voraussagen bin ich berufen, große Dinge zu vollbringen. Ich habe Geist, bin ehrgeizig. Andererseits zu freundlich, impulsiv, manchmal hitzig. Eine zurückhaltende kluge Würde muss ich anstreben. Ich will eine gute Königin sein. Wichtig ist, dass ich möglichst schnell einen Thronfolger gebäre. Um meine Stellung beim König zu festigen. Ihm muss ich vor allem gefallen, sein Vertrauen gewinnen. Aber wer und wie ist er?

Auch noch jung, immerhin aber sechs Jahre älter als ich. Schon bald fünf Jahre in Spanien. Was ich über ihn erfahre, von Leuten, die direkt aus dem Kriegsgebiet kommen, von solchen, die den König in Österreich haben aufwachsen sehen, ist widersprüchlich, verwirrt mich. Für den Moment schreibe ich alles so kunterbunt auf, wie ich es höre.

ernst soll er sein, bedächtig, pedantisch, tief religiös, gütig; von eher kleiner Statur, rötliche Gesichtsfarbe, hässlich, finster, wenig majestätisch, immer in gedrückter Stimmung; große Leidenschaft für Jagd und Billardspiel; Liebhaber und Kenner der Musik, spielt vortrefflich Violine und komponiert selbst; förmlich, unnahbar; großes Herz, die Katalanen lieben ihn, umfassende Bildung; mangelnder Scharfsinn und wenig

Tatkraft; beredt und entschlossen bei der Einnahme Barcelonas

Von Innsbruck über die alte Römerstraße nach Matrei und von dort auf schmalsten Bergpfaden steil hinauf. Dramatischster Teil der bisherigen Reise. Dann ist auch der Brennerpass geschafft!

Von da aus bergab durch das Eisacktal: über Sterzing, Brixen, Bozen.

Morgens und abends ist es noch frisch, mittags aber schon sonnig und warm. So schön kann der Frühling sein. Das erste satte Grün auf den Wiesen, blühende Apfelbäume, sanfte Weinberge und Kastanienhaine. Nach Trient.

23.5.
Immer enger wird das Etschtal, und immer näher rücken die Felsen der Gebirgszüge. Eindrucksvolle Burgen. Gestern in Rovereto angekommen. Heute Rast- und Posttag. Einen Monat unterwegs!

24.5.
Ab Rovereto musste ich wegen der schlechten steinigen Straße in einer Sänfte von Maultieren getragen werden. Froh, endlich den Bergen entkommen zu sein und venetianischen Boden zu betreten, wo ich vom Gesandten des Rates von Venedig begrüßt wurde, der mich mit zahlreichem Gefolge erwartet hatte.

30.5.
Ankunft in Mailand, incognito

11.6.
Offizieller Einzug in Mailand.
Mit allen königlichen Ehren behandelt und außerordentlich gefeiert worden. Aufenthalt fünf Wochen. Warten auf das Eintreffen der englischen Flotte in Genua.

4.7.
Kurz vor der eigenen Abreise Nachricht vom Untergang des Schiffes im Scrivia, auf halbem Weg nach Genua; unser vorausgeschicktes Gepäck und Bedienstete befanden sich darauf.

7.7
Aufbruch nach Pavia und Voghera

11.7.
Eintreffen in Genua, wo ich vom Prinzen Karl von Lothringen, der mich bis dahin offiziell begleitet hatte, Oberhofmeister Graf Cardona übergeben wurde. Karl hatte ihn mir entgegen geschickt. Wieder heißt es Abschied nehmen. Von meinem bisherigen Hofstaat, bis auf wenige Personen, die mir verbleiben.

14.7.
Auslaufen der Flotte von Vado aus.

24.7.
Morgen, so Gott will, Ende der Reise.
Vorbei an Ventimiglia, Monaco, Villafranca, Nizza und Antibes sind wir nach Spanien gesegelt. Jeder Tag fast brachte neue Unglücke und Beschwernisse.

Berstende Bretter erschlugen vier Bootsleute und verletzten eine Reihe anderer schwer.
Zunächst war die Überfahrt fast windstill. Hitze, Mückenplage.
Am 18. kam ein heftiger Sturm auf, drei Masten brachen, ich und der Hofstaat wurden seekrank.
Französische Seeräuber machten das Meer unsicher.
Ein königlicher Tafeldecker deponierte glühende Kohlen unmittelbar neben der Pulverkammer.
Sämtliche Kisten und Kästen auf dem Flaggschiff, auf dem ich mich befand, wurden aufgebrochen.
Ein Schiff, das zur Flotte gehörte, desertierte. Setzte sich zum Feind auf die Insel Menorca ab, Nachricht von der Kaperung zweier Schiffe, die aus Neapel kamen und mit Möbeln, Bildern und anderen Gegenständen beladen waren, um den königlichen Palast in Barcelona für mich würdig auszustatten.

25.7
Ankunft in Mataro.

„Ankunft in Mataro", wiederholt Marianna laut. Behutsam rollt sie die Blätter wieder zusammen. Kakao und Süßigkeiten sind unberührt geblieben.

Fünf Jahre im spanischen Krieg

Natürlich bittet mich Marianna bei ihrem nächsten Besuch zu erzählen, wie es für mich nach der Landung in Mataro weiterging.

„Wie du schon weißt", beginne ich also, „wurden Karl und ich am 1. August 1708 in Barcelona vom Erzbischof getraut. Danach gab es mehrere Tage lang aufwendige Hochzeitsfeierlichkeiten. Im Glanz von Illuminationen, Feuerwerk, Prozessionen sah ich meine kindlichen Wünsche von dem strahlend schönen Mann an meiner Seite erfüllt. Obwohl mein Bräutigam", sage ich mit einem leisen Lächeln, „in Wirklichkeit eher unansehnlich war, ungelenk in seinen Bewegungen, erschien er mir bei den ersten Begegnungen in Gestalt und Haltung wunderbar anmutig: ein edler Reiter auf einem kostbar aufgezäumten andalusischen Ross, um den Hals den Orden des Goldenen Vlieses, den Kopf bedeckt von einem reich mit Diamanten gespickten und mit Federn geschmückten Hut. Ich war bezaubert.

Nach außen hin verkörperte Karl noch strenger als sein kaiserlicher Bruder in Wien das spanische Hofzeremoniell. Wie eine unnahbare Gottheit verschanzte er sich hinter der starren Etikette. Auf das Reden verstand er sich nicht. In den Audienzen pflegte er als Antwort auf Bittgesuche und Anfragen unverständliche Worte vor sich hin zu nuscheln. Im Innersten freundlich und großzügig zwar, hielt er die Menschen auf Abstand. Im kleinen Kreis allerdings konnte er auch sehr unmajestätisch sein. Da unterhielt er die Tischrunde nicht selten mit seinem trockenen Humor.

Zeitlebens ging von ihm etwas zutiefst Melancholisches aus. Er trug schwer an der großen Verantwortung, die auf seinen Schultern lag. Obwohl noch ein junger Mann, plagten ihn sorgenvolle Ahnungen, vielleicht der Letzte seines Geschlechts zu sein. Als dann in unseren drei gemeinsamen Ehejahren in Spanien der Nachwuchs ausblieb, verstärkten sich seine Ängste. Das Schicksal Spaniens und seines Vorgängers Karl II., der qualvoll und kinderlos gestorben war, empfand er als Vorzeichen auf eigenes Unheil. Würden bald auch die Habsburger in Österreich untergehen und ihr Besitz auseinanderfallen?

Der spanische Krieg musste also um jeden Preis gewonnen werden. Er dauerte, wie du weißt, Marianna, bereits Jahre an, als ich den Kriegsschauplatz betrat. Ich war zunächst einmal heilfroh, lebendig und ziemlich unbeschadet in Barcelona angekommen zu sein. Die Blicke auf ein Miniaturbildnis, das kalt und stumm geblieben war, die Fragen, Zweifel, Beunruhigungen endlich vorbei. Den König so voller Zuneigung für mich zu sehen, machte mich unbeschreiblich glücklich. Ich hatte sein Herz auf den ersten Blick gewonnen. Karl ließ mich nicht mehr aus den Augen. Er war so entzückt von seiner Braut, dass er sich bei Anton Ulrich, dem rastlosen Ehestifter in Wolfenbüttel, mit begeisterten Worten für diesen „Engel" bedankt hat.

Ein ansehnlicher Hofstaat umgab mich. Der König, trotz zermürbender Geldsorgen, residierte nämlich in großem Stil, gab zuweilen rauschende Feste, veranstaltete Jagden und häufig Theater- und Opernaufführungen. Ich genoss das gesellschaftliche Ambiente, wurde eine leidenschaftliche Jägerin und nutzte die Gelegenheiten, die unterschiedlichsten Leute kennen zu lernen und Informationen über Land und Leute zu sammeln.

Natürlich beobachteten die Katalanen die Fremde, zudem eine Konvertitin, zunächst misstrauisch. Nicht wenige verdächtigten mich, meinem Glauben nur zum Schein abgeschworen zu haben und in Spaniens katholisch geheiligten Landen die Ketzerei einführen zu wollen. Solche Stimmungen nutzte Karls Gegner Philipp aus, um die fanatischen Spanier weiter aufzuhetzen, und er versuchte, aus dem Krieg um die Erbfolge einen Religionskrieg zu machen.

Der Zeitpunkt, zu dem ich nach Spanien gekommen war, konnte übler nicht sein. In Barcelona herrschte Untergangsstimmung. Karl hatte fast alle seine Eroberungen verloren und sah sich auf einen kleinen Teil des Landes zurückgedrängt. Es fehlte an allem, an Soldaten, Geschützen, Munition, Lebensmitteln, Geld. Die Bürger ließen den Mut sinken. Nur eine ausgiebige Verstärkung an Truppen und Subsidien, beschwor Karl seinen Bruder und die verbündeten Engländer, könnte zum Widerstand und dem nötigen Gegenangriff helfen. Wenn man ihm die nicht gewähren würde, müssten er und seine Gemahlin auf der Stelle Spanien verlassen.

Die Situation verschlimmerte sich noch dadurch, dass der Winter 1708/09 – der erste, den ich in Spanien erlebte – ein ausgesprochen strenger war, der Teuerung, Not und Krankheiten in schrecklichem Ausmaß nach sich zog. Die Hauptstadt Kataloniens von Menschen überschwemmt, die aus den von Philipp unterworfenen

Provinzen ausgewiesen oder geflohen waren. Die Bürger von Barcelona, sowieso schon überfordert, seufzten unter der Last, die Fremden mit unterhalten zu müssen.

Ich war keine Königin, die sich von den täglich anwachsenden Sorgen ihres Landes unberührt in ihren Palast zurückgezogen hätte. Mein Interesse an der Politik war erwacht, gerne wäre ich in die Probleme und Entscheidungen, die den König beschäftigten und niederdrückten, einbezogen worden. Karl aber verwahrte sich ausdrücklich gegen eine Beteiligung seiner Frau an der Regierung.

Schließlich forderte der sich hinziehende Krieg doch meinen persönlichen Einsatz. Immer öfter bediente sich jetzt Karl meines diplomatischen Geschicks und zog seine Königin in besonders heiklen Angelegenheiten als Vermittlerin hinzu.

Die erste große Bewährungsprobe lieferte ich zwei Jahre nach meiner Ankunft in Spanien ab. Der König hatte sich Mitte des Jahres 1710 selbst zur Armee begeben. Während seiner Abwesenheit ließ er mich als seine Vertreterin in Barcelona zurück. Von einem Regentschaftsrat unterstützt, leitete ich bis zu Karls Rückkehr die Regierung mit großem Geschick und erntete allgemeine Zustimmung und Anerkennung.

Als Folge des großen Sieges bei Saragossa fand im September unser feierlicher Einzug als neues Königspaar in Madrid statt. Die Residenz dort aber war nur von kurzer Dauer. Schon Ende des Jahres wurden wir wieder vertrieben und mussten uns nach Katalonien zurückziehen.

Der Geldmangel wurde immer drückender. Die Engländer machten Ausflüchte, verschoben unter wechselnden Vorwänden ihre Hilfslieferungen und verhandelten hinter Karls Rücken mit den Franzosen. Das Ausmaß des Elends und den Opferwillen des Königs kannst du daran ermessen", sage ich zu Marianna, „dass Karl sogar 50 Pferde aus dem eigenen Marstall für die Armee hergab und sein Silbergeschirr einschmelzen ließ. Und während viele Soldaten desertierten, rückte der Krieg immer näher an den Königspalast heran. Bald standen die Feinde wenige Meilen von Barcelona entfernt. Außer der Hauptstadt waren dem König nur noch zwei andere feste Plätze in Katalonien verblieben.

In dieser Zwangslage befanden wir uns, als der Kaiser Josef Mitte April 1711 mit nur 33 Jahren völlig überraschend starb. Erst Anfang Mai traf die Information über seine Erkrankung zugleich mit der Todesnachricht in Spanien ein.

Josef, dieser lebensfrohe liebenswürdige Mensch tot? Hingerafft von den Blattern. *J'étais hors de moi à cause de cette perte considérable.*"[23] Marianna schaut mich verdutzt an. Ohne es zu merken, bin ich ins Französische gewechselt. Das beweist mir, wie erschüttert ich noch nach Jahren bin.

„Der Brief mit der Hiobsbotschaft enthielt auch die dringende Bitte zur schleunigen Rückkehr Karls nach Wien, um sein Erbe anzutreten. Der Tod des Kaisers veränderte die politische Landschaft Europas schlagartig und grundlegend. Karl war jetzt Nachfolger in den habsburgischen Erbländern und würde wahrscheinlich zum deutschen Kaiser gewählt werden. Wäre ihm dazu noch Spanien mit seinen überseeischen Besitzungen zugefallen, hätte er über ein Weltreich geherrscht. Das wollte und konnte vor allem die mit ihm verbündete Seemacht England auf keinen Fall zulassen. Eine fieberhafte Planung, unter den neuen Gegebenheiten die jeweiligen Ansprüche in Spanien zu sichern, setzte bei allen Beteiligten ein und verschärfte die seit langem untereinander bestehenden Konflikte.

Karl wollte unter keinen Umständen aus Spanien weg. Er schwankte zwischen der ruhelosen Suche nach anderen Möglichkeiten und tiefster Niedergeschlagenheit. Monatelang widersetzte er sich allen Argumenten. ‚Spanien gehört mir und meinem Haus', erklärte er. Er sei erzogen worden, einst spanischer König zu werden und würde seine spanische Erbschaft daher um keinen Preis aufgeben.

Aber Wien drängte. Dort werde er gebraucht. Seine Abreise war unumgänglich. Abreisen und wiederkommen, hieß schließlich die Losung, an die er sich klammerte. In der Zwischenzeit, so entschied er schließlich, sollte ich, bei den Katalanen inzwischen äußerst beliebt, in Barcelona die Stellung halten.

In Wien wünschte man die Rückkehr beider Majestäten, weil eine längere Trennung der Ehegatten die heiß ersehnte Geburt eines Thronfolgers in eine besorgniserregende Ferne rücken würde.

Karl trat also die Heimreise an. Sicher dachte er in Sorge an seine liebste Königin, wie er mich nannte, aber er wusste sehr wohl, dass er keine fähigere und hingebungsvollere Anwältin seiner Interessen hätte finden können. Deshalb hatte er mich zu seiner Statthalterin und Generalkapitänin in Spanien ernannt und Starhemberg, dem Oberbefehlshaber der österreichischen Truppen, und den Kataloniern, auf deren Treue er baute, anvertraut. Mit meiner politischen Vernunft, meiner Liebenswürdigkeit und Schönheit sollte ich seine Rechte auf das spanische Königtum für alle sichtbar verkörpern.

Einen Monat nach meinem 20. Geburtstag, am Tag von Karls Einschiffung, leistete ich den Eid und nahm Abschied von meinem Gemahl, den ich erst eineinhalb Jahre später wieder sehen sollte.

Es war hart, den König davon segeln zu sehen und allein zurückzubleiben, als Faustpfand Karls für seine Rückkehr, an die ich angesichts des Vormarsches der Feinde und des von ihnen belagerten Barcelona nicht wirklich glauben konnte.

Wohin in der langen gefährlichen Zeit meiner Regierung mit Angst und Verzweiflung, mit Krankheiten und verzehrendem Heimweh? Meinen Schwächen konnte ich höchstens im Schlafgemach oder in Briefen an meine Mutter Raum geben. Nach außen musste ich Zuversicht ausstrahlen und durch Tatkraft Beispiel geben.

Die Verantwortung hat aus mir eine echte Herrscherin gemacht. Ich spürte schnell, dass ich durch eine göttliche Fügung an der Stelle gelandet war, an die ich gehörte", sage ich. Von einer inneren Kraft gesteuert, richte ich mich bei den letzten Worten zu meiner vollen Größe im Rollstuhl auf und fühle mich wie einst die schöne junge Königin Elisabeth Christine auf ihrem spanischen Thron.

„Mit welfischem Mut und dem von meinem Großvater Anton Ulrich ererbten Macht- und Durchsetzungswillen harrte ich aus", fahre ich nach einer Weile fort. Im Gegensatz zu Karl, der bedächtig, umständlich, entschlusslos und misstrauisch war, bot ich trotz oder gerade dank meiner Jugend in dieser gefährlichen Kriegssituation Klarheit, Festigkeit, Entschlossenheit und, freilich mit gebührendem Abstand, Volksnähe.

Allerdings durfte ich keinen Moment vergessen, dass ich auf sehr schwankendem Boden stand. In einer krisenhaften Lage waren die Gemüter leicht zu beeinflussen und zu erhitzen; die Vorurteile gegen mich mit ein paar gezielten Verleumdungen schnell wieder zu beleben.

In meiner Regierungszeit wurden die Verhältnisse noch aussichtsloser für die Habsburger und mündeten in die Katastrophe. Während ich in Katalonien ohne Hoffnung auf Hilfe fast gänzlich eingeschlossen war, zu Wasser und zu Lande, hatten England und Frankreich einen Waffenstillstand geschlossen. Bald sollten Friedensverhandlungen beginnen. So musste auch Karl, der mich als seine königliche Stellvertreterin von Wien aus bis zuletzt immer wieder beschworen hatte, nicht aufzugeben, erkennen, dass die politischen Realitäten stärker waren als seine Wünsche. Er verfügte, mich von meinem Posten abzuziehen.

Bei meinem Rückzug aus Barcelona, im März 1713, wäre ich fast noch von den Franzosen gefangen genommen und entführt worden. Völlig erschöpft war ich schließlich in Linz angekommen. Dort musste ich die Weiterreise einige Wochen unterbrechen, weil ich krank war. Mich aus Barcelona abzuberufen", stoße ich vom Erzählen gänzlich erschöpft hervor, „war für Karl eine schmerzhafte und fast herzzerbrechende Entschließung. Den Verlust Spaniens hat er nie verwunden. Ebensowenig wie ich die vielen Kränkungen, die ich in den folgenden Jahren in Wien zu erdulden hatte", murmele ich noch, bevor ich verstumme.

Wiener Hof- und Familiengefechte

„Schon die Rückkehr nach Wien stand in mancherlei Beziehung unter einem ungünstigen Stern", setze ich am nächsten Tag meine Erzählung fort. „Statt fröhlicher Menschen hat mich der Pestgeruch auf der Fahrt durch die Stadt begleitet. Die Hauptstadt befand sich auf dem Höhepunkt der Seuche, die vor Monaten ausgebrochen war und viele Tausende dahingerafft hat.

In der Burg, die noch dunkler und unansehnlicher da stand, als ich sie in Erinnerung hatte, überfiel mich der Tod Josefs schlagartig. Dicke Mauern, finstere Treppen und zugige Flure, kalte, feuchte, enge Zimmer. Ich fröstelte immerzu, obwohl es Sommer war. Besonders der innere Hof mit den kaiserlichen Appartements wirkte schmucklos wie ein Kloster.

Da der Kaiser sich mit derart bescheidenen Residenzen begnügte, bildete die Hofburg einen allseits sichtbaren und beklemmenden Gegensatz zu den prächtigen Stadt- und Gartenpalästen der Wiener Hocharistokratie. Der Baron von Montesquieu war Ende der zwanziger Jahre Gast des Prinzen Eugen und fand dabei ausreichend Gelegenheit, nicht nur dessen Schlösser, sondern auch die anderer Adliger in Augenschein zu nehmen. Wie angenehm es für ihn sei, ein Land zu sehen, in dem die Untertanen besser als ihre Herrscher wohnten, soll der Franzose gespottet haben. Doch offensichtlich verlange es den Kaiser nicht nach Besserem…

Glanzlos erschien auch unsere Sommerresidenz, die Favorita, gegen den Sommerpalast des Prinzen Eugen. Ganz im Stile des siegreichen Feldherrn und Eroberers hatte er die schönste Lage für seine Residenz eingenommen. Ich beneidete den Prinzen, der dort in himmlischer Höhe, mit diesem einmaligen Blick auf Wien und den Kahlenberg im Hintergrund, Hof hielt. Er übte so viel Einfluss auf die Politik aus, dass er von vielen als heimlicher Kaiser empfunden wurde.

Im Gegensatz zu Karl schätzte ich den Prinzen sehr. Er war kein schöner Mann, aber ein Grandseigneur, vornehm und weltgewandt. Eugen beeindruckte nicht nur als genialer Bauherr, sondern auch als begeisterter Kunstsammler und Bücherfreund. Seine hohe geistige und künstlerische Bildung und Lebensart erinnerten mich an meinen Großvater Anton Ulrich. Der Prinz korrespondierte und umgab sich mit einem Kreis von Gelehrten und Literaten, darunter Voltaire, Montesquieu, Rousseau, den er zu seinem Hofpoeten machte. Ferner gehörte Leibniz, den ich ja noch vom Wolfenbütteler Hof als Bibliothekar kannte, zu seinen Gästen.

Zwar hatte auch Karl eine rege, glanzvolle Bautätigkeit entfaltet, die das Stadtbild Wiens für die Nachwelt prägen wird: die Karlskirche, der Neubau der Hofstallungen, die Hofbibliothek. Ich musste allerdings einsehen, dass die Geldmittel der Krone auf die Dauer nicht auch noch für den gleichzeitigen Umbau der Hofburg reichten. Der Anfang der zwanziger Jahre begonnene Bau eines repräsentativen Reichskanzleitraktes scheiterte leider an den immensen Kosten.

Würdest du mir das Kissen unter dem Kopf noch einmal zurecht rücken, Marianna. Ich fühle mich angestrengt, aber ich will gerade jetzt nicht aufhören zu erzählen, denn – ich spüre es immer deutlicher – die Zeit drängt.

Nach der langen Selbstständigkeit in Spanien fiel es mir schwer, mich in das Leben am Wiener Hof einzugewöhnen. Die Anspannung in der kaiserlichen Familie war fast mit Händen greifbar. Nach der eineinhalbjährigen Trennung erschien mir auch der Kaiser verändert. Gealtert, obwohl noch nicht einmal dreißig Jahre, verschlossen, über den Ausgang des Krieges und die unerfreulichen Friedensverhandlungen grollend. Und immer von seinen Spaniern umgeben, dieser einflussreichsten Clique am Hof, die intrigierte und den Kaiser aufhetzte. Dennoch war ich zuversichtlich, dass es mir dank meines ausgleichenden Wesens mit der Zeit gelingen würde, die Wogen zu glätten.

Was ich mir wünschte, war, nach den vielen Jahren des Hin und Her in Wien endlich ein sesshaftes und wahrhaft herrscherliches Leben zu führen. Schließlich war ich eine höchst anziehende und bewunderte Frau, immer noch jung, unternehmend. Ich liebte die Jagd genauso wie Unterhaltung und Kunst, überhaupt alles Schöne: Kleider, Schmuck, Ausstattungen. Nicht zuletzt war ich die Kaiserin und gedachte als solche, meine Stellung zu nutzen.

Karls ausdrücklichem Gebot entsprechend, sollte ich auf keinen Fall mit regieren. Wenn ich also auf die wichtigen Entscheidungen, die Beziehungen zwischen den Staaten – und sei es über meine verwandtschaftlichen Verbindungen – Einfluss nehmen wollte, und das wollte ich!, dann brauchte ich zuverlässige Leute, die mir Informationen zutrugen über alles, was am Hof passierte, über Gespräche, Intrigen, Verhandlungen, geheime Absprachen.

Mit dem ruhigeren, sichereren und insbesondere dem gemeinsamen Leben würde sich jetzt endlich, so hoffte ich, der Nachwuchs einstellen. Schon als junges Mädchen hatte man mich doch mehrfach auf meine Voraussetzungen, Kinder zu gebären, untersucht und aufgrund des untadeligen Ergebnisses auserwählt. Nichts deutete also auf einen Misserfolg hin. Außerdem glaubte ich mich bei meinen Wiener Ärzten in besten Händen.

Nicht einen Moment dachte ich, dass mit meinen 22 Jahren der schönste Teil meines Lebens vorbei sein und der Krieg weiter gehen sollte – in Form alltäglicher Hofgefechte um Einfluss, Zuständigkeiten, Geld. Aber auch als handfester innerfamiliärer Erbfolgekrieg, der mit Mitteln geführt und an Fronten ausgetragen wurde, denen ich wehrloser als in Spanien ausgesetzt war.

Da gab es drei Kaiserinnen, die in der Burg unter demselben Dach lebten: die Kaiserin-Mutter Eleonore, die mir sehr zugetan war und bis zu ihrem Tod 1720 auf der dritten Etage in armselig trauerschwarz eingerichteten Zimmern wohnte, meine Schwägerin, die Kaiserin-Witwe Amalia, in der zweifellos besser ausgestatteten Amalienburg – und ich. Dazu kamen die vier Erzherzoginnen, die beiden Schwestern des Kaisers und die halbwüchsigen Töchter Josefs, 14- und 12-jährig.

Bei meinem ersten Aufenthalt in Wien 1707 war Amalia mir noch mit großer Herzlichkeit begegnet, stellte ich als zukünftige spanische Königin ja auch keine Rivalin für sie dar. Der Tod Josefs allerdings schränkte ihre Stellung und die ihrer Töchter bei Hof deutlich ein; ihre Unzufriedenheit darüber ließ sie mich spüren.

Wenn ich in dem verwirrenden höfischen Beziehungs- und Intrigenspiel nicht untergehen wollte, musste ich mir jeden Fußbreit Boden erstreiten, sahen doch alle nur auf ihren Vorteil und verteidigten ihn hartnäckig und bedenkenlos. Nicht nur in der eigenen Familie, sondern auch in den Kinder- und Frauenzimmern herrschte nicht unbedingt ein friedliches Miteinander. Ich hatte immer wieder Zusammenstöße mit untreuen Domestiken, geschwätzigen Hofdamen, aufsässigen Ajas und den vielen Leuten, die versuchten, am und mit dem Hof Politik und Geschäfte zu machen. Neid, Hänseleien und Klatsch, arglistige Scherze waren an der Tagesordnung. Ich hasse den Wiener Schmäh, diese Art von Humor, bei dem einem das Lachen im Hals stecken bleibt. Jeder redet den anderen schlecht und versucht möglichst viele Verbündete auf seine Seite zu ziehen. An diesem Zustand hat sich bis heute nichts geändert. Nur dass ich als junge Kaiserin viel mehr darunter gelitten habe. Ich sehnte mich nach Spanien zurück und stellte mir vor, wie gut es Karl und mir gegangen wäre, hätten wir dort bleiben und die Herrschaft antreten können.

Von den vielen Gefechten, die ich austragen musste, hat Karl die meisten nicht mit bekommen. Als einziger Mann in der Habsburger Familie hat er sich für den Kleinkrieg unter den Frauen kaum interessiert. Mit Amalia gab es keine Spur von Gemeinschaft mehr. Wo sie konnte, hat sie gegen mich gestichelt und mich mit ihren Schikanen verfolgt. Ich konnte es kaum erwarten, bis sie nach der Heirat ihrer Töchter endlich in das von ihr gegründete Salesianerkloster am Rennweg übersiedelte.

Meiner tiefen kindlichen Liebe und Dankbarkeit entsprang der Wunsch, meine Stellung am Hof insbesondere zugunsten meiner Eltern einzusetzen. Die vielen Auseinandersetzungen vor allem zwischen meinem Vater und seinem Bruder wurden häufig nach Wien getragen und vor mir ausgebreitet. Es geschah in der Erwartung, dass ich vermitteln und die jeweiligen Anliegen mit den entsprechenden Empfehlungen meinerseits an den Kaiser weitergeben sollte. Ich musste mit großem Geschick zu Werke gehen. Denn unversehens konnte ich durch Unbedachtsamkeiten selbst in Teufels Küche kommen.

Am schlimmsten belasteten mich die ständigen Posten- und überzogenen Geldforderungen meines Vaters, die er an den Hof richtete und dort verhandeln ließ. Sie waren mir vor dem Kaiser peinlich. Aus der Herzensangelegenheit also, meinem Vater behilflich zu sein, wurde zuweilen eine schreckliche Bedrängnis und Bürde. Zumal mein Einfluss auf den Kaiser überschätzt wurde. Vieles konnte ich ihm gar nicht direkt vortragen. Ich musste die Unterstützung anderer Vertrauter, vor allem die Althans und Stellas suchen, obwohl ich keine Sympathie für die beiden hegte. Aber sie waren näher an Karl dran als ich und standen außerdem hoch in seiner Gunst. Ihren Ratschlägen folgte er am ehesten."

Das sollte der letzte Besuch Mariannas bei ihrer Großmutter sein.

Unmittelbar darauf, Elisabeth Christine allein.

Nachlass für einen Toten

Als Marianna gegangen ist, hole ich das Sammelsurium von Aufzeichnungen aus einem Geheimfach meines Sekretärs hervor. Es sind kleine Briefe an Karl – manchmal nur einzelne Sätze oder Wörter –, die ich in den letzten Wochen bei der Lektüre seiner Tagebücher verfasst habe. Ich breite sie vor mir aus. In der Hoffnung, dass Marianna, die dieses Fach als einzige kennt, sie eines Tages finden wird, sortiere und nummeriere ich sie.

1
Je öfter ich in deinen Tagebüchern lese, Karl, mein lieber Mann, desto mehr fühle ich das Bedürfnis, deine Notizen durch meine Erinnerungen und meinen Blick auf die Dinge zu ergänzen. So wie es mir einfällt, lose, auf Zetteln, denn mir geht oft schnell der Atem aus.

Wie schon zu deinen Lebzeiten wirst du nicht wissen wollen, was ich zu sagen habe. Aber du musst es dir anhören. Mir ist es wichtig und vielleicht so besonders dringend, weil sich auch mein Leben rapide dem Ende zuneigt.

In meinem Testament, das ich im Frühjahr dieses Jahres aufgesetzt habe, verbitte ich mir Leichenpredigten und erlaube auch nicht, Lebensbeschreibungen über mich zu machen, aber von diesen Aufzeichnungen hoffe ich, dass sie überdauern.

Wie ordentlich du in deinen Tagebüchern jeden Tag vermerkt hast! Über 33 Jahre: Aufstehen, Kirche, Mittagstafel, Audienzen, Vesper, Depeschen, Geschäfte, Jagd. Manchmal knappe Kommentare. Aber kaum etwas über das, was sich hinter den Kulissen abgespielt hat. Obwohl du im ersten Heft ankündigst, auch die vertrautesten und geheimsten Sachen aufzuzeichnen. Was uns beide angeht, kann ich sie nicht finden oder nicht lesen. Denn leider scheitere ich oftmals an deiner schrecklichen Schrift, den Abkürzungen, den vielen Verschlüsselungen und rätselhaften Zeichen. Aber das alles passt zu dir. Es war immer schwer zu ergründen, was du dachtest.

Ich greife mal dieses, mal jenes Heft aus dem Stapel heraus, drehe und wende die Blätter. Streusalz vermischt mit Goldstaub, womit du die Tinte abgelöscht hast, lässt das Papier im Sonnenlicht grüngolden aufleuchten. Ich blättere, überfliege, bleibe an dem Satz hängen: „Reite nach Mataro, Königin sehr schön, sehr zufrieden."

Das hast du notiert, nachdem du mich zum ersten Mal von Angesicht gesehen hast. Du warst angenehm überrascht und freutest dich, dass deine Familie in Wien für dich eine so gute Wahl getroffen hatte.

Ich hatte dich sofort erkannt, der du incognito von Barcelona herangeritten warst. Du hast mich für gut befunden, mehr noch, du warst von meiner Schönheit vollends gefangen genommen. Jetzt war ich endlich angekommen. Eine Last von drei Jahren fiel von mir ab. Ich fühlte mich leicht und beschwingt.

Es war der 28. Juli 1708, den du in deinem Tagebuch festgehalten hast. Einen Monat vor meinem siebzehnten Geburtstag. Am 25. war ich in Mataro gelandet.

2

Auch zu unserer ersten Nacht, kurz nach meiner Ankunft, findet sich ein Eintrag. 30. Juli: „Königin Nacht gar lieb."

Oh ja, nichts sollte meinem Glück jetzt mehr im Weg stehen. Aber scheu und unerfahren, hatte ich trotz meiner guten Vorsätze auch Angst vor dem Unbekannten.

Ich wollte alles richtig machen, dir zu Willen sein und gefallen. Wie oft hatte man mich darüber belehrt, was der König in erster Linie von seiner Gemahlin erwartete: dass sie sich als fruchtbar erwies und so schnell wie möglich einen Sohn gebar.

3

Ich lebte mich schnell ein in Spanien, war froh und zufrieden. Als gefällige, gehorsame Gemahlin versuchte ich dir zu beweisen, wie sehr ich mich in jeder Beziehung als Königin eignete. Auf Entscheidungen in meinem Sinn einzuwirken, ohne dass du es merktest, bedurfte großer weiblicher Geschicklichkeit. Durch Liebesbezeigungen umschmeichelt, zeigtest du dich in unserer ehelichen Zurückgezogenheit gelegentlich offener, zutraulicher, suchtest Gespräch und Rat.

Als du mich sehr viel später zu deiner Stellvertreterin machtest, war ich bestrebt, dein Vertrauen zu rechtfertigen. Denn ich wusste, dass meine gesellschaftliche und politische Stellung einzig auf dir beruhte.

4
Die Zeit verrann. Und der schuldige Nachwuchs stellte sich nicht ein.

5
Wenn wir beide allein waren, schob sich oft das Bild des Kaisers zwischen uns. So wie Josef wünschte ich mir meinen König: schön, stark, dynamisch, charmant. Lange Zeit versuchte ich, in dir einen solchen Märchenprinzen zu sehen. Es misslang.

Ich war dir zugetan, aber ich liebte dich nicht.

Die Erinnerung an das Ehegelöbnis in Maria-Hietzing ließ mich nicht los. Josef, im prächtigen spanischen Mantelkleid, und ich knieten nebeneinander auf goldenen Polstern, tauschten die Ringe und reichten uns die Hand. „Ego vos conjugo in matrimonium", hörte ich die Stimme des Kardinals, wie von weit her. Weihwasser. Für einen wunderschönen Moment träumte ich mir den Mann an meiner Seite zu meinem rechtmäßigen Ehemann. Am liebsten hätte ich Josefs Hand gar nie mehr losgelassen. Knie und Stimme zitterten mir, als ich mich nach der Trauungszeremonie erhob und das *Te Deum laudamus* mitsang.

Hoffentlich ließ ich dich nicht merken, wer durch meine spanischen Träume geisterte.

6

Ich war nie so vermessen zu glauben, die einzige für dich zu sein. Deine Liebschaften beunruhigten mich nicht wirklich. Jedenfalls solange sie meine Stellung als Königin nicht berührten. Du hattest nie eine Maîtresse wie andere europäische Herrscher, die du mir in aller Öffentlichkeit vorgezogen hättest. Männer haben Geliebte, weil sie das brauchen – dieses Wissen hatte ich schon als junge Frau mit nach Spanien gebracht. Warum solltest du anders sein? Du warst es nur insofern, als du damit sehr diskret umgegangen bist. Dafür war ich dir dankbar.

7

Aus deinem Tagebuch erfahre ich, dass du wohl auch in deinen letzten Lebensjahren noch eine Affäre hattest. Mit wem? Ich finde nur Chiffren.

8

Eines wüsste ich auch heute immer noch gerne. Hast du Schwarzenberg aus Eifersucht erschossen? Oder war der Schuss tatsächlich ein Unfall? Was ist wirklich passiert, damals in Brandeis bei der Jagd?

Ich blättere durch die Zeit, aber leider gibt auch dein Tagebuch keinen Aufschluss darüber. Unter dem

10. Juni 1732 lese ich: „Gleich zu Anfang Unglück. Schieße auf Hirsch. Fürst Schwarzenberg gefährlich in Unterleib getroffen. Ich außer mir."

Ich befand mich in Karlsbad zur Kur, als mir die schreckliche Nachricht überbracht wurde. Wenige Tage nach dem Unfall erschienst du bei mir. Du wirktest sehr traurig und warst – wie so oft – wortkarg. Obwohl du alles Erdenkliche zur Rettung des Fürsten veranlasst hattest, war er gestorben.

Am Hof wurde bald geklatscht: über dein Verhältnis mit der Gemahlin Schwarzenbergs und über die Avancen, die ich dem Fürsten seit Jahren machen würde. Es hieß, du hättest den Oberstallmeister nicht aus Versehen getroffen, sondern deinen Konkurrenten aus dem Weg räumen wollen.

Du hast über die Geschichte nie mehr ein Wort verloren.

9

Natürlich hatte auch ich Verehrer. Die Bewunderung, die mir von allen Seiten zuteil wurde, machte mich stolz. Noch heute höre ich manchmal meine Schönheit rühmen. Sie half mir auch dabei, die Liebe der Katalanen zu gewinnen.

Für das Verlangen, das in den Männerblicken mitschwang, war ich durchaus empfänglich. Das will ich nicht leugnen. Im Gegensatz zu dir habe ich jedoch allen Anfechtungen widerstanden. Ich hatte abschreckende Beispiele vor Augen, auch namhafte, wusste also, was für eine Frau, dazu noch in meiner Stellung, eine Unbesonnenheit, ein Fehltritt hätten bedeuten können.

Das habe ich ein Leben lang nicht aus den Augen verloren.

10
Aber deine Willkür hat mich getroffen.

Je länger ich in Spanien durchhielt, desto sicherer sei mir unsterblicher Ruhm, hattest du mir von Wien nach Barcelona geschrieben. Als ich schließlich nach Österreich zurückkam, war von Anerkennung, und gar unsterblicher, jedoch keine Rede mehr. Du hast mir den unermüdlichen Einsatz, den ich in Spanien unter Lebensgefahr für das Haus Habsburg geleistet hatte, in keiner Weise honoriert.

Ganz im Gegenteil. Dein kaiserlicher Wille, der an Starrsinn grenzte, hat mich für Jahre von der Hofburg-Politik fern gehalten. Vor der Welt, das war dir wichtig, wolltest du nicht den kleinsten Verdacht auf ein „Weiberregiment" aufkommen lassen.

Erst in deinen letzten Lebensjahren, als du der Geschäfte immer müder wurdest, hast du mir wieder mehr Raum gelassen.

11
Die Monate, die Jahre gingen dahin, und die Wünsche auf eine Schwangerschaft erfüllten sich nicht. Mit jedem Tag stieg die Erwartung an mich. Sie wurde ungeduldig und laut. Denn, und das legte sich mir erdrückend aufs Gemüt, meine vermeintliche Unfruchtbarkeit war eine Staatsangelegenheit. Die Existenz des Hauses Habsburg und – wie sich später zeigen sollte – das Schicksal der riesigen Monarchie standen auf dem Spiel.

Das Thema beschäftigte den gesamten Hof. An mich wagte sich dessen Bosheit viel unverschämter heran als an dich: Schwatz, überhebliches Lächeln, anzügliche und vernichtende Blicke, derbe Scherze, in Stadt und Land – sogar im Ausland lachte und spottete man.

12
Immer in der Nacht überrollen mich, wie jetzt, Erinnerungswellen. Holen mich die Gedanken ein:
an die achtjährige Kinderlosigkeit, an Hunderte von Nächten, Jahre des Versagens, des Wartens, Hoffens, an unzählige Niederlagen, an deine Trauer, Angst, Unruhe, Enttäuschung, Niedergeschlagenheit, Feindseligkeit, aber auch an deine Gottergebenheit, die ich so nicht teilen konnte

13
meine Schuld

14
Natürlich gab man mir die Schuld für das Misslingen. Und auch ich selbst tat das. Ich wäre sogar bereit gewesen, mein Leben für den Fortbestand des Hauses Habsburg herzugeben. Verbarg meinen Kummer in mir. Verlor meine Heiterkeit. Mit der Zeit konnte ich das Gebären um mich herum kaum mehr aushalten: die freudigen Mitteilungen aus anderen Fürstenhäusern über Geburten, die so leicht, selbstverständlich und zahlreich daher kamen. Besonders eifersüchtig schaute ich auf meine jüngste Schwester, die vorbildhaft wie ein Uhrwerk schwanger wurde: In den ersten drei Ehejah-

ren hatte sie bereits zwei Söhne und eine Tochter geboren. Selbst als ich schon aus dem Alter heraus war, habe ich Maria Theresia noch ihre strotzende Fruchtbarkeit geneidet.

Da bei mir weder Gebete und Wallfahrten noch Kuren halfen, fügte ich mich in alle demütigenden Unannehmlichkeiten, Behandlungen, wenn sie auch über meine Kräfte gingen. Denn seit Spanien war meine Gesundheit anfälliger. Die Konsultationen von Hellsehern und Quacksalbern waren noch das Geringste. Eine Wunderprozedur nach der anderen hatte ich über mich ergehen lassen.

Als ich bei meiner letzten Geburt mitten in den schlimmsten Wehen lag, entstand fast ein Handgemenge in meiner unmittelbaren Nähe, weil der Obersthofmeister meinen Leibarzt zwang, mir seidene Bildchen des heiligen Vinzenz, an dessen Namenstag ich niederkam, auf die Schultern zu legen: Die Spanier am Hof glaubten, dass dieser Heilige das Wunder eines Thronfolgers bewirken würde. Aber auch das hat nicht geholfen.

15

Auf ärztliche Empfehlung und mit deiner Zustimmung verabreichte man mir einerseits starke Liköre und Weine, von denen sich mir bis heute das hochrote, manchmal unangenehm glühende Gesicht erhalten hat, andererseits wurde ich gemästet wie eine Gans, weil meine Leibmedici glaubten, meinen Körper dadurch für eine Empfängnis aufnahmefähiger zu machen.

Um meine Phantasie und Lust anzuregen und weil du gehört hattest, Karl, dass einschlägige Liebesdarstellungen sich positiv auf die weibliche Fruchtbarkeit auswirken sollten, wurden die Decken und Wände der Schlafzimmer in unseren Residenzen mit entsprechend aufdringlich wollüstigen Bildern ausgemalt, mit Satyrn, Bacchanten, sich liebenden Göttern.

16
Ab 1715, als es zum ersten Mal Hoffnungen auf Nachkommenschaft gab, verzeichnest du in deinem Tagebuch sorgfältig die Fortschritte meiner Schwangerschaft und schließlich unter dem 13. April 1716 deine jubelnde Dankbarkeit über die Geburt des Thronfolgers. Das ungetrübte Glück dauerte gerade einmal ein halbes Jahr. Nach dem Tod Leopolds am 17. November setzen deine Eintragungen bis zum Ende des Jahres ganz aus. Teils aus Verhinderung, teils aus Konfusion, erklärst du, und fast unwirsch klingt es, wenn du sagst, dass du vergessen hättest, alles aufzuschreiben.

17
Dass ich schon wieder schwanger war, als Leopold starb, hat neue Hoffnung aufkeimen lassen. Nur ich blieb seltsam unberührt davon. Es würde ohnehin ein Mädchen werden. Und so war es dann auch.

18
Ich saß im Kindbett und weinte.

19
Du warst, wie du schreibst, glücklich über die Geburt Maria Theresias. Das stimmt. Aber der Druck wich

nicht. Schon fiebertest du meiner nächsten Niederkunft entgegen. Ich hatte es vorausgeahnt: Es war wieder ein Mädchen, Maria Anna.

20

1716, 1717, 1718 drei Mal schwanger und dann sechs Jahre nichts. In dieser Zeit, aber auch noch nach der vierten und letzten Geburt wurden die Anstrengungen, mich für einen Sohn fruchtbar zu machen, fortgesetzt. Du wolltest die Hoffnung nicht aufgeben. Mit schwerwiegenden Folgen für meine Gesundheit. Von den Ärzten an übermäßigen Genuss von Essen und Alkohol gewöhnt, wurde ich, deine schöne weiße Liesl, rotgesichtig, und so anmutig, liebenswürdig und heiter einst, immer fetter, misslaunig und schwermütig.

21

Von besonderer Bedeutung und in meiner Erinnerung fest verhaftet war dann wieder das Jahr 1723. Wir befanden uns zur Krönung in Prag. Auch Maria Theresia und Maria Anna waren dabei. Ich hatte mich sehr auf diese Reise gefreut, die Ende Juni begann. Für einige Monate heraus aus Wien, weg von den leidigen Streitigkeiten, Neues und Schönes erleben, als frisch gekrönte Königin von Böhmen gefeiert und umschwärmt werden, meine Eltern, die ihr Kommen angekündigt hatten, wiedersehen.

Was ich vorher nicht wusste: In Prag sollte ich meinen zukünftigen Schwiegersohn Franz Stephan, den Erbprinzen von Lothringen, kennen lernen. Der kleine

Herzog war damals 14 Jahre. In deinem Tagebuch schreibst du unter dem 10. August über ihn: „hübsch, wohl gewachsen, manierlich." Du hast ihn vom ersten Sehen an in dein Herz geschlossen, wie einen Sohn. Mir gefiel er auch, besonders aber der sechsjährigen Maria Theresia. Sie schaute ihn mit großen Augen an.

Für Anfang September war deine, und drei Tage später meine Krönung vorgesehen. Im August, mitten hinein in die Vorbereitungen und die Besichtigungen, Empfänge, Feste, Bälle, wurde eine erneute Schwangerschaft zur Gewissheit. Das veränderte meinen Aufenthalt erheblich.

Von der Krönung erinnere ich vor allem, dass es mir sehr schlecht ging: Das Kleid, gold- und diamantenbestickt, mit langer Schleppe, lag mir schwer auf den Schultern und zwängte mich wie eine Rüstung ein. Die Krone wog deutlich mehr als die ungarische. Ihre immense Kostbarkeit drückte mir beinahe den Kopf ein. Ich drohte ziemlich unköniglich zusammenzubrechen.

Die Heimkehr war von besonderer Sorge um Mutter und Kind begleitet. Über ihren günstigsten Zeitpunkt war lange diskutiert worden. Weil du die ersten Kindsbewegungen sicherheitshalber auf festem Boden an Ort und Stelle abwarten wolltest, wurde der Termin auf Anfang November festgelegt.

Die Rückreise dauerte 14 Tage. Sie war ungemein beschwerlich, wenn ich auch über weite Strecken in einem eigens für mich hergestellten Sessel von jeweils sechs der besten zwölf aus Wien herbeigerufenen Träger so schonend wie möglich befördert wurde. Das

Wetter unbeständig, rau und mitunter bitter kalt. Die Zimmer oft nicht genügend geheizt. Die Erschütterungen auf den steinigen Wegen, die Last der prächtigen Galagewänder und des riesigen, mit schweren Edelsteinen besetzten Kopfschmuckes galt es ohne Leidensmiene hinzunehmen und stattdessen – bei den unzähligen Begrüßungen durch die hohen Würden- und Amtsträger und die neugierig andrängenden Zuschauer – ein gleichbleibendes Lächeln hervor zu zaubern. Das erforderte in meinem elenden Zustand Contenance, manchmal über Gebühr.

22
„Weib so grantig."
So beklagst du dich am 13. November in deinem Tagebuch.

23
Ja, grantig, das war ich wohl. Angesichts der Umstände nicht verwunderlich, möchte ich dir heute noch nachrufen. Am schlimmsten waren die mit Delikatessen beladenen Mittags- und Abendtafeln. In Pirnitz, daran erinnere ich mich besonders gut, hatte der Graf Colalto zu unseren Ehren verschiedene Arten von Meeresfischen eigens durch Stafetten aus Italien heranschaffen lassen. Der Anblick allein drehte mir den Magen um. Ich sehnte mich nach Ruhe. Aber noch einmal musste ich in Znaim eine große Gala anlässlich meines Namenstages überstehen. Als wir in Wien ankamen, wollte ich niemand mehr sehen und nur noch schlafen.

24

Im April 1724 kam Amalia zur Welt.

Wenn es auch wieder nicht das gewünschte Kind war, so gab es doch zur Feier ihrer Geburt eine Aufführung durch die Hofkapelle, an die ich besonders schöne Erinnerungen habe: die Oper *Euristeo* von Caldara. Weil sie so gut gelungen war, wurde sie mehrmals dargeboten. Beim dritten Mal gab es, von dir, Karl, als Geschenk eine Lotterie, bei der alle Mitwirkenden Juwelen, kostbare Uhren und Ähnliches gewinnen konnten.

Du selbst saßt am Klavier und begleitetest die Singstimmen durch die ganze Oper. Auch Maria Theresia und Maria Anna standen mit auf der Bühne. Ich hatte dir die Partitur, von der du spieltest, binden lassen: Der Deckel war kunstvoll gestaltet, eine Einlegearbeit aus Schildkröt und Gold. Bei deinem Eintritt in das Orchester habe ich dir das Buch in meinem Namen übergeben lassen. Du drehtest dich zu mir um, und lachend machtest du eine Verbeugung in meine Richtung. Dann kamst du zu mir, bedanktest dich und küsstest mir vor allen Leuten die Hand. Ich war gerührt und für einen großen Moment glücklich. Ich glaube, ich habe dich nie vorher und nie mehr danach so herzlich und unzeremoniell mir gegenüber in der Öffentlichkeit auftreten sehen.

Du liebtest die Hofkapelle und hast sie großzügig gefördert. Mit deinem Tod begann der Glanz, den sie ausgestrahlt hatte, zu erlöschen. Nach und nach sind die führenden Musiker gestorben. Der teure, lang anhaltende Krieg zwinge den Hof zu größeren Einsparungen auf dem Gebiet der Kunst, behauptet Maria Theresia. Wahrscheinlich ist es so.

25
Es macht mich zunehmend müde, über alle Entscheidungen meiner Tochter nachzugrübeln.

26
Nach Amalias Geburt grassierte die Angst, dass die Dynastie im Mannesstamm erlöschen könnte, wie eine ansteckende Krankheit im Innern des Hauses Habsburg weiter. Dein Körper beugte sich, und auf deinem Gesicht, Karl, vertiefte sich der Schatten mit jedem Jahr, das ohne Thronfolger dahin ging. Du hast es nie ausgesprochen. Aber ich sah es dir an, auch du fühltest dich schuldig. Du hast geglaubt, Gott strafe dich dafür, eine Konvertitin geheiratet zu haben.

Und ich litt darunter, diese Konvertitin zu sein.

Es half nichts, dass mir die katholische Gottesverehrung mit ihren vielen Zeremonien und Äußerlichkeiten durch jahrelange Unterweisung und vor allem auch durch dein Beispiel, Karl, der du ein tief gläubiger Katholik warst, schon bei meiner Rückkehr nach Wien längst in Fleisch und Blut übergegangen war. Selbst die Spanier fanden mich ohne Tadel.

Aber ich war gewarnt. Die Österreicher sind unversöhnlich und hinterhältig. Ich achtete sorgfältig darauf, den katholischen Glauben streng nach der festgelegten Ordnung des Habsburgerhauses zu praktizieren, um mich auch nicht der kleinsten Verfehlung auszusetzen.

Selbst wenn es mich mitunter hart ankam – speziell wenn ich mich müde und krank fühlte –, die unzähligen Gottesdienste mit ihren oftmals langen Predigten, die du so liebtest, Karl, durchzustehen. Ich machte alle Kirchenfeiern mit, die ja häufig mit staatlichen, höfischen und dynastischen Zeremonien verbunden waren: die Feste des Kirchenjahres, des Ordens vom Goldenen Vlies und des Sternkreuzordens, der Mutter Gottes, Apostel und Heiligen, familiäre Ereignisse wie Geburten, Taufen, Vermählungen und Todesfälle, Te Deen für Schlachtensiege, Dank-, Karwochen- und Fronleichnamsprozessionen, Andachten und Wallfahrten nach Mariazell wie nach Klosterneuburg zu den Reliquien des heiligen Leopold und vieles mehr.

Vom asketischen Glaubenseifer der beiden Kaiserinnen Eleonore und Amalia, die als Vorbilder jahrelang in meiner Nähe lebten, war ich, zu sehr vom Verstand geleitet und dem Jansenismus zugeneigt, allerdings weit entfernt. Ihre vielen religiösen Verrichtungen – täglich mehrmaliger Besuch der heiligen Messe, stundenlange Gebete, Bußübungen bis zu Geißelungen, das schreckliche Fasten, obwohl der Körper schon krank und ausgemergelt war – blieben mir, der jungen Frau mit den protestantischen Wurzeln, fremd und schüchterten mich ein.

27

Aus den Augenwinkeln heraus warfen wir beide uns argwöhnische Blicke zu, machten uns das Leben gegenseitig schwer. Obwohl mit meinem Übertritt eigentlich geklärt, lauerte die Glaubensfrage uns überall auf, trat zwischen uns. Vor vielen Jahren war ich konvertiert, nicht aus eigenen niedrigen Beweggründen, sondern weil die Vorsehung mich zu deiner Gemahlin auserwählt hatte. Ich hatte richtig gehandelt. Ich gehörte an deine Seite. Gott selbst hatte es so gewollt. Dessen blieb ich mir sicher, seitdem ich den Schritt in Bamberg getan hatte.

Nur mit diesem festen Glauben gelang es mir, mein Schicksal anzunehmen und es Tag für Tag standhaft durchzustehen. Die Überzeugung aber bekam tiefe Risse. Sollten die jahrelange Kinderlosigkeit, der Tod Leopolds und das Ausbleiben eines Thronfolgers tatsächlich Gottes Strafe gewesen sein? Und würde nicht statt ewigem Leben ewige Verdammnis auf mich warten?

28
Es mag an meiner augenblicklich äußerst schlechten gesundheitlichen Verfassung liegen, dass ich im Rückblick auf mein Leben nur Niederlagen sehe und das Gefühl habe, mich über die vielen Jahre in Wien mit Audienzen, Bittstellern und Verhandlungen, mit Streit, Geldnöten und Krankheiten – 1727/28 lag ich monatelang auf den Tod danieder - aufgerieben zu haben.

29
… gescheitert. Vor allem, was meine Familien angeht.

30
Mit jedem Jahr, das sie heranwuchs, wurde Maria Theresia mehr zum Mittelpunkt.

31
Mein Blick fällt zufällig auf die Eintragung vom 28. Februar 1724. Du schreibst: „Nachmittags mit Weib und Kind zusammen. Kind, herzig, lustig." Wenn du mit den Kindern Späße machtest und herumspieltest, drehte sich immer alles um deine Älteste, die du besonders mochtest und die ich, wie soll ich sagen, dir überlassen, gleichsam an dich abgetreten hatte.

32
Mit zwei, drei Jahren begann Maria Theresia, mir ihre Liebe unübersehbar zuzuwenden. Stärker als ich das wollte. Ich wünschte mir nämlich, dass sie dich vorzöge. Um so mehr, als ich auch von deiner Mutter wusste, wie wichtig dir das gewesen wäre. Wenn es der Kleinen gelänge, dir mit ihrer Liebe zu schmeicheln und dich aufzuheitern, hoffte ich auf Anerkennung in Form von Geschenken und Geld, das ich so bitter nötig brauchte. Denn schließlich war ich es, die dir diese schöne, kluge und temperamentvolle Tochter geboren hatte.

33
Geld, Geld, Geld

34
Geld!!!

35
Es ist ein quälendes, mich ständig umtreibendes Thema, das Geld, bis heute. Eines, das sich seit der Heirat mit dir durch mein Leben zieht. Vor meiner Abreise nach

Wien hatte ich meinem Großvater Anton Ulrich, der aus der von ihm arrangierten Heirat auch finanziell Gewinn ziehen wollte, zusagen müssen, alle Ausgaben für meine Hochzeit mit Zinsen zurückzuzahlen.

Natürlich hatte ich mir als 15-Jährige, die in den letzten Tagen zu Hause ganz andere Sorgen plagten, über das Ausmaß dieser Verpflichtung für meine Zukunft keine Gedanken gemacht und nicht im Entferntesten geahnt, welche Ausgaben man in Wolfenbüttel in Zusammenhang mit der Hochzeit bringen und mir auf die Rechnung setzen würde. Danach hatte ich für Aussteuer, Brautkleid, Schmuck, Gastgeschenke, Bestechungs- und Trinkgelder, Reisen, Kurierdienste, Feste, Bedienstete und vieles mehr selbst aufzukommen. Mit den Zinsen beliefen sich die Auslagen auf Summen in Millionenhöhe.

Ich habe unsere junge Ehe mit meiner Zwangslage nicht belasten wollen. Was solltest du, Karl, von mir denken! Doch es ging nicht anders. Unter dem massiven Druck aus Wolfenbüttel musste ich dir meine bedrängte Situation offen legen, und du hast die Tilgung meiner Schulden bereitwillig übernommen.

Das Leben einer Habsburger Kaiserin ist teuer. Und so blieben meine Finanzen ein Fass ohne Boden. Eine standesbewusste Repräsentation lag mir ganz besonders am Herzen. Dass ich dabei immer das höchste Niveau anstrebte, kann man mir als Stolz oder gar Eitelkeit vorwerfen, letztlich habe ich es aber auch für das Volk gemacht: Eine glanzvolle Zurschaustellung wünscht es sich von seinen Herrschern, will zu ihnen aufsehen, sie bewundern, danach verschenkt es seine

Anerkennung und Liebe. Diese Bedürfnisse zu befriedigen, ist eben kostspielig.

Außerdem rissen Ausgaben für den Erwerb schöner Dinge, für Spiel und andere Unterhaltungen, die gelegentlich – das muss ich einräumen – unnötig und unbesonnen waren, ein tiefes Loch.

Und geradezu verschlingend ist das, was an *Douceurs* unter der Hand läuft. Ich bin immer großzügig gewesen mit Zuwendungen, Geschenken, Almosen. Sie sind unabdingbar, wenn man etwas erreichen und sich die Leute einigermaßen gewogen halten will. Manch einen habe ich mit Beweisen meiner Zuneigung überschüttet. Gedankt hat es mir keiner. Die Gemüter sind zu launisch, zu wankelmütig. Jedenfalls war die Geburt von Kindern eine wichtige Einnahmequelle für meine hohen Ansprüche, und in Sonderheit die Geburt eines Erzherzogs. Leider wurde ich nur einmal mit diesem besonderen Geldsegen bedacht, der nicht annähernd ausreichte.

Das ganze Ausmaß meiner Verschuldung hast du nie geahnt. Ebenso wenig, dass ich gelegentlich aus Not Teile meines Schmucks verpfändet oder verkauft habe. Zeit meines Lebens saßen mir die Gläubiger unerbittlich im Nacken.

36

Die einzige, mit der ich offen reden konnte und die mir so manchen Kredit von jüdischen Geldverleihern vermittelt hat, war meine Mutter. Aber auch dieser Zuflucht waren Grenzen gesetzt, die mich verzweifeln ließen. Von wenigen persönlichen Besuchen in Wien oder Zusammentreffen an anderen Orten abgesehen war sie nur durch Briefe erreichbar, deren Beförderung und Diskretion nicht einmal gesichert waren. Wichtige Mitteilungen mussten verkürzt und verschleiert und alle verräterischen Namen sorgfältig chiffriert werden, so dass manche Briefe beinahe mehr Zahlen als Worte enthielten.

37

Da ist noch etwas, was mich bis ans Ende meiner Tage bedrückt: dass ich so glücklos agiert habe in der Nutzung meiner vielversprechenden und weit verzweigten verwandtschaftlichen Beziehungen. Die Ehe zwischen Friedrich und meiner Nichte Elisabeth Christine zum Beispiel, für die ich mich so leidenschaftlich engagiert hatte, kam zwar tatsächlich zustande, aber weder sie noch die Verheiratung weiterer Prinzen und Prinzessinnen aus Preußen und Braunschweig brachten die gewünschte feste Verbindung mit dem Kaiserhaus. Ich sehe mich in meinen Hoffnungen total getrogen. Friedrich, auf den ich so gesetzt, ja, den ich wie einen Sohn betrachtet hatte, ließ es an Dankbarkeit für dich, den Kaiser, und mich, seine Fürsprecher in der unseligen Katte-Affäre, fehlen; seine Gemahlin behandelt er bis heute vor aller Augen mit Verachtung. Ohne Hemmung, nur wenige Wochen nach deinem Tod, überzog er Österreich, allen Vermittlungsversuchen meinerseits zum Trotz, mit Krieg – das war das Schlimmste für mich. Auch mit dem gegenwärtigen Friedensschluss, so glaube ich, ist die Schlesienfrage nicht dauerhaft bereinigt.

Ich fürchte, dass zwischen Österreich und Preußen, zwischen den beiden heißblütigen Kontrahenten Maria Theresia und Friedrich das Feuer in absehbarer Zeit wieder aufflackern wird.

38
Unversöhnt die eine und machthungrig der andere.

39
Eine erneute Auseinandersetzung werde ich hoffentlich nicht mehr erleben. Der vergangene Krieg hat mir genug Sorgen und Ängste bereitet. Er war ein großes Verhängnis: Ein Landesfürst nahm dem anderen Territorium ab, in den Schlachten stand Bruder gegen Bruder, meine Familie wurde zerrissen. Die jüngeren Generationen auf beiden Seiten haben sich, bis auf wenige Ausnahmen, sowohl von mir wie auch voneinander abgekehrt.

40
Das Glück ist unbeständig. Das hat mich das Leben gelehrt. Es ist wichtig, immer auf der Hut zu bleiben und niemandem zu vertrauen. Auch sich selbst nicht.

Ich habe etliche schmerzliche Verluste, viel Mangel zu beklagen. Dennoch bin ich mit meinem Schicksal zufrieden.

Trotz meines einstmals gewinnenden Wesens, trotz geziemender Werbung und Wohltaten habe ich keinen Platz in den Herzen der Wiener gefunden – das sitzt bis heute wie ein Stachel in mir. Aber einer, der nur noch selten weh tut.

Viele Gedanken und oft böse Schmerzen bereitet mir dagegen meine Tochter.

41

Maria Theresia ist schlimmer noch als du, Karl. Auch sie will allein regieren. Dafür hat sie mich sogar in die Verbannung geschickt. Selbst ein Weib zwar! Wenn es allerdings um ihre Machtposition geht, rücksichtslos wie ein Mann. Wer auch nur den Anschein erweckt, Einfluss nehmen zu wollen, wird in seine Schranken verwiesen. Eifersüchtig verteidigt die Kaiserin-Königin ihr alleiniges Herrscherrecht. Wie sehr sie auch immer die Bürde betont, die das Regieren für sie bedeutet, so lässt sie es sich nicht nehmen, sogar die geringfügigsten Dinge selbst zu entscheiden. Auch die Minister sind nur Werkzeuge ihres Willens. So wie sie ihren Gemahl von Anfang an, trotz ihrer Verliebtheit, in die zweite Reihe verwiesen hat, so wird sie auch ihrem Erstgeborenen, sollte er einst ein politisches Mitspracherecht fordern, dieses, mit was für Gründen auch immer, zu beschneiden wissen.

Was bildet sie sich eigentlich ein, schoss es mir oft siedend heiß durch den Kopf, wenn Maria Theresia in unseren Auseinandersetzungen so rechthaberisch und überheblich vor mir stand, was bildet sie sich ein, diese Tochter, die vom wirklichen Leben keine Ahnung hat? Die – zumal in so jungen Jahren wie ich – am eigenen Leib nie etwas Schweres ertragen musste. Worauf also gründet sie mir gegenüber diese allwissende Herablassung? Als seien meine Erfahrungen und Erkenntnisse bedeutungslos. Dieser Tochter, die über mein Leben so hinweggeht, ist alles in den Schoß gefallen: Sie hat ihre Liebsten immer um sich gehabt, Wien nie verlassen, nie sich in eine fremde Familie einfügen und an einen fremden Hof, an dessen Gesellschaft, Sitten und Gebräuche anpassen müssen. Sie ist katholisch geboren und wird so sterben. Unerschütterlich. Und sie hat das Glück gehabt, den Ehemann zu bekommen, mit dem sie schon seit Kindertagen vertraut war und den sie liebte. Kinder, Thronfolger, Herrschaft, alles ist ihr zugefallen, von Krankheit und Todesangst um Leib und Leben ist sie bisher verschont geblieben. Und die will mich belehren!

42
Trotz allem sitze ich am Ende meines Lebens nicht nur enttäuscht, böse und verbittert da. Das ist allein das Werk meiner Enkelin Marianna. Ich kann nur inständig hoffen, dass ihr Maria Theresia, die uns eifersüchtig beobachtet, weiterhin erlaubt, zu mir zu kommen.

Marianna bereitet mir ein spätes, unverdientes, aber dankbar erlebtes Glück.

43
Und wie, Karl, hat es um dein Herz für mich gestanden?

Dass es von Gott und deinen Sorgen um die Zukunft des Hauses Habsburg eingenommen war, wusste ich. Wie sehr es deinen Günstlingen gehörte, das, Karl, habe ich erst deinem Tagebuch entnommen.

Viel mehr als die Beziehungen zu Frauen hatte mich immer dein Verhältnis zu diesem Althan gestört. Ich konnte ihn von Anfang an nicht leiden. Er war ja schon in Spanien, als ich kam. Althan stand mir überall im

Weg. Ein hässlicher Mann von mittelmäßiger Begabung, um nicht zu sagen: dumm. Als Kammerherr war er immer in deiner nächsten Nähe, bis in dein Schlafgemach. Wenn du für alle anderen nicht erreichbar warst, mit ihm hast du alles besprochen. Als er starb, habe ich gehofft, mehr Einfluss auf dich zu gewinnen – vergebens. Du trauertest jahrelang um ihn und wandtest dich noch stärker deinem anderen Günstling, Stella, zu. Wie keinen anderen finde ich Althan an unzähligen Stellen in deinen Tagebüchern erwähnt mit innigen Worten wie „herzlich lieb, ... Freund bis in den Tod, ... ewig im Herzen, ... nie vergessen." Und zu seinem Tod schreibst du: „Mein Trost, mein treuester Diener, mein Herzensfreund, der mich, wie ich ihn, innig geliebt über 19 Jahre in wahrer Freundschaft, mein Alles. Gott sei mein Leid geklagt, mit ihm habe ich alles verloren."

Ich schließe deine Tagebücher mit einem letzten Blick auf das, was du unter dem 17. Juni 1740 über einen deiner Jagdbuben schreibst: „lieb, ... länger geküsst, ... meiner Liebe versichert."

Karl VI.
* 1685 in Wien, † 1740 in Wien
Mann von Elisabeth Christine
Vater von Maria Theresia
Großvater von Marianna

Dem Tod nah

Ich weiß nicht, was mich höllischer peinigt, mein leidender Körper oder die Erinnerungen, die – abgestorben bis jetzt – plötzlich in mich einschießen und mein Leben durchbluten.

In den nächtlichen Schmerzgefechten liege ich, ein wimmerndes Wickelkind. Unter den Qualen bäume ich mich auf, und angewidert wende ich den Kopf von der Schale, die man mir vor das Gesicht hält, wo sich Speichel, Schleim, Blut, Galle mischen.

Ist es mein kranker Körper, der in diesem stetigen ekelerregenden Vomitus das letzte bisschen Leben aus mir herauswürgt, damit ich endlich Ruhe finde, oder ist es meine Seele, die in Krämpfen zuckt? Ist es das Wasser, das in meinen Lungen immer höher steigt, oder sind es die vielen unausgesprochenen Worte, die mich ersticken? Narrt mich das Spiegelbild, das der um mein Bett geisternde Tod mir vorhält, oder streckt mir tatsächlich – aus dem Salzdahlum meiner Jugendzeit – Elisabeth Christine flehend die Hände entgegen?

Während die Körpersäfte halt- und ziellos aus mir heraussickern, suchen mich wieder Fragen heim wie seit den Tagen meiner Konversion nicht mehr: Habe ich den Worten und Versicherungen meines Großvaters zu leichtfertig geglaubt? Hätte ich standfester sein, meinen Glauben, in dem ich mich so aufgehoben fühlte, verteidigen müssen? War die Konversion nicht Gottes Wille, sondern eine mir von ihm zugedachte Prüfung, die ich nicht bestanden habe? Bin ich eine Verdammte?

Wenn es mir etwas besser geht, träume ich vor mich hin. Ich sehe Elisabeth Christine. Sie sitzt am Fischteich in Salzdahlum, ganz in sich gekehrt. Ein verschwommenes Bild im Wasser. Unter meinem Blick bewegt sie sich und schaut erwartungsvoll in die Ferne. Bücher neben sich auf der Bank, obenauf die *Princesse de Clèves*. Den Kopf hoch erhoben, überprüft sie zufrieden lächelnd ihr Bild in dem Spiegel, den ihre schmale, langfingrige Hand ihr vorhält: ein ebenmäßiges ovales Gesicht, zarter Teint, große, schön geschnittene Augen, langer schlanker Hals; die Nase zu knochig, zu lang vielleicht? Kleiner Kirschenmund, zu rot? Die Lippen etwas aufgeworfen... Plötzlich springt die Gestalt auf, der Spiegel fällt zu Boden und zerbricht.

In einem anderen Traum stehe ich als halbwüchsiges Mädchen in einer riesigen Werkstatt im Schloss von Wolfenbüttel. Es ist laut, die Funken fliegen. Ich sehe zu, wie aus eisernen Ringen eine Kette geschmiedet, mit bunten Glasscherben behängt wird. Liebevoll legt mein Großvater mir, seiner Lisbethgen, die Kette um den dünnen Kinderhals. Sie ist schwer, bei jeder Bewegung ritzt sie die Haut. Auf meiner Brust leuchtet sie dennoch verführerisch, wie ein kostbares Geschmeide aus purem Gold, und der Glasschmuck funkelt, als wäre er aus Edelsteinen. „Du meine kleine Königin!", ruft mein Großvater triumphierend und schwingt mich durch die Luft. Ich kneife die Augen, so lange es geht, fest zusammen, denn wenn sie sich öffnen und ich zu ihm aufschaue, sehe ich in ein fuchsäugiges Raubtiergesicht.

Elisabeth Christine starb am 21.12.1750 in der Hofburg.

Die mit der Reichskrone bekrönte Schädelskulptur auf dem Sarkophag von Kaiser Karl VI. in der Wiener Kaiser- oder Kapuzinergruft

Intro: Kapuzinergruft, Wien

Es ist heiß in Wien. Ein Tag, wie geschaffen, aus dem gleißenden Sonnenlicht in die Kühle und das gedämpfte Neonlicht unter der Kapuzinerkirche am Neuen Markt hinabzusteigen. Wie schon lange geplant, will ich nicht nur dem Kaiserpaar Maria Theresia und Franz Stephan, sondern dieses Mal auch ihrer sechzehnköpfigen Kinderschar in ihren Todesgemächern einen Besuch abstatten. Ich habe mich ausgerüstet mit einem Gruftführer und einer Namensliste der fünf Jungen und elf Mädchen aus dem Hause Habsburg-Lothringen:
Maria Elisabeth 1737–1740 | Maria Anna 1738–1789 | Maria Karoline 1740–1741 | Josef 1741–1790, der spätere Kaiser Joseph II. | Maria Christine 1742–1798, von der Kaiserin „Mimi", von den Geschwistern „die Marie" genannt. Herzogin von Sachsen-Teschen | Elisabeth 1743–1808 | Karl 1745–1761 | Maria Amalie 1746–1804, Herzogin von Parma | Leopold 1747–1792 | Karoline *und †1748 | Johanna Gabriele 1750–1762 | Maria Josepha 1751–1767 | Maria Carolina 1752–1814, Königin von Neapel-Sizilien | Ferdinand 1754–1806 | Maria Antonia 1755–1793, besser bekannt als Marie Antoinette, Königin von Frankreich | Maximilian 1756–1801

Durch die Leopoldsgruft gelange ich zunächst in die Karlsgruft. Gleich drei Kaiser des Heiligen Römischen Reiches Deutscher Nation gewähren mir hier Audienz: Leopold I., Josef I., Karl VI. Nicht in der Lage, einen überlebensfähigen Erben zu zeugen, haben Josef und Karl den Untergang der Habsburger Dynastie besiegelt.

Ihrem Gemahl gegenüber erhebt sich der Sarkophag der Kaiserin Elisabeth Christine auf einem Marmorsockel. Ich bleibe eine Weile stehen vor der mächtigen Zinntruhe. Auf dem Deckel hält ein Engel das Bildnis der Kaiserin in die Höhe. Zahlreiche Ornamente und Vergänglichkeitssymbole wie Kreuze, Totenschädel, ein Relief, das an ihre Reise nach Spanien erinnert, schmücken diese letzte Ruhestätte der Wolfenbüttelerin.

Im nächsten Grabraum, den Maria Theresia 1753 anlegen ließ und der ihren Namen trägt, regiert bereits die neue Familie Habsburg-Lothringen, die Maria Theresia und Franz Stephan mit ihrer Heirat 1736 gründeten und 1740 zur Herrschaft gelangte.

Ein monumentaler Doppelsarkophag – Maria Theresia und Franz Stephan darauf in Lebensgröße liegend, die Köpfe einander zugeneigt – ist der raumgreifende Mittelpunkt der Gruft. Ein unterirdisches Märchenland. Das Zinn glitzert wie Gold.

Maria Theresia hat das „Mausoleum" 1754, also 26 Jahre vor ihrem eigenen und elf Jahre vor Franz Stephans Tod bei Balthasar Ferdinand Moll in Auftrag gegeben. Auch ihre Totenkleider, die Schuhe, der Holzsarg, später in den Sarkophag gebettet, waren viele Jahre im Voraus fertig. Franz „bezog" das Ehebett 15 Jahre vor seiner Frau. Sie besuchte ihn regelmäßig. Ein eigener Aufzug war für sie, die immer dicker wurde, installiert.

In achtungsvoller Entfernung, in einem Halbkreis um das pompöse Kaisergrabmal, sind in mehreren Nischen kleinere Sarkophage aufgestellt. Darin liegen diejenigen ihrer Kinder, Schwiegerkinder und Enkel, die zu Maria Theresias Lebzeiten gestorben sind.

Einzige Ausnahme bildet Josef, der älteste Sohn und Nachfolger. Obwohl er zehn Jahre nach seiner Mutter starb, befindet sich sein Sarg in dieser Gruft, wohl um seiner lange vor ihm hier bestatteten, über alles geliebten, ausnehmend schönen Frau Isabella von Parma und den beiden Kindern auch nach dem Tod nah zu sein.

Josef, 25 Jahre amtierender Kaiser, muss sich auch im Tod noch unterordnen: Er liegt zu Füßen seiner Kaiserin-Mutter. Als letzte Ruhestätte hat Josef einen schlichten Kupfersarg gewählt. Ausdruck einer Zeitenwende? Ja, vielleicht. Für mich ist in dieser wortlosen Demonstration noch etwas anderes sichtbar, was mich viel stärker berührt: die Rebellion des Sohnes gegen die Mutter – bis in die Gruft hinein.

Mithilfe des Führers mache ich die „Insassen" der anderen Särge ausfindig: sechs kaiserliche Kinder, fünf Mädchen, ein Junge; Josefs zweite Frau, die ihm aufgezwungene Josepha von Bayern; und die Tochter von Maria Christine und Albert von Sachsen-Teschen.

In einer Nische, etwas entfernt von der Kaiserfamilie, der sie nicht angehörte, ruht auf ausdrücklichen Wunsch Maria Theresias die „Fuchsin".

Ich suche nach den anderen Kindern des Kaiserpaares. In der Toskanagruft finde ich: Ferdinand (mit Frau), Carolina, Leopold, Christine (mit ihrem Mann Albert). Und in der sogenannten Neuen Gruft entdecke ich schließlich den Jüngsten: Maximilian.

Eine Weile noch bleibe ich in diesem hochadeligen Geisterreich, spüre dem Totsein nach. Für die Habsburger bedeutete es, obduziert, mit Wachs ausgefüllt und einbalsamiert zu werden. Ihre Eingeweide befinden sich in der Herzogsgruft der Stephanskirche, ihre Herzen in der Loretokapelle der Augustinerkirche.

Vier von den 16 Kindern, so stelle ich bei einem erneuten Rundgang fest, sind nicht in der Kapuzinergruft beigesetzt. Später werde ich recherchieren, wo sie ihre letzte Ruhe gefunden haben: Marianna in der Elisabethinen Klosterkirche in Klagenfurt, Maria Elisabeth in der Jesuitenkirche in Linz, Maria Amalia im Prager St.-Veits-Dom, Maria Antonia, 1789 unter der Guillotine geköpft, in der Kathedrale St. Denis bei Paris.

Welche Schicksalsmacht war hier am Werk? In der Totengemeinschaft mit der Mutter fehlen keine Söhne, nur Töchter, und zwar die vier, die Maria Theresia vorwiegend Sorgen und Schwierigkeiten gemacht haben.

Irgendwann drängt es mich doch nach draußen. Noch auf dem Heimweg klebt das Bild Maria Theresias großformatig vor meinen Augen. 16 Kinder in rund 20 Jahren bei voller Berufstätigkeit! Beeindruckend. Bevor ich jedoch einstimme in den Chor ihrer Bewunderer, möchte ich genauer untersuchen, was unter der warmherzigen Mütterlichkeit zu verstehen ist, die Maria Theresia immer wieder als den Charakterzug herausstellt, der sie ausmacht und sie sowohl bei der Amtsführung gegenüber ihren Untertanen wie der Erziehung ihrer Kinder beseelt. In ihren Briefen klingt sie ganz anders als zärtlich und liebevoll. Sie geizt mit Lob, kritisiert Jungen und Mädchen umfänglich, offen und rigoros.

Ich erinnere mich an eine Bemerkung Isabellas von Parma, der Schwiegertochter der Kaiserin. Ihrer Einschätzung kommt deshalb eine besondere Bedeutung zu, weil sie über die Maßen klug war, einen hellsichtigen Blick auf die Menschen besaß und als Fremde Maria Theresia unabhängiger betrachten konnte. Sie behauptete, dass die Liebe der Kaiserin vom einen auf den anderen Moment in Misstrauen und Kälte umschlug.

Wie haben insbesondere die Töchter die verletzenden Stimmungsschwankungen ihrer Mutter erlebt? Von den beiden kleinsten finde ich in den Quellen Äußerungen aus ihren erwachsenen Jahren. „Es gibt nichts", erklärt Marie Antoinette, was ich nicht tun würde, um meiner Mutter meine Liebe zu beweisen. Ich liebe die Kaiserin, aber ich fürchte sie sogar aus der Ferne. Selbst wenn ich ihr schreibe, fühle ich mich ihr gegenüber nicht ungezwungen."[24] Und Carolina spricht für die Geschwister, wenn sie sagt, dass alle Kinder ihre Mutter hoch verehrten, diese denen aber große Angst machte.

Von Marianna, der Ältesten, der auf dem Heiratsmarkt Unverkäuflichen, die 42 Jahre mit der Mutter zusammen gelebt hat, gibt es solche kritischen Worte nicht. Sie bezeichnet Maria Theresia bei deren Tod als die beste aller Mütter. Und Maria Theresia ihrerseits bekennt, sie hätte Marianna von ihren Kindern am meisten geliebt. Beide sprechen übereinander in Superlativen, die im Gegensatz stehen zu allen anderen Wahrscheinlichkeiten und Zeugnissen, wie beispielsweise dem Geheimdokument des Bruders Leopold aus dem Jahr 1778: „Wie die Kaiserin ist sie (Marianna) immer ernst, betrübt und melancholisch und fast immer krank. Sie hat viel Talent und Ehrgeiz, etwas zu gelten und sieht sich völlig verachtet und beschimpft bei allen Gelegenheiten, sowohl von der Kaiserin wie vom Kaiser (Josef), die ihr niemals ins Gesicht sehen und ihr die ärgsten Kränkungen zufügen und ebenfalls von der Maria."[25]

Ende Juni 1757
Marianna in Schloss und Park Hetzendorf.

Krankheit

Ich liebe Schloss Hetzendorf seit meinen Kindertagen. Und ich liebte meine Großmutter.

Nach meiner überstandenen Krankheit finde ich in der wunderschönen ländlichen Umgebung die nötige Ruhe und gute Luft. Seit dem Tod meiner *mamie* vor gut sechs Jahren steht das Gebäude meist leer, nur gelegentlich wird es für Feiern und von Familienmitgliedern als Erholungsort genutzt. So haben sich die Räumlichkeiten der Großmutter ziemlich unberührt erhalten.

Umgeben von meinem eigenen Hofstaat residiere ich hier wie eine kleine Königin. Mit meinen 18 Jahren ist es das erste Mal in meinem Leben, dass ich so allein auf mich gestellt und ohne festen Stundenplan bin. Das gefällt mir sehr. Es sind herrliche Tage. Ich spaziere durch Garten, Park, Wald, lese viel, empfange Freunde und Familie, die oft von Schönbrunn herüberkommt.

Wenn nur nicht schon wieder Krieg wäre! Er hat sich durch meine ganze Kindheit gezogen. Als ich drei Jahre alt war, ist der feindliche Angriff wunderbarerweise kurz vor Wien zum Stocken gekommen. Ich habe den Krieg also nicht hautnah erlebt, und doch wusste ich schon als kleines Mädchen, woher er kam und wie er hieß. Es war das Monster Friedrich aus Preußen, das da mordend und raubend heranstürmte. Wenn meine Mutter seinen Namen nannte, schrillte ihre Stimme, und ihr schönes, gerade noch strahlendes Gesicht verfinsterte sich.

Nach längerer Abwesenheit hat sich das Monster vor einem Jahr zurückgemeldet. Hoffentlich wird es nicht wieder eine jahrelange Auseinandersetzung. Ich mag die Kaiserin nicht in ihrer Rolle als Oberster Feldherr – wenn sie kommandiert, Schlachtpläne entwirft, Strategien festlegt, in die Kämpfe vor Ort einzugreifen versucht. Ach, wäre ich doch ein Mann, klagt sie und ist unausstehlich. Läuft herum mit ihrem Preußen-Friedrich-Kriegsgesicht oder, schlimmer noch, flüchtet sich in ihre Schlesien-Jammerpose.

Schon als ich das Wort „Krieg" mit zwei Jahren lernte, habe ich herausgefunden, dass es ständig die Tonarten ändert. Im Moment hat es einen fröhlichen Klang. Es tanzt durch die Stadt. Der Sieg bei Colin über die Preußen wird begeistert gefeiert. Aber noch ist nichts endgültig entschieden.

Hetzendorf ist der Ort, an dem ich mich am besten an die Großmutter erinnere. Als ich geboren wurde, war sie schon fast 50 Jahre alt und litt an dieser äußerst schmerzhaften, lebensgefährlichen Krankheit, der Wundrose; auch Atembeschwerden machten ihr zu schaffen. Einst eine bewunderte Schönheit, war sie sehr dick und hielt sich ohne Rollstuhl nur unsicher auf den geschwollenen Füßen. Das Gesicht überzog meist eine krankhafte Rötung, aber Arme und Hände waren makellos, das Haar wirkte noch blond. Und wenn sie lächelte, bezauberte sie die Menschen um sich herum – dann sprühten die blauen Augen jugendliches Feuer.

Geriet sie aber mit ihrer Tochter in Streit, standen die beiden sich wie Amazonen gegenüber, vor Zorn blitzend und funkelnd. Keine dazu bereit, auch nur einen Fußbreit zu weichen. Seit die Großmutter gestorben ist, schweigt die Kaiserin sie völlig tot.

Ich habe meine *mamie* nie vergessen. Mit einer gewissen Scheu betrete ich das chinesische Zimmer. Zum Zeitpunkt der Besuche bei der Großmutter, der ich so viele Stunden andächtig lauschte, bin ich zwischen zehn und zwölf Jahre alt gewesen. Hier, in ihrem Schlafgemach, weht mich ein vertrauter Hauch von Lavendel, Heilkräutern und Schokolade an. Eine Mischung aus Gerüchen, die intensiver und unverfälschter als alle anderen Erinnerungen die Vergangenheit in mir auftauchen lässt. Mit einem Mal bin ich der Großmutter so nah, dass ich sie zu mir sprechen höre. Ihre Erzählungen waren für mich spannend und zugleich lehrreiche Geschichtsstunden. Über ihre Heimat in Norddeutschland, die Konversion, die sie bis in den Tod hinein gequält hat, die Reisen nach Wien und Spanien und ihren späteren Aufenthalt als Witwe hier. Ich sitze ganz still, um sie nicht zu vertreiben: die Worte der Großmutter, die so unverstellt aus der Vergangenheit nach Hetzendorf, in dieses chinesische Zimmer, zurückgekehrt sind!

Ich rechne zurück. Ihre Reise nach Spanien ist, glaube ich, 50 Jahre her. Ich selbst habe ja bisher nur wenige größere Reisen gemacht, und sicher war keine denen der Großmutter vergleichbar. Wie viel zeitaufwendiger und beschwerlicher war das Reisen vor 50 Jahren! Ich würde den Bericht darüber gerne noch einmal lesen. Aber ich weiß nicht, wo er hingekommen ist.

Auf der Suche danach habe ich vor einigen Tagen in einem Fach des großmütterlichen Sekretärs die Tagebücher meines Großvaters gefunden. Ein ganzer Stapel Hefte, 18 Stück, dicht und unleserlich beschrieben. Auf den ersten Blick wusste ich nicht viel damit anzufangen und habe sie erst einmal weggelegt. Später, als ich die übereinander liegenden Hefte eines nach dem anderen noch einmal in die Hand nahm, fiel mir aus ihrem Inneren eine Vielzahl von losen Blättern entgegen. Zu meinem großen Erstaunen sind die meisten von der Hand meiner Großmutter beschrieben, Adressat ist ganz offensichtlich ihr Mann. Ich sammelte die Zettel von meinem Schoß, in dem sie in wildem Durcheinander gelandet waren, ein und legte sie von den Tagebüchern getrennt in eine Schublade des Sekretärs. Noch bin ich nicht dazu gekommen, diesen Nachlass zu ordnen und zu lesen.

Ich habe Sehnsucht nach der Großmutter. Wie gern würde ich mit ihr sprechen, gerade jetzt, wo mich trotz der schönen Zeit hier Gedanken quälen, die ich vergeblich zu verdrängen suche. Von der Lungenentzündung, wie die Ärzte meine Krankheit nennen, bin ich zwar genesen, doch mit meinem Körper stimmt etwas nicht, das spüre ich. Mir ist, als hätten sich innere Organe so verklemmt, dass es mir manchmal schwer fällt, mich gerade zu halten. In mir wächst die Angst vor dem, was da möglicherweise auf mich zukommt.

Vielleicht mache ich mir ganz unnötig Sorgen. Eigentlich könnte ich doch unbeschwert glücklich sein. Frei und ungebunden befinde ich mich mitten im Treiben an einem der lustigsten Höfe der Zeit. Ausgestattet mit einem unbändig-widerspenstigen Geist bin ich feurig und leidenschaftlich von Geburt an, mit dem Hang, jeden Spaß, aber auch jede Gemeinheit auf die Spitze zu treiben. Divertissements am laufenden Band wünsche ich mir. Ich denke dabei nicht an Liebe. Vergnügen will ich. Glaube ich doch von klein auf nicht daran, jemandem gefallen zu können. Meine Schwester Liesl, ja, die ist schön, kokett und begehrt! Mich dagegen verunstaltet meine ständige Kränklichkeit zusätzlich.

Misslaunig und gehässig sei ich oftmals, werfen mir viele vor. Dass ich mich immer vordränge, kritisieren meine werten Geschwister. Blühende Wesen von strotzender Gesundheit, 16-, 15-, 14-jährig. Sie sollten lieber den Mund halten, statt über mich so vorlaut den Stab zu brechen: dieser eingebildete, boshafte Josef und die lästigen beiden Schwestern, die Marie und Liesl, die sich so sicher sind, dass ihre Zukunft nur in den Armen eines Traumprinzen liegen kann.

Obwohl allesamt Nachgeborene, werden sie mir, der Erstgeborenen, jedoch von klein auf gesundheitlich weniger Robusten, vorgezogen, seitdem sie auf der Welt sind. Pepi und die Marie als der Kaiserin erklärte Lieblinge, sowie Liesl, die das nicht gerade von sich sagen kann, aber ihre Schönheit einzusetzen weiß, um sich bewundernde Beachtung am Hof zu holen.

In meinen ersten Lebensjahren fühlte ich mich rundherum wohl, war auch gerne ein Mädchen, lag die Zukunft doch verlockend vor mir. Natürlich würde ich so sein wie *maman*: schön, anmutig, liebenswürdig, umschwärmt. Ganz selbstverständlich nahm ich an, dass ich ihr, wenn ich groß wäre, auf dem Thron nachfolgen und Königin sein würde. Eine Königin wie sie, für die nicht zutraf, was ich in den Religionsstunden gelernt hatte, nämlich dass die Frau dem Mann untertan zu sein hat. Ganz im Gegenteil. Wohin ich blickte, in die Familie oder auf die Hofgesellschaft, überall taten die Männer, was *maman* wollte. Auch Papa.

Zunächst habe ich mich über Josefs Geburt gefreut. Die ältere und die jüngere Schwester waren ja beide gestorben, und so hatte ich endlich wieder einen Spielkameraden. Mein Spaß an dem Neuankömmling dauerte jedoch nur so lange, bis ich täglich mit ansehen musste, wie er von *maman* als ihr Herzblatt vergöttert wurde. Über jede kleinste Regung, jeden Pickel mussten Amme, Aya, Kammerfrauen der Herrscherin persönlich Meldung machen.

Obwohl ich ihm in vielem überlegen war, im Lernen, Rezitieren, Theaterspielen, hingen die Augen *mamans* vornehmlich an ihm. Gegen meine kindlichen Aufsässigkeiten war sie streng und unerbittlich, ihrem Prinzensohn ließ sie hingegen viele Unarten durchgehen. Wäre ich als Junge auf die Welt gekommen, fragte ich mich, würde *maman* mich dann auch so lieben wie ihn?

Von seinem Hofstaat zusätzlich verhätschelt, entwickelte Josef von früh an eine Überheblichkeit und Spottlust, die mich und auch die anderen Geschwister so manches Mal zu wehrhaften Gemeinheiten gegen ihn herausforderten. Die Streitigkeiten beruhten allerdings auf Gegenseitigkeit, denn willensstark waren wir beide. Jeder wollte der erste, der beste sein. Schon als Knirps hat Josef triumphiert, er sei ein Königskind und ich, weil eben früher geboren, nur das Kind einer Erzherzogin. Schadenfroh habe ich angehört, wie die Jüngeren ihn dann später damit gehänselt haben, dass sie Kaiserkinder seien und er nur ein Königskind.

Mit den Jahren wurde ich immer eifersüchtiger auf Josefs Ausnahmestellung. Als besonders große Ungerechtigkeit habe ich empfunden, als ich für den kleinen Bruder eines Tages meine Gemächer in Schönbrunn räumen musste – die Kaiserin hatte dem Thronfolger ab sofort die schönsten bestimmt.

Da ich immer wieder die bittere Erfahrung machte, dass ein Junge und speziell mein Bruder Josef etwas Besonderes war, ungleich wichtiger als ich, begann ich darauf hin zu arbeiten, so wenig Mädchen zu sein wie möglich. Zumal auch *maman* oft behauptete, sie sei lieber ein Mann.

Es dauerte, bis ich die bitteren Tatsachen begriff. Was ich als für mich vorherbestimmt und zum Greifen nah vor mir sah, wurde mir durch eine Erbfolgeordnung verwehrt. Ich könnte niemals den gleichen Weg gehen wie *maman*. Obwohl doch ich die Erstgeborene und Klügste war, würden mich Josef und jeder weitere Bruder auf immer von der Nachfolge verdrängen.

Dass ich kein Junge war, war die eine Seite meiner Lebensmedaille, dass ich aber wie einer aussah, die andere. Und die zerstörte dann auch noch meine Mädchenträume. Ich entwickelte mich überhaupt nicht zu dem, was man von einer Prinzessin erwartete. *Mamans* Stellung wird mir also verwehrt bleiben, zudem werde ich ihr in dem, was ich an äußeren Reizen und weiblichen Tugenden zu bieten habe, niemals entsprechen.

Ich bin nicht schön. Darüber hinaus ein Heißsporn, bei allem Unfug die Anführerin.

„Du, eine Königin!", machten sich die Geschwister über mich lustig. „Schau dich doch mal an! Du bist *maman* kein bisschen ähnlich!" Das stimmt so aber nicht: Was Durchsetzungsvermögen und Leidenschaftlichkeit angeht, komme ich ihr durchaus gleich. Von ihrer Schönheit und Strahlkraft, das ist leider richtig, war ich immer himmelweit entfernt. *Maman* stellt alle in den Schatten. Ich bewundere und liebe sie grenzenlos.

Meine früheste Erinnerung an ihre Herrlichkeit stammt von ihrer Krönung zum König von Ungarn. Papa und ich, noch keine drei Jahre alt, waren zur offiziellen Zeremonie in der Kathedrale nicht zugelassen. Als Zaungäste standen wir draußen auf einer hohen Plattform und spähten durch ein Fenster ins Innere der Kirche. Ein Bild, das sich mir tief eingeprägt hat: *Maman* unter einem Baldachin, die Krone auf dem Kopf, im ungarischen Ornat, mit Gold bestickt, übersät mit Perlen und Edelsteinen. Sie erschien mir wie eine Göttin, überirdisch schön. „*Maman, maman!*", habe ich beglückt gerufen und beide Arme nach ihr ausgestreckt.

Wenn ich krank bin und *maman* an meinem Bett sitzt, ist sie mir so nah, dass ich keine Angst habe. Als ich zuletzt todkrank daniederlag, wünschte ich mir sogar, in diesen Momenten zu sterben.

Stets suche ich, ihren zärtlichen Blick auf mich zu ziehen, mir ihre Anerkennung zu holen. Aber seitdem Pepi und die Marie da sind, übersieht die Kaiserin ihre Älteste meist, im Vorbeigehen streift sie sie vielleicht schnell einmal mit einem gleichgültigen Blick oder –

und das sehr viel öfter – betrachtet sie unwillig oder tadelt sie gar. Für andere hat sie oft so ein warmes Lächeln, für Papa natürlich und ihre Mimi, aber auch für die Gräfin Fuchs und Papas Bruder Karl.

Wie gut, dass es Papa gibt. Er ist mein Ein und Alles. Unter seiner Anleitung habe ich mir schließlich vorwiegend männliche Interessen gesucht. Was mir natürlich sofort wieder den Spott der Geschwister und schiefe Blicke wie auch missbilligende Bemerkungen von *maman* eingebracht hat. Und jetzt, wo ich mir trotz aller Widerstände eine anerkannte Stellung am Hof erobert habe, da drückt mich eine neue Krankheit nieder.

6. Oktober 1761.
Marianna sitzt an ihrem Sekretär, sinnt vor sich hin und schreibt.

Va banque, va tout!

Mein Geburtstag ist mir auf immer verleidet. So sehr, dass mich der Kummer sogar schon zu nachtschlafender Zeit aus dem Bett treibt.

Vor der Ankunft der von allen Seiten angehimmelten Prinzessin war der 6. Oktober für mich ein besonderer Tag. Ich musste ihn mit niemand teilen. Mich ganz allein hat man durch eine Gala geehrt und gefeiert. Solche Aufmerksamkeit ist in dieser großen Familie selten, sie wird einem sonst nur noch bei Heirat und Tod zugestanden.

Deshalb hat es mich sehr erbittert, dass man die Hochzeit meines Bruders Josef im letzten Jahr genau auf dieses Datum gelegt und mich damit um mein angestammtes Recht gebracht hat, an meinem Geburtstag der allgemeine Mittelpunkt zu sein. Die Heirat des Kronprinzen, an die sich noch zwei weitere Hauptgalatage anschlossen, wurde mit prächtigen öffentlichen Auftritten und Vergnügungen, an denen die Bevölkerung begeistert teilnahm, gefeiert. Von einem allseitigen Freudenfest sprach man. In bunten Scharen stellten sich die Zuschauer ein, um an dem Schauspiel teilzunehmen. Sie hatten nur Augen für Isabella, die Braut aus Parma.

Heute am Jahrestag wiederholt sich das Spektakel, in kleinerem Ausmaß zwar, aber immerhin mit einem feierlichen *Te Deum* im Stephansdom. Und wieder stehen die Leute stundenlang Spalier, um einen Blick auf ihre Märchenprinzessin zu erhaschen.

Wie im letzten Jahr hat mir Isabella schriftlich zum Geburtstag gratuliert. Von nun an könnten wir diesen 6. Oktober als Festtag gemeinsam begehen, was – so ähnlich hat sie mir vor einem Jahr geschrieben – die Freude nicht schmälere, sondern verdopple. Meine nicht, salbungsvolle Schwägerin! Die ist mir im Gegenteil ganz und gar genommen.

Isabella soll mich einfach in Ruhe lassen, mir aus dem Weg gehen. Aber das sind unerfüllbare Wünsche. Bei den ständigen Zeremonien, Familienfesten und sonstigen gemeinsamen Veranstaltungen in der Burg wie auch in den anderen Residenzen kann man ein Zusammentreffen nicht vermeiden.

Umso weniger, als die Kaiserin verfügt hat, dass wir in der selben Kutsche reisen. Da sitzen wir dann oft über Stunden nebeneinander. Es ist unerträglich. Isabella, um Konversation bemüht und freundlich, ich, bis an die Grenzen der Höflichkeit sprachlos, schaue abweisend vor mich hin oder aus dem Fenster. Das Geplauder unserer Oberhofmeisterinnen auf den Rücksitzen überspielt die Anspannung nur unzulänglich.

Wenn wir dann aussteigen, richten sich alle Blicke, als würden sie magnetisch angezogen, auf die mir voranschreitende Infantin, während ich gerade einmal soviel Beachtung bekomme, wie sie auch einer Bediensteten in ihrem Schlepptau dann und wann zufällt.

Bevor diese fremde Prinzessin in meine Familie eingeheiratet hat, war ich zeit meines Lebens in der Geschwisterschar die weibliche Hauptperson und folgte von den Frauen als erste unmittelbar der Kaiserin. Nun ist mir Isabella als Josefs Gemahlin rangmäßig vorgeordnet. Ich kann schon diese Herabsetzung kaum aushalten, hinter der Jüngeren stehen zu müssen, die überall schwärmerisches Aufsehen erregt. Und ich mag gar nicht daran denken, dass ich mich demnächst auch noch hinter deren Sprössling – die Niederkunft der Infantin wird für den kommenden März erwartet – einreihen und Haltung bewahren muss, selbst wenn es nur ein Mädchen werden sollte.

Obwohl ich mich den Lobeshymnen über sie verschließe und nicht wahrhaben will, was ich sehe, so muss ich mir doch insgeheim eingestehen: Isabella hat alle Vorzüge, die mir fehlen: Sie ist schön, unbestreitbar, sie ist leutselig und liebenswürdig, zumindest vermittelt sie diesen Eindruck, und sie bewegt sich im Vergleich zu uns österreichischen Erzherzoginnen so leichtfüßig, als schwebte sie.

Wenn ich mit ihr zusammen bin, ist mir, als träten in ihrem strahlenden Licht meine körperlichen Unvollkommenheiten, um die ich sehr wohl weiß, noch stärker hervor. Das männlich kantige Gesicht, der strenge, hochmütige Ausdruck, den ich mir schon in Kindertagen zugelegt habe, und dazu der Körper, der, nachdem ich meine schwere Krankheit vor viereinhalb Jahren glaubte gut überstanden zu haben, plötzlich anfing, mir neue Beschwerden zu machen. Welch bestürzende Entdeckung! Weggeschoben zunächst – und dann wurde es zur schrecklichen Gewissheit: Zwischen meinen Schultern krümmt sich der Rücken und wölbt sich seit einiger Zeit fühlbar vor. Infolge der Lungenentzündung, behaupten die Ärzte, hätten sich innere Verwachsungen gebildet, die nach außen drücken.

Niemand weiß, wie schlecht es mir zuweilen geht. Ich habe überall Schmerzen, kann nicht schlafen, schwitze, huste, atme schwer aus der verengten Brust. Unter oft großer Anstrengung versuche ich gegen meine Schwächen und Behinderungen anzugehen, mich mit besonderen Leistungen auszuzeichnen, denn der Zeitpunkt ist vielleicht nicht mehr weit, wo ich für immer nur noch am Spieltisch auftrumpfen kann. Oder schlimmer noch, Tag und Nacht im Bett liegen muss. Mit dem einzigen Vergnügen, Romane zu lesen.

Also, so lange es noch geht, will ich nach Herzenslust reiten, jagen, tanzen. Die anderen ausstechen. Und sei's drum, auch dann und wann übers Ziel hinausschießen, wie es meine Art ist.

Die Last, die mir auf dem Rücken liegt, kann ich nicht abwerfen. Statt mich offen damit zu zeigen, sehe ich darauf, den Makel unter Schals und Pelerinen sorgsam zu verbergen. Umso mehr, als vor einigen Monaten ein Mann in mein Leben getreten ist. Dass mir das passieren würde, hatte ich nicht mehr für möglich gehalten. Ich wage kaum, mich in die zärtlichen Empfindungen, die A. in mir auslöst, fallen zu lassen und schon gar nicht mit Gedanken daran zu rühren, was aus dieser Liebe in der Zukunft werden wird. Es gibt zu viele Hindernisse. An eine Erfüllung unserer Liebe ist nicht zu denken. Die Kaiserin würde mir eine Eheschließung mit ihm nie erlauben. Und so hoffe ich ganz wild und unvernünftig auf die Hilfe meines Vaters.

Jetzt beherrscht mich noch mehr die Angst, über kurz oder lang schief und steif zu werden, wie ich das bei anderen schon gesehen habe. Zwar versuche ich die Krankheit als von Gott geschickt anzunehmen, die demütige Unterwerfung unter seinen Willen fällt mir dennoch ziemlich schwer. Eitel und selbstquälerisch beobachte ich mich, begehre gegen mein Schicksal auf.

Ich setze alles daran, mein schönes Geheimnis vorerst einmal für mich zu bewahren, um mich daran still und traumselig zu freuen, bevor sich die Neugier des Hofes darüber hermacht und es genüsslich ausweidet. Die Vorstellung von dem Geklatsche, Gelästere, den Intrigen, an denen ich mich, wenn es gegen andere ging, oft genug selbst beteiligt habe, bereitet mir Angst.

Meinen körperlichen Zustand will ich aber auch deshalb möglichst verbergen, um keine mitleidigen Blicke auf mich zu ziehen, die meiner ungeliebten Schwägerin schon gar nicht. Sie machen mich noch kleiner, hässlicher. Und wütend.

Ich will dieser Josefsbraut, die vor einem Jahr Einzug in unsere Familie gehalten hat, gar nichts, aber auch gar nichts zu verdanken haben. Vor allem keine Rücksichtnahme. Auf Samtpfoten ist sie hier eingedrungen und hat sich eingenistet. Wie sie sich beim Tod meines Bruders Karls zu Beginn des Jahres aufgeführt hat! Mit derart übertriebener Betroffenheit, als wäre sie die nächste Anverwandte.

Wenn sie auch ein Herz nach dem anderen betört: meines nicht. Sie soll gefälligst aufhören, mir bei jeder Begegnung ihr überlegenes Kronprinzessinnen-Lächeln entgegenzubringen und Unfreundlichkeiten meinerseits schon im Vorhinein gütigst zu entschuldigen. Sie ist die drei Jahre Jüngere, die Fremde, der es anstände, erst einmal abzuwarten und sich nicht einzumischen, schon gar nicht in meine innersten Bedrängnisse. Ich empfinde ihr Verhalten als Anmaßung.

Gegenüber ihrer fast makellosen Schönheit habe ich einen Vorzug, den ich immer wieder gern lustvoll ausspiele. Einzig meine Hände sind den ihren überlegen. Fahre ich mit ihr zusammen in der Kutsche, setze ich im stummen Kampf zwischen uns wie absichtslos meine Hände ein. Strecke sie, als wolle ich sie genauer betrachten, vor mir aus, ziehe sie langsam zurück und lege sie dekorativ auf meinen Schoß. Es bereitet mir eine hämische Freude, wenn Isabella irgendwann ihre etwas dicklichen, rundlichen Hände, Bäuerinnenhände, an denen die Finger zu kurz geraten sind, verlegen zu verstecken sucht. Manchmal verliere ich mich in diesem Spiel, dann richten sich meine Hände vor mir auf, drehen sich, um sich von allen Seiten zur Geltung zu bringen: langstielig, schlankwüchsig, elegant und feingegliedert wie exotische Pflanzen. Für Momente vergesse ich alle meine Unzulänglichkeiten.

Ich lebe wie in einem Albtraum, seitdem sie in Wien ist und die Stadt, der Hof, meine ganze Familie, ihr zu Füßen liegen. Wenn es nur Isabellas äußere Schönheit wäre, damit könnte ich umgehen. Zumal sie nicht wie Liesl ständig mit ihrem Aussehen kokettiert. Aber die Infantin ist auch noch gescheit. Als über die Maßen gebildet, geistvoll, klug und urteilsfähig rühmen sie, sich gegenseitig überbietend, die einen. „Und wie sie Geige spielt!", säuseln und frohlocken die anderen mit verzücktem Augenaufschlag.

Die deutlich Jüngere hat mir nicht nur den gesellschaftlichen Rang abgelaufen, sie macht mir auch die Geisteshoheit streitig, die ich, wie ich meine, in der Habsburger Familie zu Recht beanspruche, selbst wenn Josef sie mir nur in Bezug auf die weiblichen Geschwister unangefochten einräumt. Ich will auch Isabella meine Überlegenheit spüren lassen. *Va banque, va tout,*[26] so hasardiere ich beim Pharao am liebsten. Wie die Kaiserin bin ich eine leidenschaftliche Spielerin, auf unbedingten Gewinn aus; und wie sie schlecht gelaunt bis rachsüchtig, wenn ich verliere. Für uns beide gilt immer die Bank. Paroli zu bieten, das treibt mich auch gegen Isabella an. Selbst um den Preis, dass ich es mir dabei mit allen anderen verscherze.

Der sonst so steife Josef ist in seiner Verliebtheit nicht mehr wieder zu erkennen. Gnädig und freundlich, nur zu mir nicht. Seitdem er meine Abneigung gegen Isabella spürt, nimmt seine Schroffheit mir gegenüber wieder zu. Wahrscheinlich liegt er der Kaiserin schon damit in den Ohren, mich, so schnell es geht, aus dem Haus zu schaffen. Am liebsten wäre es ihm wohl, mich mit einer Äbtissinnenstelle irgendwo abzufinden.

Nicht nur Josef, was man ja noch verstehen kann, vergöttert sie, auch mein kleiner Bruder Karl ist ganz verhext. Und die Marie brüstet sich damit, Isabellas intimste Freundin zu sein. Bei jeder Gelegenheit tuscheln die beiden, gurren wie Turteltauben und schreiben sich ständig Briefe. Sie verhalten sich so lächerlich auffällig, dass ich von Josef ein baldiges Machtwort erwarte.

Selbst die Kaiserin macht aus ihrer Zuneigung zu der so außerordentlich wohl geratenen Schwiegertochter kein Hehl. Bei ihrem Anblick leuchtet ihr Gesicht auf. Jetzt bekommt sogar die Marie manchmal zu spüren, dass der Blick *mamans* an ihr vorbei sich liebevoll auf die andere richtet. Sie muss sich anstrengen, sich nichts anmerken zu lassen und die Zurücksetzung wegzulächeln. Mir entgeht jedoch nicht, wie Enttäuschung und Eifersucht Maries Augen für Momente verdunkeln. Da ist ihr eine mächtige Konkurrenz entstanden. Nicht nur zur Vorzeigetochter, sondern – unglaublich! – auch zu ihrer Vertrauten scheint die Kaiserin die gerade einmal Zwanzigjährige auserwählt zu haben.

Seit August befindet sich der Hof in einer überspannten Aufregung. Isabella ist schwanger und damit nun auch noch zur Hoffnungsträgerin des Kaiserhauses avanciert. Alle träumen von einem männlichen Erben. Die

Kaiserin eingeschlossen. Nach außen schraubt sie zwar die Erwartungen nach dem ersehnten Jungen herunter, verdoppelt zugleich ihre mütterliche Zuwendung, obwohl sie von morgens bis abends voll in Anspruch genommen ist. Ihre Hauptsorge und -tätigkeit gilt nach wie vor dem Regieren und dem immer währenden Kriegführen.

Sobald die gefürchteten Depeschen über verlorene Schlachten eintreffen, wettert und klagt sie gegen den Preußenkönig, läuft im Sturmschritt durch die Räume und führt zum soundsovielten Mal aus, was sie alles tun würde und könnte, wenn sie ein Mann wäre. Die langen Kriegszeiten zerren deutlich an der Gemütsverfassung der Kaiserin. Ihr Gesicht wirkt oft hart und undurchdringlich. Niemand darf sie ansprechen. Dann wird sie aufbrausend und ungerecht. Jeder versucht ihr aus dem Weg zu gehen.

Isabella erhält als einzige trotzdem ein Lächeln. Keinen Moment vergisst die Kaiserin die Befindlichkeit ihrer Schwiegertochter. Alle erdenklichen Erleichterungen, alle Rücksichtnahmen lässt man auf ihren Befehl hin dem ach so empfindlichen Geschöpf angedeihen. Je bescheidener sich das Prinzesschen gibt, desto mehr wird sie mit Aufmerksamkeiten überhäuft. Das weiß Isabella genau und macht sich die allgemeine Fürsorge zunutze.

Am schlimmsten für mich aber ist, dass auch mein geliebter Papa, meine einzige Stütze, sich auf den ersten Blick von der Schönen aus Parma hat einfangen lassen. Neulich hat er sogar für sie und gegen mich Partei ergriffen und mich wegen meines unfreundlichen Verhaltens anschließend auch noch heftig ins Gebet genommen. Ich bin wütend und verzweifelt. Haben mich Josef und die Marie gleich mit ihrem ersten Lebensschrei aus der Gunst *mamans* verdrängt, so nimmt mir jetzt Isabella auch noch den Vater. Sollten sich meine Geschwister doch bei der Kaiserin lieb Kind machen, so habe ich mich oft getröstet, ich habe ja Papa. Auf ihn konnte ich mich verlassen. Er hat immer zu seiner Ältesten gehalten. Seit meiner schweren Krankheit geht er noch aufmerksamer mit mir um. Wenn ich ihn auf manchen Reisen begleiten darf, auf seine ungarischen Güter zum Beispiel, habe ich ihn zeitweise für mich allein, weil die Kaiserin nichts für das Jagen übrig hat und meist später oder auch gar nicht nachkommt.

Wäre da nicht die Auersperg, die den Kaiser seit einigen Jahren bei allen Gelegenheiten, am Spieltisch, bei Souper, bei Galas und Reisen begleitet und sogar gelegentlich im Kaiserhaus in der Wallnerstraße 3 wohnt.

Über diese offensichtliche Bevorzugung der jungen Fürstin – sie ist genauso alt wie ich – kursiert bereits so mancher öffentliche Spottvers, der auf die Kaiserin zielt. Die nimmt in ihrem Zorn zwar kein Blatt vor den Mund, kann jedoch gar nichts dagegen ausrichten. Die Auersperg ist – und dafür zeigt sich Papa jederzeit empfänglich – außerordentlich schön, so die einhellige Meinung des Hofes und der Grund für die Eifersucht der Kaiserin. Was sie in deren Augen aber weniger gefährlich macht, ist, dass sie nicht versucht, politischen Einfluss auszuüben. Sie wirkt liebenswürdig und sanft, und es ist nicht zu übersehen, wie Papa vor allem diese fügsame Freundlichkeit und Ruhe an ihrer Seite genießt, abseits des Temperaments der Kaiserin.

Auch mir ist Papas Verhältnis zur *belle princesse,* wie sie alle nennen, ein Dorn im Auge. Allerdings nicht so wie *maman.* Ich beobachte sie aus den Augenwinkeln heraus. In der Öffentlichkeit versucht die Kaiserin meistens gute Miene zum bösen Spiel zu machen, sobald sie sich ohne Zeugen glaubt, schleudert sie giftige Pfeile in die Richtung der Nebenbuhlerin. Wenn sich unsere Blicke kreuzen, wendet sie sich abrupt ab.

Meine schönsten Stunden verbringe ich, ein Stück von der Burg entfernt, bei Papa im sogenannten Kaiserhaus. Auf allen Etagen herrscht ein ständiges Kommen und Gehen von Leuten, die in der Burg nicht verkehren. Lothringer vor allem: Ingenieure, Gärtner, Künstler, Gelehrte, Wissenschaftler, Literaten und was Rang und Namen hat aus Politik, Wirtschaft und Finanzen.

Ich halte mich am liebsten in den Kabinetten auf, wo die großen Schätze lagern, die Papa aus der ganzen Welt hat zusammen tragen lassen. Dort treibe ich meine Studien. Wenn ich *maman* schon nicht auf den Thron folgen kann, so bin ich doch seit Jahren erfolgreich dabei, Papas Nachfolge anzutreten. Zweifellos habe ich sein naturwissenschaftliches Interesse geerbt. Auf der Stelle würde ich mit auf eine der Forschungsreisen gehen, die von Papa ständig veranlasst und ausgerichtet werden. Auf einer dieser Expeditionen hat vor einiger Zeit Nikolaus Jacquin, der in den kaiserlichen Gärten Pflanzen aus aller Welt zieht, sogar fünf Jahre in der Karibik zugebracht.

So, aber auch durch Erbe oder Kauf sind im Laufe der Jahre umfangreiche Sammlungen entstanden von Münzen, Naturalien, mathematisch-physikalischen Gegenständen wie diversen Instrumenten, Messwerkzeugen, Landkarten, Globen, optischen Geräten, mechanischen Spielwerken und vielem mehr. Um die Kostbarkeiten richtig lagern und ausstellen zu können, muss alles sorgfältig bestimmt, geordnet, geschätzt, präpariert werden. Bei diesen handwerklichen und wissenschaftlichen Arbeiten habe ich mir inzwischen sehr überzeugende Kenntnisse erworben. Papa schätzt meinen Sachverstand. Er sieht und lobt meine Fortschritte. In seiner Abwesenheit lässt er mich sogar gelegentlich den Wert von Objekten festlegen und gewisse Ankäufe tätigen.

Von der Kaiserin kommt verständnisloses Kopfschütteln, mit dem sie uns bedeutet, dass wir dem lieben Gott die Zeit stehlen, aber auch harte Kritik, vor allem an den alchimistischen Experimenten, die in den Untergeschossen der Wallnerstraße durchgeführt werden.

Wird mein Zusammensein mit Papa so bleiben? Wird mir Isabella den Platz an seiner Seite streitig machen? Auch sie hat in diesen Bereichen einschlägige Kenntnisse. Ich kann nichts gegen die Bedrohung tun. Muss ganz im Gegenteil auch noch mit Wohlverhalten reagieren, um nicht wieder den Unwillen Papas hervorzurufen. Und das, obwohl siedend heiße Ströme von Hass durch mich hindurch schießen, wenn ich mit ansehen muss, wie bewundernd und liebevoll Papa sie anblickt oder wie er mit dem Charme eines jungen Liebhabers um ein Lächeln von ihr wirbt.

Papa gehört mir. Keiner kennt ihn so gut wie ich. Am Hof bestimmt die Kaiserin, hier fügt er sich meist bereitwillig in seine Rolle. Aber in der Wallnerstraße regiert er, auf seine ganz besondere Weise. Obwohl er ein Riesenarbeitspensum absolviert als Kaiser, Mitregent und Großherzog von Toskana, ist er durchaus zum Scherzen aufgelegt und den vielen Besuchern – durch seine zahlreichen Reisen verfügt er über ausgedehnte Kontakte – ein aufmerksamer Gastgeber. In der Wallnerstraße hat er eine weltoffene Atmosphäre geschaffen, wie er sie von Lunéville kennt, dem Hof, an dem er aufgewachsen ist. Die Leute bewegen sich viel lockerer, nicht im strengen habsburgisch-spanischen Zeremoniell. In den Räumen des Kaiserhauses herrscht lothringische Sprache und Lebensart vor. Ich mag dieses Deutsch, in dem Papa mit seinen Landsleuten spricht, moselländisch nennt er das.

Er erzählt auch gerne von dem schönen Herzogtum und der einjährigen Reise, die er als 23-Jähriger durch Teile Europas unternommen hat, von seinen Besuchen in England, Hannover, Braunschweig-Wolfenbüttel, Preußen. Das war allerdings keine unbeschwerte Kavalierstour: Er hatte Lothringen verlassen müssen, um der Gefangennahme durch die Franzosen, die schon immer auf die Einverleibung des Herzogtums aus waren, zu entgehen. Wenn er davon spricht, wie er schließlich auf Druck der Franzosen sein angestammtes Herzogtum dem Schwiegervater Ludwigs XV. überlassen musste und mit der Toskana abgefunden wurde, ist nicht nur Trauer über den Verlust in seiner Stimme, sondern etwas, was ich sonst überhaupt nicht an ihm kenne: Bitterkeit bis Hass über die Demütigung durch die Bourbonen.

Wie schwer es ihm geworden sein muss, am Wiener Kaiserhof jahrelang auf die schon in seinen Jugendzeiten in Aussicht gestellte Heirat mit Maria Theresias warten zu müssen! Als sie schließlich vollzogen war, hatte er, der lebenserfahrene Mann, fast zehn Jahre älter als die österreichische Erzherzogin, sich ihrer Herrschaft unterzuordnen.

Wie sehr ich Papa verbunden bin, merke ich auch daran, dass ich mich zuweilen viel mehr als Lothringerin denn als Habsburgerin fühle. Und ein Stück als Welfin über die Großmutter. Wenn *maman* vom Kaiserhaus, von unserer Dynastie spricht, dann hört man immer nur den Namen „Habsburg"; „Lothringen" verschluckt sie fast unhörbar.

Herbst 1765.
Marianna in ihrem Appartement in der Hofburg.

Tod des Vaters

Ich bin außer mir.

Gott nahm mir meinen viel geliebten Vater, meine einzige Stütze, mein einziges Vergnügen. Dieser Tod schlägt mich zu Boden.

Wie alles an mir, ob im Guten oder Schlechten, zur Übertreibung neigt, so ist auch meine Trauer unermesslich.

In den endlosen traurigen und verzweifelten Stunden, Tagen, Wochen nach dem Tod meines Vaters habe ich keinen Menschen, der mir helfen könnte. Ich muss alles allein bearbeiten. Ist ein Tag vergangen, zählte ich ihn freudig als einen, der mich meiner endgültigen Erlösung durch den Tod näher brachte.

Hatte ich mich bis dahin ehrgeizig und ungezügelt den Vergnügungen des gesellschaftlichen Lebens zugewandt, so beginne ich jetzt in mich zu gehen, mich zu ergründen. Ich mache mir schwerste Vorhaltungen darüber, wie ich gelebt habe, und versuche meine üble Natur zu bändigen.

Die Umkehr, wie ich sie mir vorstelle, bedeutet auch – und das ist das Schwerste –, A. aus meinem Herzen zu verbannen. Dabei hilft mir, dass es mit dem Tod meines Vaters unmöglich geworden ist, in der Wallnerstraße bei unserer gemeinsamen Arbeit an den Sammlungen unauffällig zusammen zu treffen. Uns bleiben, wenn er denn überhaupt dazu geladen wird, nur noch die offiziellen Feiern und Veranstaltungen. Diesen jedoch suche ich mich, soweit irgend möglich, zu entziehen.

Franz Stephan
* 1708 in Nancy, † 1765 in Innsbruck
Mann von Maria Theresia
Vater von Marianna
Schwiegersohn von Elisabeth Christine

*Einige Monate nach dem Tod Franz Stephans.
Marianna in der Wiener Hofburg.*

Mittelpunkt der Familie

Uns Kindern fehlt der Vater. Und der Kaiserin der geliebte Mann.

Die kleineren Geschwister kehren leichter zu ihren Spielen und Späßen zurück. Aber ansonsten lebt unter dem gemeinsamen Dach der Burg jeder für sich. Daran ändert auch die Maßnahme nichts, die Josef gleich nach der Übernahme der Mitregentschaft traf. Nicht etwa aus Gründen der Geselligkeit, sondern um Kosten zu sparen, löste er unsere jeweiligen Hofhaltungen auf. Und so sitzen wir jetzt unter seinen Argusaugen kerzengerade aufgereiht an einer gemeinsamen Tafel.

Seit dem Tod des Kaisers wirkt die Burg auf mich wie verwaist. Die prachtvolle Fassade des Hofes verbirgt ein düsteres Familienleben. Die Kaiserin speist allein. Sie bleibt untröstlich und wird immer melancholischer und misstrauischer.

Obwohl ich sie allerzärtlichst liebe, kann gerade ich ihr nichts recht machen. Oft bin ich die Zielscheibe ihres schlechten Zustandes. Auch Liesl und Josef zeigen mir gegenüber hässliche Verhaltensweisen. Die machen mich zu meinen körperlichen Gebrechen noch zusätzlich krank. Ich fange an, auch kleinere Unpässlichkeiten zu nutzen, um mich unsichtbar zu machen.

Uns ist der sanfte, versöhnliche Vater, der liebenswerte Mittelpunkt der Familie, abhanden gekommen. Die

Erinnerungen an ihn schmerzen ungeheuer. Wehmütig denke ich zurück an das vertraute Durcheinander von Kindern, Spielzeug, herumhüpfenden und bellenden Hunden, mittendrin der Kaiser in Morgenhaube und Hausrock, mit seiner Frau Kaffee trinkend. All das gibt es nicht mehr. Es ist, als wären Wärme und Licht ausgegangen.

Die Risse, die sich schon früher durch die Familie gezogen haben, werden fühlbarer und sichtbarer. Die Gegensätze verschärfen sich. Vor allem die Vorzugsstellung, die Marie noch mehr als früher bei der Kaiserin genießt und mit der sie sich vor us allen brüstet, schafft zunehmend böses Blut.

Nach der Abreise Maria Antonias, 21. April 1770.
Marianna in der Hofburg.

Abschied von den Geschwistern

Dann leerte sich die Burg schlagartig innerhalb weniger Jahre. Die Geschwister, die ich alle hatte aufwachsen sehen – für manche, vor allem für Amalia, war ich wie eine Mutter gewesen –, wurden in die Welt verstreut, nach Neapel, Florenz, Parma, Mailand, Paris. Nur die eine, die Marie – von der Kaiserin zärtlich Mimi genannt –, die ich so weit wie möglich weg wünschte, blieb in der Nähe. Sie machte auch noch den Anfang der Hochzeiten.

So froh ich über Maries Auszug war, so sehr beklagte ich, dass die Kaiserin die 14-monatige Trauerzeit für den Kaiser nicht einhielt. Um ihrem Liebling Mimi entgegen zu kommen, fand die Trauung mit Albert, dem Mann, den sie seit langem liebte, schon im April 1766 statt.

Das Paar begab sich nach den Feierlichkeiten in Schlosshof zu seiner neuen Residenz nach Pressburg, wo sie als Statthalter tätig sein sollten. Die Kaiserin hatte sie mit mehreren Millionen und Ländereien bedacht und auch das Schloss bis ins Kleinste auf das Kostbarste ausgestattet. Kaum war die Marie weg, gingen ständig Briefe und Reisen zwischen Wien und Ungarn, dessen Hauptstadt Pressburg war, hin und her. Hatte ihre Mimi nach einem ihrer vielen Aufenthalte in Wien die Burg gerade verlassen, so jammerte die Kaiserin schon wieder, wie sehr sie sie vermisste. Die restlichen acht Kinder um sie herum bereiteten ihr keinen Trost. Sie sprach immer nur von der schweren Last, die auf ihr läge, von der Überforderung, all die Unmündigen versorgen zu müssen.

Die Meinungsverschiedenheiten zwischen der Kaiserin und Josef häuften sich. Es gab und gibt ständig Streit, zum Teil heftigen. Beide, Mutter und Sohn, sind äußerst halsstarrig und empfindlich. Josef begann Reisen zu unternehmen, immer weitere. Für ihn, den jungen, ungestümen Mitregenten, ist es in der Tat schwer bis unmöglich, seine neuen freiheitlichen Ideen über die Regierung durchzusetzen. Dagegen steht die zwar müde gewordene, aber in Staatsgeschäften und Kriegsdingen unerschütterlich erfahrene Kaiserin, die sich besonders gekränkt fühlt, dass Josef Friedrich den Großen so verherrlicht.

Nach dem frühen Tod seiner über alles geliebten Isabella war Josef besonders unausstehlich. Seine Spottlust und Herrschsucht nahmen bedenklich zu. Vor wenigen Wochen ist ihm auch noch seine kleine Tochter Marie Therese ganz unerwartet gestorben. Sie war sein Ein und Alles und hatte ihn ein wenig über den Verlust Isabellas hinweggetröstet. Ihr Tod hat ihm den Lebensmut endgültig genommen.

Seine neue Frau war ihm keine Hilfe. Ganz im Gegenteil. Auf das Drängen der Kaiserin hin hatte er Anfang 65 die Prinzessin Josefa von Bayern geheiratet. Die Arme war schrecklich hässlich. Josef ließ sie von Anfang an links liegen. „Ich glaube", sagte die Marie einmal, „wenn ich seine Frau wäre und so behandelt würde, ich wäre entflohen und hätte mich an einem Baum in Schönbrunn aufgehängt."

Was Krankheit und Tod angeht, war das Jahr 1767 am schlimmsten.

Zu Beginn des Jahres starb Maries erstes Kind kurz nach der Geburt. Dann brachen die schwarzen Blattern am Wiener Hof aus und befielen als erste Josefs Frau. Nach zehn Tagen war sie tot. Die Kaiserin hatte sich angesteckt. Sie lag so elend danieder, dass ihr die Sterbesakramente gespendet wurden. Wunderbarerweise erholte sie sich. Aber die Geißel des Hauses Habsburg, wie meine Mutter die Blattern oft nannte, fand neue Opfer. Nacheinander erkrankten Albert, Josefa und Liesl. Alle drei schwer. Die 16-jährige Josefa starb innerhalb weniger Tage. Und die schöne Liesl blieb für ihr Leben gezeichnet. Aus die Träume von einer prächtigen

Heirat. Statt dessen ein Strom von Tränen, der sie auch in den Jahren danach, in größer werdenden Abständen zwar, aber doch immer wieder anfallartig überflutet.

Liesl und ich, beide nicht vermittelbar, schauten mit unseren unerfüllbaren Sehnsüchten im Herzen auf das Heiratskarussell, das sich vor unseren Augen drehte. Nach der Marie wurde Carolina 1768 verheiratet. Amalie folgte 1769, Antonia 1770.

Ich habe sie gesehen, meine Schwestern, wie sie den einen Tag – ihre Schwester Marie als glückstrahlende Braut vor Augen – vom eigenen Märchenprinz träumten und sich am nächsten Tag, wenn ganz andere Entscheidungen über sie gefällt worden waren, bei mir oder ihren Kinderfrauen ausweinten und nach ihrem Papa riefen.

Die Kaiserin versicherte ihnen, alle ihre Kinder zu lieben, beschwor sie aber, ihr das Leben nach dem Tod ihres Mannes durch Eigensinn und Trotz nicht noch schwerer zu machen. Dass sich jede von ihnen glücklich schätzen müsse, ihrem hohen Stand entsprechend verheiratet zu werden. Dies könne aber selbstverständlich nur unter Berücksichtigung der für Österreich günstigsten politischen Verbindungen geschehen.

Derart mit mütterlichem Zuspruch und weiteren Belehrungen, Weisungen, Ratschlägen, Verhaltensmaßregeln angefüllt und notdürftig auf ihre Zukunft vorbereitet, dafür prächtig ausstaffiert, fuhren die *per procurationem* Vermählten schließlich davon.

Die beiden Kleinen, 14-, 15-jährige Kinder, zu Ehefrauen und Königinnen in fremden, weit entfernt liegenden Ländern bestimmt, saßen winzig und verloren in ihren stattlichen mehrspännigen Staatskarossen.

Amalia hielt sich nur mit großer Anstrengung aufrecht, verzweifelt, kummervoll und krankhaft abgemagert. Sie hatte gehofft, dass sie wie die Marie den Mann, den sie liebte, heiraten dürfte. Weit gefehlt. Was die Kaiserin Marie selbstverständlich zugestanden hatte, wurde Amalia rundweg verweigert. Mit ihr hatte sie anderes vor. Trotz ihres Jammers musste die 23-Jährige den 18-jährigen Herzog von Parma, diesen Schwachkopf Ferdinando, ehelichen, der noch schlimmer war als der König gleichen Namens in Neapel, der Gemahl Carolinas.

Und Antonia? Sie wurde einem 15-Jährigen versprochen. Bis zur Abreise flatterte und zwitscherte sie noch einige Monate durch die Räume der Burg und wusste nicht wirklich, wie ihr geschah. Zur offiziellen Übergabe seiner kleinen Schwester an ihren Gemahl bemerkte mein Bruder Leopold, um ein ganzes Königreich wolle er einer solchen Zeremonie nicht noch einmal beiwohnen.

Zur selben Zeit. Maria Theresia in der Hofburg.

Neapel. Parma. Paris.

Mimi ist gerade abgereist. Und schon vermisse ich sie. Sie war für ein paar Tage von Pressburg herüber gekommen. Meine liebste Mimi, meine beste Tochter, ist nach dem Tod von Franz mein Trost, meine Gesellschaft, meine Freundin. Mit ihr kann ich über alles sprechen, bei ihr finde ich Verständnis für meinen Kummer, die treueste Liebe und Hingabe. Leider sehe ich sie zu selten. Vier Jahre lebt sie jetzt schon in Ungarn.

Nachdem Antonia am 21. April dieses Jahres Wien verlassen hat, um sich als angetraute Gemahlin des Dauphins von Frankreich nach Versailles zu begeben, kann ich eigentlich aufatmen. Meine Heiratspolitik war äußerst erfolgreich. Wenn auch langwierig und schwierig, obwohl ich frühzeitig Chancen erkundet und Pläne geschmiedet hatte. Viele drohten im letzten Moment doch noch zu scheitern. Manche machte der Tod zunichte.

Als erste Heiratskandidatin war Johanna nach Italien versprochen. Sie starb noch als Kind, zwölfjährig. Gott sei Dank mangelt es mir nicht an Töchtern, so konnte ich Josefa, die ein Jahr jüngere, an ihre Stelle setzen. Als auch sie den Blattern zum Opfer fiel, die Ehe mit dem König von Neapel-Sizilien aber unbedingt geschlossen werden musste, rückte als dritte Bewerberin Carolina, die inzwischen herangewachsen war, nach.

Vorher hatte ich noch Mimi verheiratet. Ich wünschte ihr so sehr, dass sie ihren geliebten Albert, auf den sie lange hatte warten müssen, endlich ehelichen konnte.

Wie glücklich ist man doch, wenn man eine echte Liebe haben darf! Es ist das einzig wahre Gut auf dieser Welt.

Nach der Abreise Carolinas blieben noch Amalia und Antonia, die Älteste und die Jüngste. In Amalia spukten Liebesgefühle zum Prinz von Zweibrücken. Sie wollte eine Heirat mit ihm um jeden Preis durchsetzen. Zu unbedeutend und nicht begütert genug, das fand auch Kaunitz. Und bei mir stand sowieso schon lange fest, dass eine meiner Töchter Herzogin von Parma werden sollte. Ich entschied mich für Amalia. Als Letzte ging dann Antonia.

Wäre Franz noch am Leben gewesen, hätte es vieler Überredungen, Tränen und Liebkosungen bedurft, ihn für meine Politik zu gewinnen. Nicht nur für Mimi hatte er andere Absichten, auch die Eheverträge mit den Bourbonen hätten bei seiner Unversöhnlichkeit gegenüber Frankreich seine Zustimmung nur widerstrebend gefunden.

Sei's drum. Wichtig ist, dass sich jetzt drei meiner Töchter in hervorragenden, unserem Haus für die Zukunft nützlichen Stellungen befinden: Neapel, Parma, Paris.

*2. Hälfte 1770.
Marianna in ihrem Appartement.*

Folgenreicher Entschluss

Nach dem Rückzug, den ich mir nach dem Tod meines Vaters selbst auferlegt hatte, war das Wiener Hofleben für mich nur noch mühselig. Die ganze eitle Herrlichkeit um mich herum, die allseitige Gier nach Macht, Ehren und Würden wurden mir immer mehr zuwider. Ich sehnte mich nach ewiger Ruhe.

Da ich ihnen nichts mehr zu bieten hatte, wandten sich diejenigen, die ich bis dahin für meine Freunde gehalten hatte und die mir viel verdankten, von mir ab.

Ich rief Gott an und der gab mir ein, mein Leben am Hof aufzugeben. Ich fühlte mich überfordert und plagte mich mit einer Entscheidung lange allein herum, nur mit Gott und meinem Beichtvater als Ratgeber. Sollte ich nicht doch nach Prag gehen? Ich hätte dort seit langem standesgemäß residieren können, war ich doch schon 1766 zur Äbtissin des von meiner Mutter gegründeten Adelsstiftes, hoch angesehen und gut dotiert, ernannt worden. An der Spitze eines reichen Klosters stehen, wollte ich aber nicht. Mit meiner Mutter hat es darüber bis heute viele hitzige Auseinandersetzungen gegeben.

Für einen Umzug kommt für mich nur Klagenfurt in Frage. Der schlimme Abschied von Amalia 1769 gab den letzten Anstoß zu meinem Entschluss, nach dem Tod meiner Mutter zwar nicht als Klosterfrau, aber im Dienst am Nächsten in der Nähe des Elisabethinen-Klosters in Klagenfurt tätig zu sein. In einem Brief teilte ich dem Kloster meine Absichten mit. Nur durch eine solche schriftliche Festlegung war es mir möglich, meine Passionen zu beherrschen und nicht rückfällig zu werden, kenne ich doch meine Wankelmütigkeit. „Bis dato", schrieb ich, „hält mich meine Schuldigkeit noch zu den Füßen meiner Mutter. Seien Sie aber versichert, dass, wenn ich das Unglück haben soll, sie zu verlieren, mich nichts mehr hier aufhalten soll."

Meine erste Bekanntschaft mit den Schwestern fiel in das Jahr 1765. Meine Eltern, Josef, Leopold, die Marie und ich waren auf dem Weg nach Innsbruck zu Leopolds Hochzeit. In Klagenfurt unterbrachen wir die Reise, und meine Mutter und wir Kinder machten wie gewohnt einen offiziellen Rundgang durch Schlösser, Kirchen, Klöster. Um auch Einblick in einen Hospitalorden zu nehmen, besichtigten wir das Kloster der Elisabethinen. Elf Nonnen lebten damals dort. Kloster wie Krankenstation mit acht Betten waren bettelarm.

Besonders beeindruckte mich bei diesem ersten und einzigen Besuch, dass in der unübersehbaren Not die Schwestern nicht vergrämt herumschlichen, sondern uns in großer Herzlichkeit begegneten. Die Pflege der Kranken war ihnen wichtiger als das Geld, wenngleich sie dieses Geld unbedingt brauchten, das spürte man.

Der erste gute Eindruck vertiefte sich, als die Oberin 1767 mit zwei Schwestern nach Wien kam. Ich unterhielt mich länger mit ihnen und war sehr angetan von ihrer Spiritualität, die sich nicht in reiner Innerlichkeit erschöpfte, sondern aus der eine große Offenheit für die Aufgaben der Welt hervorleuchtete. Seitdem halte ich die Verbindung mit dem Kloster aufrecht.

*Zur selben Zeit.
Maria Theresia in ihrem Appartement.*

Marianna ätzend wie immer!

Dass meine beiden „alten Mädchen", Marianna und Liesl, nicht zu verheiraten sind, bereitet mir Kummer. Schon als Kind war Marianna die am wenigsten hübsche von meinen Töchtern und überdies zu kränklich, um einen gesicherten Nachwuchs in Aussicht stellen zu können. So haben sich meine mütterlichen Hoffnungen darauf, Marianna würde einst eine gute Partie machen, praktisch schon in ihrem Kindesalter zerschlagen. Ganz aussichtslos wurde die Situation, als sie mit 18 Jahren die schlimme Lungenentzündung bekam, die den krummen Rücken zur Folge hatte. Zehn Jahre später ereilte dann Liesl das Verhängnis: Die bildhübsche Liesl, der so viele Möglichkeiten offen standen, lag todkrank vor mir, entstellt und zerstört von den Blattern.

Die beiden machen mir zu meinen Sorgen noch zusätzlich schlechte Laune, wie sie hier in der Burg herumsitzen. Wenn sich die werten Erzherzoginnen wenigstens mehr um ihre alte Mutter kümmern würden! Außer ein paar Repräsentationspflichten, die ich ihnen ab und an zuweise und denen sich Marianna auf jede Weise zu entziehen sucht, leisten sie nichts. Sie klatschen und intrigieren.

Liesl sucht ihre kleinen gesellschaftlichen Unterhaltungen, und Marianna spielt mit ihren Mineralien und diesen schrecklichen Insektensammlungen, für die sie zu meinem wachsenden Unwillen auch noch Geld, und zwar immer mehr, ausgibt. Na ja, und sie malt, nicht ganz so schön wie ihre Schwester Mimi, doch immerhin so gut, dass man sie nicht nur in die Kaiserliche Kupferstecherakademie, sondern auch in die Großherzogliche Akademie der Künste in Florenz aufgenommen hat. Ich gebe zu, das ist respektabel, aber doch keine ernsthafte Aufgabe.

Immer wieder schafft Marianna es, mich so aufzuregen, dass ich sie am liebsten auf der Stelle davonschicken würde. Ihre süffisante Art und altjüngferliche Besserwisserei haben schon immer meinen Zorn hervorgerufen, genauso wie die Arroganz, mit der sie sich als Vertraute ihres Vaters aufgespielt hat. Sie wahrt zwar immer den Respekt mir gegenüber, ist ergeben und dienststeifrig; ich weiß, dass sie mich liebt, aber ihre misslaunige Stimmung verleidet mir das Zusammenleben mit ihr unter einem Dach. Wo es schon düster genug ist seit Franz' Tod. 43 Jahre lang war mein Herz ihm allein zugetan. Er war mein Trost in allem, stand mir in schwierigen Stunden bei, jetzt gibt es nichts mehr, was mich auf dieser Welt hält. Mit jedem Tag werde ich trauriger, wie stumpfsinnig. Mein Inneres ist verdorrt. Selbst meine Gebete werden gefühllos. Da brauche ich nicht auch noch Mariannas dunkel verhangene, immer irgendwie vorwurfsvolle Blicke und ihren Trübsinn. Sie tut so, als wäre sie die Hauptleidtragende des großen Verlustes.

Auch heute saß sie – wie so oft – stumm vor sich hin brütend am Tisch. Manchmal wäre mir ein heftiger Ausbruch, wie ich ihn von früher von ihr kenne, lieber. Was sie wohl vor sich hin sinniert? Sicher manches Unfreundliche auch in meine Richtung. Auf meine Fragen nach ihrer Gesundheit antwortete sie höflich, aber einsilbig. Ich stellte sie wegen ihrer neuerlichen hohen Geldausgaben zur Rede.

Beim Dessert kroch sie dann schließlich mit einigen Nörgeleien aus ihrer Höhle hervor, jammerte, dass ich mit ihr besonders streng sei und bei ihrem Anblick sofort herumzuschimpfen begänne. Als sie sich weiter ereiferte, brach ich ihre Tirade ab und befahl ihr, auf der Stelle zu schweigen. Sie hielt inne, öffnete noch einmal den Mund, als wollte sie es tatsächlich wagen, sich über mein Redeverbot hinweg zu setzen, verstummte dann aber, die Lippen zu einem Strich zusammen gepresst.

Ab sofort werde ich die gemeinsamen Mahlzeiten mit Marianna noch weiter einschränken.

Ist Mimi hier, wird Marianna noch unausstehlicher. Sie sagt nichts, verfolgt uns aber mit ihren eifersüchtigen Blicken. Und ich spüre ihre Vorwürfe aus Kindertagen, dass ich Mimi und natürlich Josef schon immer vorgezogen und mich viel weniger um sie gekümmert hätte.

Das hält gerade sie mir vor, die undankbare Tochter, um die ich doch immer wieder besondere Ängste ausgestanden habe, bei ihrer schwächlichen Gesundheit. Wie oft habe ich an ihrem Krankenbett gesessen! Um ihre Seele gebetet. Wie bin ich immer noch in Schmerz und Sorge um sie. Es ist schlimm, wie sie leidet, wenn sie von diesem Druck im Magen gequält wird. Er wird durch die schreckliche Verunstaltung verursacht und bewirkt, dass sie alles, was sie isst, wieder ausspucken muss. Auf Dauer kann sie das nicht aushalten. Sie erträgt es, das muss ich sagen, mit großem Mut.

Dass ihr nicht dieselbe Aufmerksamkeit wie Josef zustand, versteht sich doch von selbst. Es war empörend, anmaßend, wie sie sich mit ihm verglich. Natürlich habe ich großes Aufhebens um Josef gemacht! Nach meiner Heirat war seine Geburt die glücklichste Stunde in meinem Leben.

Wie blind ist sie eigentlich?, habe ich mich so manches Mal gefragt. Sie weiß doch um das Drama des Hauses Habsburg. Weit und breit kein Erbe in Sicht. Die wenigen Jungen starben tief betrauert dahin. Nach sechs Mädchen im Kaiserhaus kam dann Josef. Der Jubel war unbeschreiblich. Marianna konnte oder wollte es nicht begreifen: ich fühlte mich und die Familie wie von einem bösen Zauber erlöst. Vor mir lag endlich mein erstgeborener Sohn, der ersehnte Thronfolger.

Mädchen gab es immer genug. Sie ist eben auch nur ein Mädchen. Und nicht einmal als solches erweist sie sich als tauglich!

Ich würde meine erwachsenen Töchter wie kleine Kinder behandeln, hat mir Liesl neulich vorgehalten und durchblicken lassen, dass Marianna auch so denkt. Sollten sie damit meine Regelungen in Bezug auf ein gesichertes standesgemäßes Leben meinen: logisch! Wer wenn nicht ich kümmert sich um ihre Zukunft?

Immerhin ist Marianna jetzt auch schon über dreißig. Statt meine Planungen zu honorieren, widersetzt sie sich hartnäckig meinen Wünschen. Dabei weiß sie doch, dass ich – wenn auch Franz für seine Kinder finanziell bestens vorgesorgt hat – nun die Last der Verantwortung für sie allein tragen muss.

Eigentlich sollte sie schon seit einigen Jahren als Äbtissin in Prag tätig sein, wo ich ihr die Leitung des Adeligen Damenstiftes übertragen habe. Sie aber bezieht nur die Einkünfte und verlässt Wien nicht. Sucht Ausflüchte, verweist auf ihre angegriffene Gesundheit und das schlechte Klima dort. Als Letztes erklärt sie stets, dass Pflicht und Anhänglichkeit ihr geböten, so lange ich lebe, in meiner Nähe zu bleiben. Ich hasse ihre Geheimniskrämerei, denn ich habe den Eindruck, dass sie hier noch irgendetwas anderes hält als ihre alte Mutter.

Für die Zeit nach meinem Tod hat sie sich in den Kopf gesetzt, sich nach Kärnten zurückzuziehen. Dort, in Klagenfurt, ist bereits ein kleines Palais im Entstehen, in unmittelbarer Nähe dieser Armeleute-Nonnen aus dem Kloster der Elisabethinen, die sich der Pflege von Kranken verschrieben haben. Nicht Klosterschwester wolle sie werden, sagt sie, sondern nur in enger Verbindung mit der Ordensgemeinschaft leben. Ich bin dagegen, weil ich glaube, dass sich das Kloster, so mittellos wie es ist, auf die Dauer nicht halten kann. Und schon deshalb versuche ich ihr diesen Unfug auszureden.

Sobald ich nur Luft hole, setzt sie diese beleidigte Miene auf, die ich nicht ausstehen kann; bereits als Kind trug Marianna sie häufig zur Schau. Dazu kamen ihre finsteren, sehnsüchtigen Blicke, die mich auf Schritt und Tritt begleiteten. Damals schwieg sie nicht nur anhaltend und vorwurfsvoll, sondern brauste auch unvermittelt auf. Bei den Streichen der Kinder war sie meistens vorneweg. Sie musste sich stets groß und wichtig machen.

Seit ihrer Krankheit ist sie noch unzugänglicher geworden. Es ärgert mich ungeheuer, dabei zusehen zu müssen, wie sie ihr Talent – von allen meinen Kindern ist Marianna wahrscheinlich die klügste – und ihre Tage mit lauter unnützen Tätigkeiten vergeudet. Franz war an dieser Entwicklung nicht unschuldig. Während ich den Kinderfrauen strenge Maßregeln für die Erziehung und den Tagesablauf von Söhnen und Töchtern an die Hand gegeben sowie deren Einhaltung penibel überwacht habe, war Franz entschieden zu nachsichtig mit all seinen Kindern. Er hat sie vergöttert und ihnen nichts abschlagen können. In der gleichen Weise kann und will ich aber nicht fortfahren. Denn was ist der Erfolg seiner Liebe? Im hohen Alter, in dem er mich allein zurück gelassen hat, muss ich ihre Aufsässigkeit erleiden. Hat Marianna es jetzt auch noch fertig gebracht, dass ich bitter gegen Franz werde?

Es ist nicht zu leugnen, mit seiner Ältesten war er besonders großzügig, meinte sie auch oft gegen mich verteidigen zu müssen. Kein Wunder, dass sie sich immer mehr an ihren Vater gehängt hat. Wenn Franz' Schwester Charlotte, seine gewohnte Gesellschafterin und Spielpartnerin, nicht da war, übernahm Marianna diese Rolle mit Freuden. Ganz abgesehen davon, dass er mit ihr oft tagelang auf der Jagd war. Überhaupt haben die beiden häufig die Köpfe zusammengesteckt, diskutiert, gelacht. Über was weiß ich! Er hat sie jedenfalls mit seinen alchimistischen Experimenten und naturwissenschaftlichen Ambitionen angesteckt.

Und so bewegt sie sich – seit seinem Tod noch besessener – in seinen Spuren. Wie er sammelt sie Muscheln, Kristalle, Straußeneier und andere Kuriositäten. Sie, ein Mädchen und dazu noch Erzherzogin, betreibt Gesteinskunde, Physik, Ätzkunst, Kupferstecherei, verbringt ihre Tage in ihrem Atelier zwischen Säuren und Sticheln.

Ihre Geschwister finden sie hochmütig und spitz. „Hat Marianna wieder gestichelt?", fragen sie einander anzüglich nach einem Besuch bei ihr. „Nein, sie war nur ätzend wie immer", kommt kichernd die Antwort.

Ich kann Ironie auf den Tod nicht ausstehen, habe sie auch meinen Kindern immer verboten. Besonders Josef ist ein böser Meister darin. Mir bleibt gewöhnlich das Lachen über diese spöttischen Wortspielereien auf Kosten anderer im Hals stecken. In dieser aber liegt viel Wahrheit. Auch am Hof mokiert man sich über die gelehrte Prinzessin Marianna.

Für mich ist dieses neumodische Interesse an der Natur, das sich seit einiger Zeit an den Höfen Europas ausgebreitet hat, reine Zeitverschwendung. Mit großem Unbehagen sehe ich auch – dazu hat ihre Großmutter sie schon in früher Jugend angestiftet –, wie Marianna diese unziemlichen französischen Romane verschlingt, sich den Kopf verdrehen lässt von galanten Abenteuer- und Liebesgeschichten, und dass sie mit so manch erklärtem Freigeist sogar korrespondiert.

Manchmal war ich eifersüchtig auf Vater und Tochter. Ich habe sie dennoch machen lassen, war diese töchterliche Zuwendung doch die harmloseste der „Liebhaber"eien meines Gemahls. Dann und wann allerdings musste ich ihn zur Ordnung rufen, wenn er über der Jagd und der Suche nach dem Stein der Weisen seine Pflichten als Kaiser vernachlässigte.

Überhaupt zeigte *mon cher ami* gelegentlich zu wenig Ernst für den Rang, den er bekleidete. Oder war ich zu streng mit ihm, wollte meine Vorstellungen zu heftig gegen ihn durchsetzen? Habe ich zu oft die Herrscherin herausgekehrt, ihn meine Überlegenheit spüren lassen und ihn so in sein Leben *à part* getrieben? War sein Tod gar meiner Unbeugsamkeit geschuldet, Leopolds Hochzeit nicht in Graz, sondern in Innsbruck stattfinden zu lassen? Hatte Franz doch in den Monaten vorher immer wieder geklagt, dass er die lange Reise scheue, ihm das alpenländische Klima nicht bekäme und er sich durch die vielen hohen Berge rund um Innsbruck bedrückt fühle.

Oft hänge ich meinem einstigen Glück nach, nicht ohne bittere Reue, es nicht genügend gehütet und genossen zu haben, als ich es noch besaß.

*Einige Monate später.
Maria Theresia am selben Ort.*

Staatsraison und Mutterherz

Das Leben kommt mich schon seit Jahren hart an. An der Spitze des Staates musste ich fast ununterbrochen Krieg führen. Sechzehn Schwangerschaften habe ich durchgestanden. Sechs Kinder sind mir gestorben und dazu der vollkommenste und liebenswürdigste Gemahl.

Äußerlich wirke ich immer noch gut. Doch das täuscht. Sogar auf meine Organe hat das Unglück Einfluss genommen. Alles beginnt zu versagen. Ich darf mich darüber nicht beklagen, der Mensch muss aufhören. Fünfzig Jahre war ich gesund. Jetzt bin ich fett, fetter noch als meine Mutter, rot im Gesicht, besonders seit den Blattern vor drei Jahren. Die Füße sind geschwollen, drohen täglich aufzubrechen. Das Atmen fällt mir schwer, sogar im Liegen. Auch die Augen gehen zugrunde, das Üble daran ist, dass keine Brille mir helfen kann.

Wie lange muss ich noch so trostlos in dieser Welt herumkugeln? Mein Herz hat nichts mehr, was es erfreuen könnte. Mit Ungeduld erwarte ich meine Aufbahrung. In meinem Sterbekleid werde ich vereint sein mit dem einzigen Gegenstand meiner Liebe, den mein Herz in dieser Welt gekannt hat und der allein Sinn all meines Tuns war. Es ist mein einziger Trost, dem geliebten Toten bald zu folgen, aber zugleich zittere ich vor der furchtbaren Rechenschaft, die ich dann ablegen muss.

Und so schleppe ich mich weiter. In steter Sorge um das Wohl meiner Länder und den festen Bestand der Monarchie. Gott sei Dank habe ich genug Söhne geboren, so dass die Thronfolge für die nächsten Jahre gesichert ist, selbst wenn Josef, was zu befürchten steht, keine männlichen Nachfolger mehr zeugen wird.

Die Gedanken an die Zukunft meiner Kinder lassen mich bis heute nicht zur Ruhe kommen. Es schmerzt mich, dass die jahrelangen Mühen meiner mütterlichen Liebe an ihnen gänzlich verloren gegangen sind. Mit Ausnahme von Mimi danken sie sie mir nicht.

Noch mehr als die Verdrießlichkeit Mariannas tränken die ständigen Auseinandersetzungen mit Josef, meinem schwierigen Mitregenten, die wenigen Augenblicke, die mir auf Erden bleiben, mit Bitterkeit und Tränen. Wir denken ganz unterschiedlich über das Königtum, den Zeitgeist und die Interessen des Volkes. Er tut alles, um mich gegen ihn aufzubringen. Zwischen uns waltet ein böses Verhängnis, mit dem besten Willen verstehen wir uns nicht. Es ist grausam, einander zu lieben und zu quälen zugleich. Am liebsten würde ich die Regierung gänzlich an ihn abtreten und in dem Innsbrucker Stift meine Tage beschließen. Aber ich kann doch nicht tatenlos zusehen, wie der Staat durch Josefs Eigensinn und Vorurteile, seine mangelnde Diplomatie und freigeistigen Maximen in Gefahr gerät!

Über den schlimmen Anfang, den Carolina, das ahnungslose Kind, in ihrer Ehe mit dem König in Neapel erlebt hat, haben mir mein Vertrauter Graf Rosenberg und mein Sohn Leopold zuverlässig berichtet. Auch die Gräfin Lerchenfeld hielt es für ihre Pflicht, mir die verzweifelten Briefe, die Carolina an sie, die ehemalige Aja, in den ersten Monaten geschickt hat, zu zeigen.

Die Ehe sei für sie ein Martyrium, eine Hölle, schrieb sie, lieber wolle sie sterben, als das alles noch einmal zu erleben. Nur der Gedanke an Gott habe sie davor bewahrt, sich umzubringen. Ich hielt ihre Klagen für das, was sie waren: Übertreibungen, ihrem so jungen Alter geschuldet. Der Schrecken über ihre neue Lebenssituation würde – da war ich mir sicher – vorüber gehen.

Natürlich hatte ich von Anfang an gewusst, dass die von mir für Neapel bestimmte Tochter einen Gatten ehelichen würde, der seit seiner frühesten Lebenszeit niemand höheren als sich selbst und keine Schranken kannte. Er ist hässlich und überaus kindisch, hat nichts gelernt. Ein Possenreißer, hart, rau und unanständig. Einzig für seine Vergnügungen begeistert er sich, an den Staatsgeschäften zeigt er sich nicht interessiert.

Selbst wenn mein Mutterherz dadurch aufs Äußerste beunruhigt war, so erkannte ich doch die Vorteile dieser Verbindung. Aus Gründen der Staatsraison hat meine Tochter sich in sie uneingeschränkt zu schicken.

Carolina ist jetzt einige Jahre verheiratet. Die neuesten Nachrichten zeigen, dass es ihr gelungen ist, sich weitgehend einzugewöhnen. Gelegentlich hadert sie wohl noch mit ihrem Schicksal. Seine Schwester sei niedergeschlagen, traurig und mit ihrem Los unzufrieden, schreibt Leopold. Ich kann nur hoffen, dass sich das liebe Kind mit der Zeit noch besser einrichten wird. Gott sei Dank zeigt sie Geduld, versucht alles, um ihren Mann für sich zu gewinnen und mir nicht noch mehr Kummer zu machen.

Mit Amalia in Parma hingegen fürchte ich immerzu eine Katastrophe. Sie nimmt sich entschieden zu viel heraus! Aus reiner Herrschsucht mischt sie sich in die Geschäfte ein, die sie nichts angehen. Außerdem ist sie dazu nicht gescheit genug und zum Regieren ungeeignet. Ihre Widersetzlichkeit geht aber noch weiter. Trotz meiner ausführlichen Instruktionen, die ich ihr wie allen Kindern mit auf den Weg gegeben habe, trotz meiner ständigen Briefe und Ermahnungen erhebt sie sich schamlos über ihren Gemahl und lässt es sträflich an allem fehlen, was sie ihm als Frau schuldet.

Selbst wenn es stimmt, was alle Gesandten und Reisenden über den Herzog von Parma berichten, dass er nämlich ein wahrer Kindskopf und Betbruder ist, ausschweifend, eigensinnig und roh: Amalia hat seinen Willen und seine Launen zu ertragen. Von diesem Gebot gibt es keine Ausnahme. Die Frauen haben immer unrecht, wie ihre Männer auch sein mögen. Sie hat ihm Liebe und Respekt zu erweisen und sich ihm unterzuordnen. Es obliegt ihr, ihm eine gute Gemahlin zu sein: gnädig, gütig, nachsichtig, heiter.

Dass ich wenigstens das freudige Ereignis eines französischen Prinzen noch erlebe, darum bete ich. So ist es Antonia, um die ich mir die meiste Angst und Sorge mache. Gerade sie als Jüngste ist dazu ausersehen, ihrer Familie und ihrem Vaterland den größten Dienst zu erweisen, als künftige Königin Frankreichs und Mutter des Thronfolgers.

Das unreife, flatterhafte Kind! Ich muss ihr helfen, die Klippen zu umgehen, die ihrer Jugend so gefährlich sind. Nur wenn sie sich am französischen Hof an meine Anweisungen hält, kann sie sich das Wohlwollen ihres Schwiegervaters Ludwigs XV. dauerhaft erwerben.

Dazu gehört auch – ich kann es ihr, selbst wenn es mir und ihr zutiefst zuwider ist, nicht oft genug ans Herz legen – der respektvolle Umgang mit der Pompadour, der Favoritin des Königs. Schließlich waren jahrelange Geduld und höchster Aufwand erforderlich, um die französisch-österreichische Allianz zu knüpfen.

In Anbetracht von Antonias Jugend, ihrer Schüchternheit und der Unschuld, in der sie aufwuchs – auch ihr Gemahl ist ja noch sehr jung! – muss ich als zärtlich besorgte Mutter über alle Umstände genauestens informiert werden. Mercy d'Argenteau, mein Gesandter am französischen Hof, den ich Antonia eigens als Freund und Berater an die Seite gestellt habe, leistet, wie erwartet, hervorragende Arbeit. Natürlich gibt es auch andere Zuträger.

Meine eher gedankenlose Tochter mit ihren vierwöchentlichen kindlichen Briefen wäre eine viel zu unzuverlässige Berichterstatterin, schon deshalb, weil sie sich über die Bedeutung vieler Fragen, die mein Mutterherz bewegen, oft nicht im Klaren ist. Erfüllt sie ihre fraulichen Pflichten? Wenn nicht, könnte das verhängnisvoll werden. Wie ist ihr intimes Zusammensein mit dem Dauphin? Ist sie geduldig, sanftmütig genug? Gibt sie ausreichend acht auf ihre Gesundheit? An welchen Tagen findet ihr monatliches Unwohlsein statt?

Antonia möge begreifen, dass meine Ermahnungen und Ratschläge, die sie vermutlichals lästige Predigten empfindet und gerne überhört, aus einem alle meine Kinder zärtlich liebenden Herzen kommen, das stets nur daran denkt, sie so glücklich zu machen, wie man es auf dieser Welt sein kann.

1778. Maria Theresia in der Hofburg.

Ein Opfer der Politik

Es ist ein Unglück: Wir sind wieder im Krieg. Ich war von Anfang an gegen dieses Unternehmen. Josef hingegen wollte nach dem Aussterben der Wittelsbacher in Bayern das Land unbedingt an Österreich bringen.

Wie nicht anders zu erwarten, rief er damit den preußischen König auf den Plan. Im Moment passiert nicht viel. Die Feldzüge auf beiden Seiten verlaufen ziel- und wirkungslos. Unweigerlich gibt es bei dem großen Aufwand an militärischen Kräften zahlreiche Opfer. Ich will kein Blutvergießen mehr. Dem glorreichen Krieg, der mich meiner Kinder, der besten Generäle und Soldaten beraubt, ziehe ich einen kleinen Frieden vor.

Eigentlich sollte ich mich freuen, dass Mimi schon einige Zeit bei mir lebt. Sie ist dem Alleinsein in Pressburg entflohen und hat hier Zuflucht gesucht. Albert musste in den Krieg ziehen. Er ist schon Ende März in sein Hauptquartier abgereist. Wenn ich sehe, wie Mimi sich über Alberts Abwesenheit grämt und welche Sorgen sie sich um sein Wohlergehen macht, dann fühle ich mich ganz schlecht. In der Stimmung, in der ich mich selbst befinde, gelingt es mir auch nicht, sie richtig aufzumuntern.

Auch aus Parma kommen nach wie vor keine guten Nachrichten von Amalia. Wie viele Tränen habe ich über diese Tochter, über ihren Leichtsinn vergossen! Wie viele Gedanken verbraucht! War es falsch, die 23-Jährige mit diesem 18-jährigen Kindskopf zu verheiraten?

   Offensichtlich lebt das Paar inzwischen meistens getrennt. Sie vertreibt sich die Zeit auf der Jagd. Und er? Im Laufe der Jahre sind immer kuriosere Informationen über den König nach Wien gedrungen. In der Kirche liege er auf den Knien und verrichte die niedrigsten Reinigungsarbeiten, treibe sich auf Jahrmärkten herum, mache mit den Maroniverkäufern auf der Straße seine Späße, zeche nächtelang mit den Mönchen, prügle sich zuweilen heftig; um die Zustände in seinem Herzogtum kümmere er sich so gut wie gar nicht.

Von Anfang an hat Amalia heftige Anklagen gegen ihren trägen, verlogenen, unfähigen Gemahl geführt, behauptet, sie sei am Hof von Parma von Schurken, Spionen, Lügnern umgeben. Dass sie sich deshalb entschlossen hat, meinen Weisungen zuwider zu handeln und selbst Politik zu machen, konnte ich jedoch nicht dulden. Es war unumgänglich, ihr die Folgen ihres Verhaltens aufzuzeigen, die Beziehung zu ihr abzubrechen, ihr alle finanziellen Zuschüsse zu streichen und auch ihren Geschwistern zu verbieten, mit ihr persönlich oder brieflich Verbindung zu halten.

War ich vielleicht doch zu hart zu Amalia?

Auf dem Porträt, das sie mir von sich schickte, nachdem ich ein gutes Jahr später den Kontakt zu ihr wieder aufgenommen hatte, sah sie aus, als hätte sie die Auszehrung, die Schwindsucht. Farblos, beinahe hässlich, so war sie nie. Sollte das Bildnis ihr ähnlich sein, so war ich damals sicher, dann würde Amalia keine zwei Jahre mehr leben. Ich war in Sorge und auch ein bisschen besänftigt durch die Tatsache, dass sie sich bei allem Streit mit ihrem Gemahl ihren ehelichen Pflichten nicht entzogen und nach einer Tochter sogar einen Thronfolger geboren hat. Seitdem versuche ich, meine italienischen Kinder zu animieren, ihr zu helfen, lieb zu ihr zu sein und unbedingt den Kontakt mit ihr zu halten. Schließlich hat sie in Parma keine Zufluchtsstätte, keine Möglichkeit, sich auszusprechen, und nur geringe Geldmittel.

Seit Mimi und Albert vor zwei Jahren in Italien waren und auf meinen ausdrücklichen Wunsch hin auch Parma besucht haben, weiß ich noch zuverlässiger, wie schlecht es Amalia geht. „Die Infantin", erzählte Mimi, „war so verändert, dass ich sie nicht wieder erkannte. Keine Spur mehr von jenem Glanz, jener Schönheit, die man einst an ihr bewunderte. Ihre schöne Taille ist verschwunden, Kleidung und Gang tragen noch mehr dazu bei, sie zu entstellen. Sie ist weniger fröhlich, weniger entschieden als jemals."

Warum nur muss ich mich bis in meine letzten Lebensjahre hinein mit Sorgen um meine Kinder quälen? Nach Wien möchte sie kommen, das ist Amalias sehnlichster Wunsch. Ich habe es ihr rundweg abgeschlagen. Meine Lage ist zu kritisch. Josef hat auch erklärt, nicht einen Tag hierbleiben zu wollen, wenn sie käme.

Was Mimi nach ihrer Italienreise dagegen von Carolina erzählte, hat meiner Hoffnung recht gegeben. Sie gewinne mehr und mehr die Achtung und Liebe des Königs, versicherte mir auch mein Schwiegersohn Albert, auf dessen Urteil ich großen Wert lege. Sie führe ein zurückgezogenes häusliches Leben, berichteten sie weiter, das ihrer angeborenen Lebendigkeit nicht sehr entspräche; sie habe den Frohsinn, der sie sonst charakterisierte, verloren. Das Vergnügen der Königin, ihre einzige Unterhaltung, seien die Kinder.

In der Tat ist meine arme Tochter ein Opfer der Politik. Wenn Carolina aber ihre Pflichten gegenüber

Gott und ihrem Gatten erfüllt und für ihr Seelenheil sorgt, dann bin ich zufrieden, selbst wenn sie unglücklich wäre.

August 1778, nachts.
Maria Theresia in ihrem Schlafgemach.

Albträume

Es ist drei Uhr morgens. Was für eine schlimme Nacht! Wieder einer dieser schrecklichen Träume, wie sie mich über Wochen heimsuchen.

Seit Stunden sitze ich jetzt hier in meinem Zimmer, nur mühsam gelingt es mir, den inneren Aufruhr etwas zu beruhigen. Ich bin in Schweiß gebadet, und noch immer wird mir die Luft knapp, obwohl alle Fenster sperrangelweit offen stehen. Schlaflos warte ich, dass es Tag wird. Die Bilder wollen nicht verblassen. Sie sind mir so anschaulich in Erinnerung, dass ich auch jetzt noch nicht sicher bin, ob ich das wirklich nur geträumt habe.

Ich befand mich in Schlosshof. Es war der Saal, in dem Mimis Hochzeit 1766 stattgefunden hatte. Wegen der noch andauernden Hoftrauer für den verstorbenen Kaiser hatte ich damals an keiner der abgehaltenen Tafeln teilgenommen, sondern allein auf meinem Zimmer *à petit couvert* gespeist. Im Traum aber saß ich an der Gala-Tafel. Ich wähnte mich allein, bis ich mir gegenüber eine seltsam zusammen gekrümmte Gestalt entdeckte. Als ich mich vorbeugte, um sie näher in Augenschein zu nehmen, verwandelte sich die Tafel plötzlich in einen Richtertisch. Und dahinter an der Wand hing ein mächtiges Porträt meiner Mutter.

Das Häuflein Mensch richtete sich hinter der langen schwarzen Tischplatte zu einer Person auf, die von einem schwarzen Umhang gänzlich verhüllt war. Sie saß auf einem Thron unter einem Baldachin und schwang eine Art Gerichtsstab in meine Richtung. Als der Talar ihr halb von Kopf und Schultern rutschte, erkannte ich Marianna.

Aus einem dicken Folianten verlas sie einen Text. Die Namen Carolina, Amalia, Antonia tauchten wiederholt auf. Erst allmählich begriff ich, dass es sich um eine Anklage gegen mich handelte. Wie eine geschickte Zauberin holte Marianna schließlich aus ihrem Ärmel einige Schriftstücke hervor, obenauf einen Brief, den ich sofort als aus Neapel von Carolina kommend erkannte. Sie las: Martyrium, Hölle, lieber sterben als so leben, und so fort. Als sie geendet hatte, blickte die starre Gestalt in ihrer Amtsrobe wieder hoheitsvoll über mich hinweg.

Fassungslos starrte ich zu Marianna auf, denn sie schien mit jedem Satz noch höher über den Richtertisch hinaus zu wachsen. Mich hielt es nicht mehr auf meinem Sitz. Ich wollte aufspringen und mich auf sie stürzen, um sie von ihrem Sockel zu stoßen und am Weiterreden zu hindern. Sie so lange schütteln, bis sie wieder auf ihren angestammten Platz zurückgekehrt wäre. Aber ich konnte kein Glied rühren.

Plötzlich wechselte der Schauplatz. Ich saß wieder an der schön gedeckten Tafel. Diesmal war Antonia die Braut. Ich wollte meiner Familie und dem Hof meine Freude über diese Ehe mit Frankreich zum Ausdruck bringen. „Bella gerant", setzte ich an, um die jahrhundertealte habsburgische Heiratspolitik, der dieser Erfolg zu verdanken war, entsprechend zu würdigen, aber mir versagte die Stimme. Und am anderen Ende der Tafel ließ Marianna, immer noch im Talar, klirrend das Besteck auf ihren Teller fallen und hielt sich die Ohren zu. „Hören Sie auf", rief sie laut dazwischen. Wir alle kennen diese Worte: „Bella gerant alii, tu felix Austria nube, nam quae Mars aliis, dat tibi regna Venus."[27] Ihre Stimme kippte. „Felix Austria! Glückliches Österreich! Was für ein Hohn!", schallte es durch die Stille. „Ich beklage alle, die auf diesem Hochzeitsaltar geopfert wurden!"

Offensichtlich sind mir Teile des Traumes verloren gegangen. Ich weiß nicht mehr, wie es kam, dass ich schließlich doch meine Stimme zurückgewann. War es die preziöse Geste, mit der Marianna die Schriftstücke wieder einsteckte, als müsse sie kostbare Beweise eilig in Sicherheit bringen, oder war es der Moment, als sie, die Ellbogen auf die Tischplatte gestützt, die gespreizten Finger theatralisch vors Gesicht schob? Mir stach die makellose Schönheit ihrer Arme und Hände ins Auge, in denen ich zum ersten Mal die meiner Mutter, aber auch meine eigenen erkannte.

Jedenfalls bin ich plötzlich aufgesprungen und habe sie barsch zurechtgewiesen: „Sie bucklige Mariann! Was fällt Ihnen ein, mir Vorwürfe zu machen? Bei allem, was ich tue, geht es doch um die Wohlfahrt des Kaiserreichs und nicht etwa um das private Glück meiner Töchter! Wo kämen wir denn da hin?! Wofür also wagen Sie es, mich zu tadeln? Etwa dafür, dass ich unsere Dynastie als gottgewollte Ordnung immer geachtet, für ihren Erhalt und ihre Erweiterung mein Leben eingesetzt habe?!"

Marianna stürmte schon bei meinen ersten Worten zur Tür hinaus und ließ mich einfach stehen. Das reizte mich. Obwohl arg kurzatmig, konnte ich nicht mehr aufhören, hinter ihr her zu schimpfen. „Sie sind doch nur neidisch auf Ihre Schwestern, die im Gegensatz zu Ihnen als Ehefrauen und Mütter eine wichtige Aufgabe erfüllen! Was haben Sie denn in Ihrem Leben bisher geleistet, Sie nichtsnutzige Tochter", schrie ich in der Tür stehend durch den dunklen Gang hinter ihr her. „Sich bloß wichtig gemacht und hier am Hof gegen alle intrigiert!"

Es ist immer meine älteste Tochter, mit der ich diese albtraumartigen Begegnungen habe. Sie wirken in mein Leben hinein, das, weiß Gott, schon schwer genug ist. „Was nimmt sich diese Person, diese missgebildete, neunmalkluge Tochter heraus?", herrsche ich noch ganz unter dem Eindruck des Traumes meine vier Wände an. „Was will sie von mir? Was mischt sie sich ein? Sieht sie denn nicht, dass ich meinen von Gott auferlegten Mutterpflichten nachgekommen bin? Dass ich es unserem großen Geschlecht schulde und mein Herrscheramt es von mir verlangt, einträgliche Vermählungen zu stiften? Wenn ich, wie sie behauptet, meine Töchter geopfert habe, dann aus Gründen der Staatsraison!"

Ich habe Mariannas Bittergesicht noch deutlich vor Augen, als eine nach der anderen ihrer Schwestern das Haus verließ. Vor allem bei Amalias Hochzeitsvorbereitungen und Abreise schaffte sie es kaum, Haltung zu wahren.

Die Träume sind eigentlich nur die Fortsetzung der trüben Gedanken bei Tage. Ich fühle mich alt, gedrückt, traurig, bin schlecht gelaunt und spreche wenig über die öffentlichen Dinge. Mehr als sonst suche ich Trost im Gebet und in einsamer Betrachtung.

1778.
Marianna in der Hofburg.

Arbeitsprogramme

Über meinen Entschluss, nach Klagenfurt zu ziehen, sind fast schon zehn Jahre, schwere Jahre, dahin gegangen, unter anderem weil meine Mutter bis heute meine Ziele nicht gut heißt. Sie beschwört mich, auch nach ihrem Tod nichts zu übereilen und meine Pläne mit Klagenfurt nur dann umzusetzen, wenn Josef mich von sich aus darauf ansprächhe und seine Zustimmung gäbe. Sie glaubt, er würde mich bei sich behalten wollen. Aber ich bin sicher, dass er froh ist, wenn die griesgrämige, nichtsnutzige Schwester endlich den Hof verlässt.

Nachdem ich mich für Klagenfurt entschieden hatte, teilte ich auch meinen Freunden mit, was ich nach dem Tod meiner Mutter vorhatte, um mich durch dieses offene Bekenntnis noch unauflöslicher an meinen Entschluss zu binden. Was ich denn in dieser abgelegenen, rückständigen Gegend wolle, weit weg vom gesellschaftlichen Wiener Leben, und dazu noch bei diesem Bettelorden, versuchten sie mir den Umzug auszureden.

Doch ich ließ mich nicht umstimmen. In Vorbereitung auf das gesteckte Ziel lebte ich noch eingeschränkter, ging zu keiner öffentlichen Lustbarkeit. Da ich mit dieser enthaltsamen Lebensweise meinem feurigen Wesen große Gewalt antat, nahm ich mir einige Arbeiten vor, die besonderen Fleiß erforderten. Und ich erlegte mir eine feste Tagesordnung auf, die zu übertreten ich mir unter keinem Vorwand erlaube.

Ich bildete einen Kreis von Frauen um mich, denn ich wusste, ich durfte das nicht allein angehen, zu leicht wäre ich meiner Neigung zu Willkür und Unbeständigkeit ausgeliefert gewesen. Mit den Frauen betrieb ich erst zwei Jahre experimentelle Physik, alle zwei Tage zwei Stunden, dann ein Jahr Mechanik, ein Jahr Geometrie, ein Jahr Chemie und Botanik und ein Jahr Naturgeschichte. Dabei zwang ich mich, meine Ungestümheit zu zügeln und mich deren Tempo anzupassen.

Mich so einzuschnüren und das Band von Mal zu Mal enger zu ziehen, ist das einzige Mittel, und es hat Früchte getragen. Es ist zugleich grausam, weil Geradlinigkeit, Gleichmaß, Regelmäßigkeit meinem schwankenden Temperament völlig zuwider laufen. Geschäftigkeit bis zur Maßlosigkeit, den ganzen wissenschaftlichen Stoff auf einmal zu verschlingen, kann bei mir von einer Minute auf die andere in eine faule, trübsinnige, zerstreute Lustlosigkeit umschlagen. Dazu setzen mich Kopf-, Magenschmerzen und vielfältige andere Beschwerden häufig außer Gefecht.

Natürlich habe ich Angst, es nicht durchzuhalten. Um mir zusätzlichen Druck zu schaffen, informierte ich wiederum Freunde und Familie über mein Programm.

Ich weiß, sie warten nur darauf, dass ich scheitere. Ich muss meinen Vorsätzen also unbedingt treu bleiben, denn ich will ihnen keine Gelegenheit geben, mich einmal mehr auszulachen.

Marianna übersiedelte im April 1781 nach Klagenfurt, nachdem ihre Mutter am 29.11.1780 gestorben war.

Nicht in Madame Tussauds, sondern im Konvent der Elisabethinen in Klagenfurt: die lebensgroße Wachsfigur der Erzherzogin Maria Anna

Intro: Klagenfurt

Marianna ist, wenn auch nicht in Klagenfurt geboren, so doch dort zu neuem Leben erwacht. Ihr Geist und ihre Tatkraft haben auf Stadt und Land ausgestrahlt. Es sammelte sich um sie ein Kreis gelehrter und freisinniger Personen, der ihr Palais zu einem lokalen Zentrum der Aufklärung werden ließ.

Man wird bei einem Rundgang durch die Stadt nicht – wie in Wien mit Maria Theresia – zur Begegnung mit Marianna gezwungen. Man muss sie suchen. Ein wenig hinter dem Krankenhaus der Elisabethinen versteckt in der Mariannengasse liegt das ehemalige Palais der Erzherzogin. Heute ist es die Bischofsresidenz. Ein eindrucksvolles schmiedeeisernes Gittertor führt in den hufeisenförmigen Ehrenhof.

Pacassi, der Wiener Hofarchitekt, der auch Hetzendorf gebaut hatte, war mit der Errichtung der Residenz beauftragt worden, Jahre bevor die zukünftige Bewohnerin sie beziehen konnte. In der zweijährigen Bauphase hatte Marianna bei dem mit der Überwachung der Bauarbeiten bevollmächtigten Baron von Herbert freundlich, aber deutlich auf die Ausführung bestimmter eigener Vorstellungen gedrungen. Nicht irgendeine Residenz sollte es werden, sondern eine von ihr persönlich mitgestaltete. Auch was die Inneneinrichtung anging, bestand sie – dem knauserigen Bruder Josef zum Trotz – auf neuen Möbeln. Klagenfurt war ihr ein Herzensanliegen.

Marianna suchte religiöse Gemeinsamkeit und menschliche Verbundenheit. Sie wünschte sich eine sie erfüllende Aufgabe, nämlich im Dienste des Nächsten tätig zu sein. Allerdings wollte sie nicht Klosterfrau werden, sondern ein selbstbestimmtes Leben führen. Und das konnte sie nur, wenn sie sich ihrem Stand gemäß etablierte, wenn auch bescheidener als in Wien. Die Erzherzogin machte sich als einzige von den Geschwistern quasi zu einer Privatperson.

Mariannas neue Lebensplanung ist gelungen. In Klagenfurt war die Erzherzogin, wie Xaveria Gasser, die Oberin des Elisabethinenklosters, berichtet, zufrieden und vergnügt. „Ich bin wohl glücklich unter euch," sagte Marianna. „So gute und erkenntliche Herzen habe ich noch an keinem Orte angetroffen. Ich habe 40 Jahre in Wien gelebt, aber man hat mir nicht gezeigt, dass man mich liebte."[28]

Ein Jahr nach ihrem Tod hat der Konvent dem bekannten Wiener Wachskünstler Müller-Deym den Auftrag erteilt, von der Erzherzogin eine Figurine herzustellen. Offensichtlich schien den Nonnen das feine schmiegsame Material passend für Marianna, deren letzte Jahre in Klagenfurt sie zu einer nächstenliebenden, mildtätigen und in diesem Sinn „wachsweichen" Frau gemacht hatten. Man findet das Standbild in der historischen Apotheke des Elisabethinenkonventes, den es dank des unermüdlichen Einsatzes von Marianna immer noch gibt.

Gesicht und Hände der Statue sind aus Wachs modelliert, das Körperinnere ist mit Heu und Stroh angefüllt. Sie trägt eine Haube und ist mit einem Schlafrock bekleidet, dem gebräuchlichsten Hauskleid der Adligen im 18. Jahrhundert. Es ist der braunseidene Morgenrock ihrer Mutter, den Marianna entgegen deren Wunsch, darin beerdigt zu werden, mit nach Klagenfurt gebracht und dort immer getragen hat. Wie die Mutter ist sie in demselben gestorben.

Statt in Denkerhaltung mit einem Buch oder einer Lupe hat das Kloster seine geistig und ideell sehr anspruchsvolle Wohltäterin Marianna in einer ganz unspektakulären hausmütterlichen Pose verewigen lassen. Volkstümlich-familiär, zugänglich, erreichbar, so wie die Schwestern sie kannten und liebten.

Während Maria Theresia hoch über den Köpfen ihrer Untertanen die Insignien der Macht – das Zepter und die pragmatische Sanktion, den Staats- und Verfassungsvertrag – in der Linken schwingt und die Rechte zum Volk hin ausstreckt, sitzt Marianna mit Spule und Schiffchen Schnüre knotend in ihrem Sessel. Ihr Blick hat sich von der Arbeit gelöst, um ihn für einige beschauliche Momente in die Ferne zu richten.

In einer Trauerrede nach ihrem Tod wird Marianna als Meisterin der Nadel bezeichnet, und die Oberin des Klosters erzählt, dass sie und Marianna sich täglich nach dem Mittagessen trafen. „War ich selbst krank, so kam die beste Fürstin mit ihrer Arbeit und saß den ganzen Nachmittag bis 6 Uhr an meinem Bette. Sie konnte keine Minute müßig sein. Wir arbeiteten oft an einem Nährahmen, verfertigten Messgewänder und Kirchenspaliere, mit Seide gestickt. Ihre Lieblingsarbeit war Schnüre aus Seide knöpfeln, die dann wieder zum Sticken für Kirchenornate verwendet wurden."[29]

Marianna war eine, die sich mit den Schwestern gemein gemacht hat. Sie wollte es nicht besser haben als die niedrigsten Bediensteten. Sie war eine Frau zum Anfassen und die auch anfasste. Ein bis zwei Mal in der Woche machte sie Besuche bei den Kranken. „Sie wagte sich an jedes Bett", erzählt die Oberin, „und reichte allen Kranken die bloße Hand zum Küssen. ... Keine Krankheit, keine Wunde war so scheußlich, dass sie sich derselben nicht genähert hätte." Einst habe man sie von einer Operation fernhalten wollen, da von der Eigenart der Krankheit ein sehr übler Geruch zu befürchten war. Doch resolut habe die hohe Frau geantwortet: „Glaubt ihr, ich habe eine andere Nase als ihr?"[30] Sie ließ sich nicht abhalten.

42 Jahre hatte Marianna unter einem Dach mit und unter den Augen der übermächtigen Mutter zugebracht, und auch nach deren Tod trennte sie sich nicht wirklich von ihr. Sie machte sich zwar auf den Weg nach Klagenfurt, aber in ihrem Reisegepäck befanden sich eine Reihe von Erinnerungsstücken an Maria Theresia, die Marianna – bedeutungsvoller geht es nicht – als „heilige und wertvolle Reliquien" bezeichnete: ein Tisch, von dem sie sagte, dass sie ihn begehrte. Es ist der Tisch, an dem Maria Theresia bis zu ihrem Tod saß, auf den sie sich mit den Armen stützte und, wenn sie schlummern wollte, darauf lehnte. Der Rosenkranz und das alltägliche Gebetbuch der Mutter, das diese die Gnade hatte, noch zwei Tage vor ihrem Tod an die Tochter zu schicken. Das Kaffeegeschirr, von dem Maria Theresia täglich trank. Marianna kaufte es. Grauseidene Schnüre und ein Strickbeutel, die Maria Theresia selbst verfertigt hatte.

Porträts von Maria Theresia, darunter ein Kinderbildnis, auf dem die Kaiserin eine Puppe in der Hand hält, die zu ihrem Lieblingsspielzeug gehörte. Die Puppe wurde auch nicht weggeworfen, als Maria Theresia schon erwachsen war. Und schließlich der schon erwähnte Schlafrock der Mutter.

Die Tochter nimmt die Mutter mit, macht sie auch in ihrem neuen Leben allgegenwärtig. Ich stelle mir Marianna vor: Sie sitzt in ihrer Residenz an dem Tisch, auf dem die Mutter Spuren hinterlassen hat, trinkt aus deren Tasse, handarbeitet mit deren Material, vereint sich selbst im Gebet mit der Mutter, indem sie die Blätter des Gebetbuches und die Perlen des Rosenkranzes hingebungsvoll mit den Fingern berührt, ist gehüllt in den mütterlichen Morgenmantel und richtet den Blick auf ein Porträt Maria Theresias vor ihr an der Wand. Eindrücklicher und berührender lässt sich der lebenslang unerfüllt gebliebene Wunsch nach Nähe, körperlicher Nähe, nach Verschmelzung nicht ausdrücken.

Auf dem Bild, das Marianna 1781, ein Jahr nach ihrer Ankunft in Klagenfurt, von sich malen ließ, trägt sie ein Medaillon um den Hals mit dem Bildnis Maria Theresias. Es ist zweifellos ein wichtiges Zeichen der Verehrung und Verbundenheit, die Mutter in den Mittelpunkt des Gemäldes zu rücken und sichtbar am Herzen zu tragen.

Aber ist diese Kette um den Hals nicht auch Ausdruck einer – vom Schmuckcharakter glänzend überdeckten – Strangulation?

*Seit dem 25. April 1781 ist Marianna in Klagenfurt.
Sie macht heimlich Aufzeichnungen, deren Adressat A. ist.*

„Es lebe Marianna"

Ich befinde mich nun in der selbst gewählten, so schmerzhaften Ferne von dir, mein lieber Freund. Um sie besser auszuhalten, bleiben nur Feder und Papier. An dich zu schreiben, kann ich meinen zärtlichen Empfindungen nur in größter Heimlichkeit erlauben. Ich stelle mir vor, dass du bei mir bist und ich dir erzähle, wie ich hier lebe und auch, was mir an Gedanken zu uns durch den Kopf geht.

Vor dem Schlafengehen greife ich wie so oft nach der *Princesse de Clèves*, die sich, seitdem meine Großmutter mir vor vielen Jahren diesen ihren Lieblingsroman gewissermaßen ans Herz gelegt hatte, als meine ständige Wegbegleiterin erhalten hat. Zwar bin ich nicht direkt ins Kloster gegangen wie die Prinzessin, aber doch in seine unmittelbare Nähe gezogen. Wenn ich das Buch in meinen sehnsüchtigsten Stunden aufschlage, ist mir, als läse ich in einem Spiegel:

„Sie (Madame de Clèves) hatte die Gewissheit gewonnen, dass sie seinen (Monsieur de Nemours) Anblick um jeden Preis fliehen müsse, um ihrer Pflicht treu zu bleiben. Aber diese Überzeugung, die das Werk der Vernunft und der Tugend war, ergriff nicht ihr Herz. Es blieb Monsieur de Nemours mit einer Heftigkeit ergeben, die Madame de Clèves keine Ruhe ließ und sie in einen Zustand versetzte, der wohl des Mitleids wert war."

Es gab einen herzlichen Empfang bei meiner Ankunft in Klagenfurt. Der Zustrom der Kärntner war überwältigend.

Ich versuche möglichst schnell genaueren Einblick in die Umstände des Klosters und des gesamten Landes zu nehmen, um zu sehen, wo ich am besten helfen kann. Besichtigung der Klosterörtlichkeit, Besuch der Krankenstation, acht Betten.

Führe täglich Gespräche mit der Oberin. Sie ist etwas jünger als ich. Es ist auf Anhieb ein sehr freundschaftliches Verhältnis. Xaveria Gasser, Tochter eines Gastwirtes aus der Gegend, ist erst kurze Zeit in dem schweren Amt. Ihr nicht erlahmender und bedingungsloser Einsatz für ihr Kloster flößt mir großen Respekt ein. Auch ihr Einfallsreichtum. Ich spüre, dass sie mir gut tut. Die Aufgabe, gegen die überall mit Händen zu greifende Not und die ständige Existenzbedrohung des Klosters anzutreten, wäre noch weniger zu bewältigen, hätten da nicht zwei zusammen gefunden, die kämpfen und so einiges ausrichten können.

Es ist so viel zu besorgen. Renovierung der Kirche, Verschönerung des Gottesdienstes, Ausstattung der Schwestern und der Kranken mit dem Nötigsten. In jedem Winkel finde ich etwas zu verbessern. Wenn mein Vermögen nur meinen Wünschen, hilfreich zu sein, entspräche! Im ganzen Land gibt es ein riesiges Feld von Bedürftigkeit und tiefster Armut.

Meine Gesundheit ist Gott sei Dank in diesen ersten Monaten einigermaßen gut, so kann ich mich an allen

Andachten und geistlichen Verrichtungen der Schwestern beteiligen, kurze Spaziergänge zu Fuß in die umliegenden Gegenden und kleinere Lustreisen auf die benachbarten Güter der Adligen unternehmen. Dabei lerne ich meine neue Heimat am besten kennen und schätzen: Kärnten und seine Bewohner sind absolut nicht langweilig, altmodisch, zurückgeblieben. So und ähnlich hatte man mich mit der bekannten Wiener Hochnäsigkeit vor der Übersiedlung gewarnt. Ganz im Gegenteil, sie sind geschäftig, aufgeschlossen, dem Neuen zugewandt.

Und sie sind froh und dankbar, dass endlich auch in ihrem Land eine „Kaiserliche" residiert und den entsprechenden Glanz verbreitet. Sie setzen große Hoffnung in mich, ihnen ein höfisches Leben zu bieten. Einige Bälle und Empfänge habe ich schon gegeben. Fürs nächste Jahr plane ich eine Schlittenfahrt, wie ich sie in Wien so geliebt habe. Es soll alles bescheiden bleiben. Ich kann und will hier nicht Wiener Verhältnisse einführen. Intrigen und Hofklatsch inbegriffen.

Der Gedanke an meinen Tod lässt mich nicht einen Moment ruhen. Ich habe keine Zeit zu verlieren, die zahlreichen Vorstellungen, wo und wie ich hier tätig werden will und muss, in die Tat umzusetzen. Und für mein Ableben die entsprechenden Verfügungen zu treffen, was die Zukunft des Klosters angeht, aber auch mich selbst. Meine Gruft lasse ich schon herrichten. Ein schwarzer Marmorstein aus Tirol ist gestern angekommen. Er ist für mein Grab. „Maria Anna, Sünderin" soll darauf stehen.

Dich aus meinem Herzen zu löschen, das weiß ich nicht anzustellen. Mein Herz ist weit entfernt von meinem sonstigen Wankelmut. So bald ich einmal liebe, denke ich an niemand anderen mehr. So liebe ich dich beständig durch mehr als 20 Jahre, das erste wie das letzte.

Die schlimmste Trennung, die ich vollziehen musste, war die von dir, meiner großen einzigen Liebe. Dieser Trennung wegen hoffte ich, dass der Zeitpunkt der Abreise nie Wirklichkeit werden würde. Aber er kam, und es ist immer noch der größte Konflikt, den ich zu bestehen hatte und habe. Ich musste mich aus freiem Willen losreißen von einer Leidenschaft, Freundschaft und Liebe, die ich bis dahin nicht gekannt hatte. Gott gab mir übernatürliche Kraft. Der Entschluss zu gehen hat sich dank der vielen Schwierigkeiten, die mir der Himmel schickte, und auch aus Gründen der Vorsicht in mir schließlich doch so verfestigt, dass ich gegen dich, meinen Freund, und gegen mein eigenes Herz das Urteil gesprochen und alles verlassen habe. Aber ich bin zu schwach, die Hoffnung auf ein Wiedersehen abzuschneiden. Immerhin versuche ich sie klein zu halten und glaube zuversichtlich, dass Gott mir die Kraft geben wird, hier in der Ruhe und Stille zur weiteren Selbsterkenntnis und Vervollkommnung zu finden.

Ich bin ständig in Bewegung. Meine neuen Aufgaben, vor allem die wohltätigen Pläne, beschäftigen mich von morgens bis abends, oft auch nachts noch. Wie immer will ich alles auf einmal. Habe ich erst ein Krankenbett aufgestellt, dann müssen auf der Stelle alle anderen Sachen gekauft und hergestellt werden: Matratzen, Decken, Bettwäsche, Handtücher, Nachthemden, Schlafhauben. Alles in ausreichender Zahl. Ich rechne und verteile. Dabei sind die Ausgaben für so ein Bett belanglos im Vergleich zu dem Kloster- und Krankenhausum- und -ausbau, wie ich ihn mir wünsche. Dafür mangelt es mir an der Kleinigkeit von fünf Millionen.

Habe mich malen lassen, von einem gewissen Johann Baptist Lamp oder Lampi. Liesl hat ihn mir empfohlen. In Innsbruck hat er von ihr ein hervorragendes Bild gemacht. Als er auf der Durchreise nach Wien war, ergriff ich deshalb gleich die Gelegenheit, nicht nur mich, sondern auch Xaveria malen zu lassen. Für die Sitzungen legte ich ein Medaillon mit dem Porträt der Kaiserin an. Keiner käme je auf die Idee, dass ich darunter ein Bildnis von dir versteckt habe.

Ich bin närrisch, ich weiß. Aber es gefällt mir, mein Geheimnis im Verborgenen zu halten und es gleichzeitig mit stolzer Brust in die Öffentlichkeit zu tragen. Die Nonnen, nichtsahnend, mustern mich irritiert, wenn ich ab und an vor mich hinkichere wie ein Kind, dem ein Streich gelungen ist.

Sicherheitshalber spreche ich dich nie mit Namen an, so dass dein Incognito auch über meinen Tod hinaus gewahrt bleibt, sollten meine Aufzeichnungen in unbefugte Hände gelangen.

Was war das für eine große Überraschung, die mir die Nonnen zu meinem Geburtstag bereitet haben! Mit einer kleinen Reise aufs Land hatten sie mich von Klagenfurt weg gelockt, um in meiner Abwesenheit alles vorzubereiten: die festliche Beleuchtung, die Musikkapelle der Stadt, das Konzert. Ich war zu Tränen gerührt über meine lieben Kärntner, die dicht gedrängt dastanden und riefen: „Es lebe Marianna!" An diesem Tag, den ich nie vergessen werde, fühlte ich mich zum ersten Mal in meinem Leben rundum geliebt.

Umso mehr, als ich dich, der du anlässlich meines Geburtstages eigens von Wien herüber gekommen warst, plötzlich in der Menge entdeckte. In Schrecken und Freude flog dir mein Herz zu. Aber es ist alt und wird schnell schwach, du darfst es nicht so erschüttern. Sonst bleibt es vor Glück noch vor der Zeit stehen.

Wenn ich so innig an dich denke, kommen mir spontan Worte aus der *Princesse de Clèves*: Ich habe mir angwöhnt, sie auswendig aufzuschreiben oder auch ganze Passagen abzuschreiben:

„Mal glaubte Madame de Clèves die Leidenschaft, die sie für Monsieur de Nemours empfunden, überwunden und ferngerückt. Mal ging der Schmerz in eine wehmütige Traurigkeit über. Und dann war es wieder ganz anders: die gelassene Wehmut, in der sie Ruhe zu finden begann, wich von ihr, sie fühlte sich erregt und aufgewühlt. Und dazu reichte eine kurze Begegnung: Wie bewegte dieser flüchtige Anblick Madame de Clèves das Herz! Wie entbrannte die schlummernde Leidenschaft in ihrem Gemüt, und mit welcher Gewalt!"

„Ich gestehe Ihnen", sagt Madame de Clèves in dem Abschiedsgespräch, „dass Sie Gefühle in mir erweckten, die mir unbekannt waren, ehe ich Sie sah, und von denen ich so wenig wusste, dass sie mich zuerst erschreckten und die Verwirrung, die sie stets mit sich bringen, noch erhöhten."

Wenn ich an meinem Schreibtisch sitze, schaue ich durch das geöffnete Fenster direkt in den Klostergarten, in dem gerade einige Elisabethinen arbeiten. Wie die Schwestern in ihren langen Kutten gebückt Unkraut auswerfend auf der Erde hocken, erinnern sie mich an große schwarz-weiße Insekten aus meinen Sammlungen. Nonnenkäfer, denke ich lächelnd, eine außergewöhnliche Spezies, die durch Klosterreform und rigorose Sparmaßnahmen meines kaiserlichen Bruders Josef vom Aussterben bedroht ist.

Ja, mein kleiner Bruder Pepi! Er geizt mit allem. Wie er mir die Ausgaben für meinen Umzug vorgehalten und bestimmte Mittel und Zuwendungen gestrichen hat. Wie er misstrauisch auf meine enge Verbundenheit mit dem Kloster schaut. Sich darüber mokiert.

Ich hasse es, mich, um ihn nicht zu reizen, wohl verhalten zu müssen. Überhaupt, wenn es um den Bestand und die Ausstattung „meines" Klosters geht. Zuweilen bricht es dann wieder durch, mein heftiges Temperament! Und ich werfe alle Zurückhaltung über Bord. Erst durch Graf Enzenberg, meinen Obersthofmeister, und Xaveria besänftigt und bekniet – sie lagen, mich beschwörend, tatsächlich vor mir auf den Knien! –, war ich in der letzten Auseinandersetzung mit Josef bereit, ihrem Rat zu folgen und zurückhaltender vorzugehen.

Josef ist ein harter, boshafter Mann, aber auch charmant, wenn er will, mit viel Talent und großen fortschrittlichen Ideen, von denen ich durchaus manche teile. So habe ich mich besonders gefreut über sein Toleranzpatent, das zu Lebzeiten der Kaiserin undenkbar gewesen wäre. Inzwischen sind viele protestantische Gemeinden hier in Kärnten entstanden. Auch die Juden sollen ihnen bisher verweigerte Rechte erhalten.

Es ist nur schade, dass er das, was er sich vorgenommen hat, oft zu schnell und radikal durchzusetzen versucht und keinen Widerspruch duldet.

Ab und an dringt ein Wort, ein Lachen zu mir herüber. Ich winke den Nonnen zu, schließe dann aber das Fenster. Ich will für mich sein. Nachdenken. Über mein Leben und es aufschreiben, um Gott für seine außerordentliche Gnade zu danken und sie immer vor Augen zu haben, genauso wie auch meine großen Fehler und Schwächen, gegen die zu kämpfen und für die zu büßen ich weiterhin an mir arbeiten muss.

Dass mein Leben mit über 40 Jahren noch einmal beginnen und sogar eine so segensreiche Wendung nehmen würde, das verdanke ich dem Kloster und vor allen Dingen Xaveria. Ich habe eine Aufgabe gefunden, die mich befriedigt, und eine Freundschaft, die ich als wertvollen Schatz begreife. Sie hilft mir über deinen Verlust ein Stück hinweg. Ganz kann ich die Hoffnung auf dich immer noch nicht aufgeben.

Außer Xaveria, die mir von allen die Liebste ist, hat sich hier inzwischen ein Kreis von Freunden gebildet: Nonnen, Künstler, Wissenschaftler, Männer und Frauen, Adlige und Nichtadelige, Weiße und Schwarze (der

Mohr und Freimaurer Soliman, den auch mein Bruder sehr schätzt, war einige Male hier in Begleitung Borns, dieses fähigen Mineralogen und Montanisten). Der Hof entwickelt sich, und das freut mich besonders, nicht nur zu einem gesellschaftlichen, sondern auch zu einem geistigen Mittelpunkt.

Mal sind es wissenschaftliche Diskussionen – Enzenberg versucht mich gerade für die Archäologie zu gewinnen –, mal werden Gelegenheitsdichtungen zum Besten gegeben. Ich liebe vor allem die Blumauer-Verse. Sie sind ganz nach meinem Herzen, auch oder gerade weil sie oft humorvoll-satirisch, derb sind. Manchmal so treffend komisch, dass ich Tränen lache. Schon manche Überschrift reicht, um mich zu erheitern: „Ode an den Leibstuhl" oder „An den Magen". An das lange Gedicht „Lob des Flohs", das mir so besonders gefällt, erinnere ich mich alter Strohkopf nur lückenhaft:

Du kleiner Nero, Compagnon der Läuse,
Blutgieriger Tyrann!

…patrouillieren auch Schwadronen
von deinem leichten Heer
beständig in den dunklen Regionen
des Unterrocks umher.

Nichts schützt die Mädchen, die sich dir verschließen,
vor deiner Blutbegier…

Du Springinsfeld bist überall gelitten,
wo nie ein Mann hin soll.

*Und schwelgst dich, gleich der Biene an den Blüten,
geheimer Schönheit voll.*

*Kein Fleck im ganzen weiblichen Gebiete,
auch noch so heilig ist,
auf dem du nicht schon mit verwegnem Tritte
herumspazieret bist.*

Blumauer hält sich seit einiger Zeit in Klagenfurt auf. Er ist ein enger Freund des ehemaligen Abtes von Sankt Paul, Anselm von Edling, seit der Aufhebung seines Benediktinerstiftes Pfarrer in Wolfsberg und unser Hofprediger. Er ist ein großer schöner Mann und hat etwas so Heiter-Gefälliges in seiner Erscheinung, dass ihn alle lieben. In besonderer Weise auch ich, die ich mich etwas kokett als seine Pfarrersköchin bezeichne. Edling hat sich zum wahrhaft edlen Lieferanten von Ratschlägen, Zuspruch und Dichtungen entwickelt, der mir jederzeit mit Rat und Trost beisteht und uns zu festlichen Gelegenheiten mit seinen lustigen Dichtungen versorgt.

Zu meinem letzten Namenstag haben die Schwestern eine Komödie aufgeführt, von ihm verfasst, bei der mir vor Lachen die Tränen nur so herunter gelaufen sind. Xaveria spielte meine Wenigkeit, und zwei von den Nonnen sind gar in Hosen aufgetreten, die eine als Schäfer und die andere als Graf Enzenberg. Letztere hat meinen Obersthofmeister, den „beau Franzl", wie meine Mutter ihn gerne liebevoll nannte, herrlich parodiert. Am liebsten würde ich bei den Aufführungen selbst mitmachen. Ein bisschen wehmütig erinnere ich mich daran, wie ich in Wien bei so vielen Familienfesten auf der Bühne getanzt, gesungen und gespielt habe.

Die Literatur hat hier ungemein viele Freunde. Ein regelrechtes Wertherfieber ist ausgebrochen. Auch das letzte Stück von Lessing, *Nathan der Weise,* ist in der Stadt, in der es so viele Freimaurer gibt, mit großem Interesse und Beifall aufgenommen worden. Bei mancher Mittags- oder Abendmahlzeit führt es zwangsläufig zu brennenden Diskussionen über Toleranz, Menschlichkeit, Brüderlichkeit, und meistens geht es dann auch um den „Josefinismus", wie man die Reformen meines Bruders inzwischen kurz und knapp bezeichnet.

Dass Lessing Bibliothekar in Norddeutschland war, in Wolfenbüttel, wo meine Verwandten großmütterlicherseits vor ihrem Umzug nach Braunschweig residiert haben, berührt mich besonders. Er war in der berühmten Bibliotheksrotunde tätig, in der schon Leibniz gearbeitet und deren Bauanfänge meine Großmutter noch vor Ort miterlebt hatte.

Nicht nur am Hof finden Geselligkeiten mit Schauspielen, Lesungen und philosophischen Gesprächen statt, sondern auch in anderen Häusern. Neulich erzählte die Baroness von Dreer, die, glaube ich, sämtliche Kritiken Kants studiert hat und geläufig über Kategorien und Antinomien spricht, von den Zusammenkünften beim Baron von Herbert. Sie zeigen sich überrascht, die Männer, sagte sie, dass wir Frauen uns bei den Diskussionen hervortun. Am meisten Staunen aber rufe hervor, so die Baroness, dass wir männliche Erkenntnisse nicht nachbeten, sondern „Selbstdenkerinnen" sind.

Die meisten Männer, mit denen ich näher zu tun habe, sind Freimaurer. Darunter meine engsten Vertrauten, Enzenberg, Edling, Christallnigg, Herbert. Bei der großen Zahl von Freimaurern konnte es nicht ausbleiben, dass auch in Klagenfurt eine Loge entstand.

Zur Wiener Loge „Zur wahren Eintracht" hatte ich schon zu Lebzeiten meines Vaters Kontakt, der zum Leidwesen meiner Mutter – noch ein Jahr vor seinem Tod ließ sie die Brüder verbieten – selbst Freimaurer war. Unter ihnen bedeutende Denker und Forscher, das hat mich besonders zu ihnen hingezogen. Mit einem von ihnen pflege ich bis heute geistigen Austausch, dem Vorsteher der Loge, Ignaz von Born, der nach dem Tod meines Vaters mein wissenschaftlicher Lehrer wurde.

Die Brüder haben die Klagenfurter Loge nach mir „Zur wohltätigen Marianna" benannt, das macht mich sehr stolz und glücklich.

Nachdem ich in Wien die Hofgesellschaft gemieden und mich, um Selbsterforschung bemüht, jahrelang mit mir allein herumgeschlagen habe, genieße ich es jetzt, mit all den Leuten hier zusammen zu sein. Vor allem mit Xaveria kann ich über vieles, auch über meine innersten Empfindungen reden. Sie ist für mich wie ein anderes Ich. Mit ihr gelingt es mir, eine noch weitgehend verborgene Person aus mir hervor zu holen. Aus der missmutigen, hochmütigen, intriganten Marianna entwickelt sich zeitweise ein humoriges, heiteres, mitfühlendes Wesen, nur noch selten reite ich ätzende Attacken gegen andere. Jetzt sind es eher liebevolle Neckerei und selbstkritischer Spott.

Wenn ich hier im Kreise meiner Freunde sitze, dann fühle ich mich trotz meines Buckels und meiner ständigen Schmerzen so frei und auch glücklich – ich muss es noch einmal sagen –, wie nie zuvor in meinem Leben.

Über Jahre habe ich sehnsüchtig auf den Tod gehofft, nun kommt er mir, mit Verlaub, ziemlich ungelegen. Aber das schert ihn nicht. Ich betrachte ihn, wie er in lauernder Erwartung dasteht. Zu keinen Verhandlungen bereit.

In den vergangenen Tagen habe ich immer wieder sinnend vor dem Bildnis meiner Großmutter hier in meinem Zimmer gestanden und gedacht, dass sie jetzt schon seit über 30 Jahren tot ist. Das Gemälde, das sie als Witwe zeigt, stammt von dem Genfer Maler Liotard, der Anfang der 1740er-Jahre auf dem Rückweg aus der Türkei eine Zeitlang in Wien blieb und am Hof Eingang fand. Sein Aussehen – langer Bart und *à la turque* gekleidet – machte ihn zur exotischen Attraktion. Mir gefiel er sehr, außerdem war ich ein neugieriges Kind, so dass ich mich manchmal in seine Werkstatt schlich, um ihm und seinen Assistenten bei der Arbeit zuzusehen. So habe ich die Entstehung des Bildnisses zumindest in Teilen direkt vor Ort miterlebt.

Beim Anblick des Porträts wird mir schmerzlich bewusst, was ich alles in Wien zurückgelassen habe! Auch viele Erinnerungen an die Großmutter. Den Bericht über ihre Reise nach Spanien zum Beispiel und die Zettel, leider ungelesen, im Sekretär in Hetzendorf. Wie gerne würde ich das alles jetzt hier haben. Ich weiß nicht einmal, wo es hingekommen ist.

Es gibt auch andere Dinge, denen ich gelegentlich nachtrauere, wie etwa der kleinen Werkstatt. Oder meinen Büchern und Sammlungen, die, in unzählige Kisten verpackt und von mir mit schmerzlichen Blicken begleitet, aus der Burg getragen wurden. Jetzt fange ich langsam an, mir zumindest in klein einiges wieder aufzubauen.

Es gibt Zeiten, da halten einen die Erinnerungen fest im Griff. Ich muss oft an den Tod meiner Mutter denken. Dieselben Beschwerden, mit denen meine Großmutter zu kämpfen hatte, haben sie im Alter geplagt. So bald sie nur ein wenig gehen musste, wurde sie blau und rot und schwitzte am ganzen Leib. Aber auch schon im Sitzen, wenn sie viel redete und mit den Händen gestikulierte, wurde sie kurzatmig. Ein Katarrh, den sie sich zuletzt bei einer Jagd in Schönbrunn zugezogen hatte, bescherte ihr schlimmen Husten bis zu todesähnlichen Erstickungsanfällen. Gegen die Hitze, die ständig wie ein Brand in ihr aufstieg, hatte sie Tag und Nacht die Fenster offen und trank viel eisgekühlte Limonade. Das Sterben zog sich über mehrere Tage hin. Ich hielt mich die ganze Zeit in ihrer Nähe auf und konnte doch nichts tun; die entsetzliche Tragödie verschlimmerte sich mit jeder Stunde.

Ich war zutiefst unglücklich, die beste aller Mütter verloren zu haben. Dass ich bei allen Fehlern, bei meiner wahrhaft üblen Natur, es an einem nie habe mangeln lassen, an Respekt und Liebe zu meiner Mutter, vermochte mich ein bisschen zu trösten.

Ich bin zwar noch deutlich jünger als Mutter und Großmutter zum Zeitpunkt ihres Todes, aber schon jetzt werde ich den beiden an Leibesfülle immer ähnlicher, auch suchen mich die gleichen Leiden heim. Wie mein Leibarzt Störck sagt, ist es eine Familienkrankheit. Die sich wohl nur unter den Frauen vererbt. Jedenfalls habe ich eine genaue Ahnung davon, was bis zu meinem Tod noch alles an Qualen auf mich zukommen wird. Hoffentlich bestehe ich diese letzte Prüfung ähnlich tapfer wie Mutter und Großmutter.

Jeden Tag wünsche ich die Stunden mit Xaveria herbei, die uns nach Abwicklung der vielen geschäftlichen Notwendigkeiten oft nur sehr begrenzt bleiben. Nun ist sie auch noch krank. So bin ich gestern zu ihr gegangen und saß zwei volle Stunden an ihrem Bett. Sie schilderte mir die elenden Umstände des Klosters und seufzte. „Aber", sagte sie, nach einer Weile wieder lebhafter geworden, „der heilige Franz von Assisi, nach dessen Regeln wir leben, wie auch die heilige Elisabeth haben nicht nur eine hingebungsvolle Liebe zu allen Geschöpfen vorgelebt, sondern auch Frohsinn." Sie zitierte die erste Regel des Ordens, wonach die Schwestern sich fröhlich im Herrn zeigen, heiter und gefällig sein sollen.

Die franziskanisch-elisabethanische Fröhlichkeit ist wirklich ansteckend. Sie hilft über viele Schwierigkeiten hinweg und flößt mir wie den Kranken neuen Lebensmut ein. Selbst mein höchst kritischer Bruder Josef hat sich nach seinem Besuch, währenddessen er auch das Kloster besichtigte, dahin gehend geäußert, dass ihm die Munterkeit der Nonnen besonders gefallen habe.

Xaveria Gasser
1781–1804 „Mutter" Oberin des
Klosters der Elisabethinen in Klagenfurt

Xaveria hat eine so herzlich-aufmerksame Art, mir zuzuhören. Durch behutsame Fragen nach meinen Wiener Jahren bringt sie mich zum Sprechen, über meine Freunde und meine Familie, über bis jetzt streng in mir verschlossene Geheimnisse. Und so habe ich – das erste Mal nach, über 20 Jahren – auch über dich gesprochen und Xaveria gebeten, dir nach meinem Tod die Aufzeichnungen zukommen zu lassen. Ich will dir hinter der Kaisertochter aus dem Hause Habsburg, hinter der stets förmlichen Erzherzogin, die Marianna zeigen, die ich inzwischen so viel mehr liebe. Und das verdanke ich dir.

〰

Bevor die Prinzessin von Clèves den Herzog, der sie nicht zurückhalten kann, verlässt, sagt sie: „Doch sei Ihnen der Gedanke ein Trost, dass Sie die Liebe einer Frau errungen haben, die nie geliebt hätte, wenn Sie nicht Ihnen begegnet wäre; glauben Sie mir, die Gefühle, die ich für Sie empfinde, sind ewig und werden immer bestehen, was ich auch tue. Leben Sie wohl."

„Sieht einem Narrenhäubl gleich."

*Maria Theresia über die böhmische Krone.
(Im Frühjahr 1743 ließ sie sich in Prag damit
trotzdem zur Königin von Böhmen krönen.)*

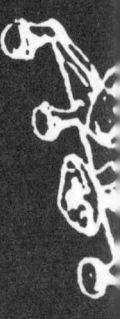

Anmerkungen

[1] zitiert nach Anna Ehrlich / Heiden, Christen, Juden und Muslime. Wien, 2009, S. 175
[2] Die Mutter und die Kaiserin. Briefe der Maria Theresia. Hg. von Carl Rothe. Berlin, 1940, S. 25
[3] Aus der Zeit Maria Theresias. Tagebuch des Fürsten Johann Josef Khevenhüller-Metsch. Wien/Leipzig, 1908, Band 2, S. 174
[4] Khevenhüller, Band 1, S. 168
[5] Schlussendlich ergebe ich mich.
[6] Freut euch, Elisabeth Christine hat einen Sohn geboren.
[7] Immer mehr.
[8] Kinderfrau, Erzieherin fürstlicher Kinder
[9] Kartenglücksspiel
[10] mein alter grollender (grummeliger) Philosoph
[11] Für immer! Ah!, mein Herr, denken Sie selbst darüber nach,/ Wie schrecklich dieses grausame Wort ist, wenn man liebt?/ In einem Monat, in einem Jahr, wie sehr werden wir leiden,/ Mein Herr, dass so viele Meere mich von Ihnen trennen?/ Dass der Tag beginnt und dass der Tag endet,/ Ohne dass Titus jemals Bérénice sehen kann, ...
[12] Wilhelmine bezieht sich auf den zu unrecht schlechten Ruf der Lukretia Borgia. Er war durch Verleumdung entstanden und überdauerte die Jahrhunderte.
[13] Die Siphylis wird auch als Franzosenkrankheit bezeichnet.
[14] Niedersächsisches Staatsarchiv Wolfenbüttel, 1 Alt 24/269

[15] Holger Wittig, Das fürstliche Lustschloß Salzdahlum, München, 2005, S. 30
[16] a.a.O., S. 63
[17] G. Sander, Heimatblätter für Blankenburg am Harz und Umgegend, Nr. 29 (ohne Jahr und Seitenangabe)
[18] Schäferroman von Honoré d'Urfé, Anfang 17. Jh.
[19] Die Liebe kann über das Grab hinausgehen, aber sie geht kaum über die Ehe hinaus.
[20] Madame de la Fayette, Die Prinzessin von Clèves, S. 12 f., S. 19
[21] Mutter der Mutter des zukünftigen Kaisers.
[22] ein lebhafter und glänzender Geist
[23] Ich war außer mir wegen dieses beträchtlichen (heftigen) Verlustes.
[24] Marie Antoinette, 1773, zitiert nach: Maria Theresia, Geheimer Briefwechsel mit Marie Antoinette, hg. von Paul Christoph. Anm. S. 80.
[25] zitiert nach Adam Wandruszka, Leopold II., 2 Bde., Wien/München, 1963. Bd. 1, S. 348.
[26] Es gilt die Bank! Alles auf eine Karte setzen!
[27] Andere mögen Kriege führen, du, glückliches Österreich, heirate. Denn was anderen der Gott Mars gibt, gibt dir die Herrschaft der Venus.
[28] Adolf Innerkofler, Eine große Tochter Maria Theresias, Erzherzogin Maria Anna, Innsbruck, 1910, S. 96
[29] a.a.O, S. 96
[30] a.a.O, S. 89

Quellen und Literatur

Unveröffentlichte Quellen
Wolfenbüttel, Niedersächsisches Landesarchiv
1 alt 23: 376
1 alt 24: 248, 249, 250, 266, 268, 269, 270, 271, 274, 275, 276, 277
Wien, Haus- Hof – und Staatsarchiv
Familienkorrespondenz A, 25, 34, 35, 36, 37, 54

Veröffentlichte Quellen und Literatur
ANZBÖCK, Sylvia, Kaiserin Eleonore Magdalena. Wien, Univ., Dipl.-Arb., 1987

ARNOLD, Werner, Eine norddeutsche Fürstenbibliothek des frühen 18. Jahrhunderts. Herzog Ludwig Rudolf von Braunschweig-Lüneburg (1671-1735) und seine Büchersammlung. Göttingen, 1980

BENEDIK, Christian, Die Wiener Hofburg unter Kaiser Karl VI. : Probleme herrschaftlichen Bauens im Barock. Wien, Univ., Diss., 1989

CARRERAS Y BULBENA, Jose Rafael, Karl von Österreich und Elisabeth von Braunschweig Wolfenbüttel in Barcelona und Girona. Barcelona, 1902

CHRISTOPH, Paul (Hg.) Maria Theresia. Geheimer Briefwechsel mit Marie Antoinette. Frankfurt, 1991

DANSZKY, Eduard P., Sternkreuz, das Schicksal der Isabella von Parma. Mödling bei Wien, 1957

EHRLICH, Anna / HEIDEN, Christen, Juden und Muslime. Wien, 2009

ENGELS, Amelie, Maria Anna. Wien, Univ., Diss., 1964

ETZLSTORFER, Hannes, Maria Theresia, Kinder, Kirche und Korsett. Wien, 2008
FUSSENEGGER, Gertrud, Maria Theresia. Wien, 1980
GROTE, Hans-Henning, Schloss Wolfenbüttel. Braunschweig, 2005
GÜNZEL, Klaus, Der König und die Kaiserin. Friedrich II. Und Maria Theresia. Düsseldorf, 2005
HAHNE, Otto, Herzogin Henriette Christine von Braunschschweig-Wolfenbüttel, Äbtissin von Gandersheim, in: Braunschweiger Magazin, Bd. 20, Jg. 1914
HAWLIK-VAN DE WATER, Magdalena, Das kaiserliche Lustschloss in Hetzendorf. Wien, 1996
HOECK, Wilhelm, Anton Ulrich und Elisabeth Christine von Braunschweig-Wolfenbüttel. Wolfenbüttel, 1845
HOFFMANN, Gabriele, Constantia von Cosel und August der Starke. Bergisch Gladbach, 1984
HUSS, Frank, Der Wiener Kaiserhof. Eine Kulturgeschichte von Leopold I. bis Leopold II. Gernsbach, 2008
INNERKOFLER, Adolf, Eine große Tochter Maria Theresias, Erzherzogin Maria Anna. Innsbruck, 1910
JESSEN, Hans, Friedrich der Große und Maria Theresia in Augenzeugenberichten. München, 1972
KHEVENHÜLLER-METSCH, Johann Josef. Aus der Zeit Maria Theresias. Tagebuch des Fürsten. Bd. 1 und 2. 1742- 49. Wien/Leipzig, 1908
KOLDAU, Linda Maria, Frauen – Musik – Kultur. Köln/Weimar/Wien, 2005
KÖRPER, Gerlinde, Studien zur Biographie Elisabeth Christines von Braunschweig-Lüneburg-Wolfenbüttel. Wien, Univ., Diss., 1975

Kovacs, Elisabeth, Kirchliches Zeremoniell am Wiener Hof des 18. Jh. in: Mitteilungen des Österr. Staatsarchivs 32 (79), S. 109-142

Krauss-Meyl, Sylvia, „Die berühmteste Frau zweier Jahrhunderte", Maria Aurora Gräfin von Königsmarck. Regensburg, 2002

Kronenberg, Kurt, Äbtissinnen des Barock. Gandersheim, 1961

Küchelbecker, Johann Basilius, Allerneueste Nachricht vom Römisch-Kaiserlichen Hofe in Wien. Hannover 1730

Kwan, Elisabeth E. / Röhrig, Anna E., Frauen vom Hof der Welfen. München, 2008

Kwan, Elisabeth E. / Röhrig, Anna E., Vergessene Frauen der Welfen. Göttingen, 2008

Lady Wortley-Montagu, Reisebriefe (1716-1718/). Hg. von Max Bauer. Berlin, 1907

La Fayette, Marie-Madeleine, Gräfin von, Die Prinzessin von Clèves. Stuttgart, 1983

Landau, Marcus, Geschichte Kaiser Karls VI. als König von Spanien. Stuttgart, 1889

Landau, Marcus, Die Mutter der Kaiserin Maria Theresia: Kaiserin Elisabeth Christine, in: Wiener Zeitung, Nr. 55-58, Wien, 1986

Leibrock, Gustav Adolf, Chronik der Stadt und des Fürstentums Blankenburg. Blankenburg, 1865

Leitgeb, Hildegard, Kaiserin Amalie Wilhelmine. Wien, Univ., Diss., 1984

Leitner, Thea, Habsburgs vergessene Kinder. Wien, 1989

Lhotsky, Alfons, Kaiser Karl VI. und sein Hof im Jahr

1712/13, in: Mitteilungen des Instituts für österreichische Geschichtsforschung, Bd. 66

Luckhardt, Jochen, Malerei und Divertissement – Reisen Herzog Anton Ulrichs und seiner Familie nach Venedig. Text einer Vorlesung vom 20. Februar 2002, Braunschschweig

Minkner, Konrad, Ein Beitrag zur Konversion adliger und hochadliger Frauen (1520-1830), Dissertation, Blankenburg, 2014

Neumann, Wilhelm, Carinthia I, Zeitschrift für geschichtliche Landeskunde von Kärnten, 170. Jg. Klagenfurt, 1980

Niekus Moore, Cornelia, Der Bücherschatz der Elisabeth Juliane von Braunschweig-Wolfenbüttel (1634-1704) als Beispiel einer Frauenklosterbibliothek des 17. Jh. Vortrag gehalten am 27. September 2008 an der Herzog August Bbliothek Wolfenbüttel

Pangels, Charlotte, Die Kinder Maria Theresias. München, 1980

Peham, Helga, Maria Theresia ganz privat. Wien, 2003

Pichorner, Franz, Die „Spanische" Althan. Wien, Univ., Dipl.-Arb., 1985

Podewils, Graf von, Otto Christoph, Friedrich der Große und Maria Theresia. Diplomatische Berichte. Berlin, 1937

Praschl-Bichler, Gabriele, Das blieb vom Wien Maria Theresias. Graz, 2001

Rausch Wilhelm, Die Hofreisen Kaiser Karls VI. Wien, Univ., Diss., 1949

Redlich, Oswald, Die Tagebücher Kaiser Karls VI., in: Gesamtdeutsche Vergangenheit, S. 141ff. München, 1938

Rothe, Carl (Hg). Die Mutter und die Kaiserin. Briefe der Maria Theresia. Berlin, 1940

Sander, G., Heimatblätter für Blankenburg am Harz und Umgegend, Nr. 29 (ohne Jahr und Seitenangabe)

Schönburg-Hartenstein, Johanna / Zedinger, Renate, Jean Baptiste Brequin (1712-1785). Forschungen und Beiträge zur Wiener Stadtgeschichte, Bd. 42, Wien, 2004

Silva-Tarouca, Egbert, Der Mentor der Kaiserin. Wien, 1960

Sommer-Mathis, Andrea, Tu felix Austria nube. Hochzeitsfeste der Habsburger im 18. Jh. Wien, 1994

Spahr, Blake Lee, Sibylle Ursula and her books, in: ders. Problems and perspectives, 1981, S. 85-110

Spahr, Blake Lee, Mlle Scudéry und Sibylle Ursula, in: Theatrum Europäum 1983, S. 343-362

Stöckelle, Angela, Über Geburten und Taufen der Habsburger. Wien, Univ., Diss., 1971

Tausch, Franciscus-Borgias, Ehren und Trauerrede, Über den Schmertzlichen Hintritt Elisabethae Christinae. Nachruf, Österreichische Nationalbibliothek

Telesko, Werner, Maria Theresia. Ein Europäischer Mythos. Wien/Köln/Weimar 2012

Thöne, Friedrich, Wolfenbüttel. Geist und Glanz einer alten Residenzstadt. München, 1963

Valloton, Henry, Peter der Große. Russlands Aufstieg zur Großmacht. München, 1996

Vocelka, Karl / Heller, Lynne, Die private Welt der Habsburger. Leben und Alltag einer Familie. Graz, 1998

Wachter, Friederike, Die Erziehung der Kinder Maria Theresias. Wien, Univ., Diss., 1968

WANDRUSZKA, Adam, Leopold II., 2 Bde., Wien/München, 1963

WEISSENSTEINER, Friedrich, Die Töchter Maria Theresias. Wien, 1994

WIENERISCHE Diarien aus den Jahren 1705 bis 1750

WITTIG, Holger, Das fürstliche Lustschloß Salzdahlum, München, 2005

WOLF, Adam, Marie Christine, Erzherzogin von Österreich. Wien, 1863

ZEDINGER, Renate, Franz Stephan von Lothringen (1708-1765). Wien/Köln/Weimar, 2008

ZWEIG, Stefan, Marie Antoinette. Frankfurt, 1980

Abbildungen:
S. 19 oben: Johann Gottfried von Auerbach, 1731, S. 19 Mitte: Martin von Meytens, 1759, S. 19 unten: Jean-Etienne Liotard, 1762, S. 83: unbekannter Maler, ca. 1720, S. 91: Ausschnitt aus dem Kupferstich von Johann Georg Bäck, S. 110: anonym, S. 205: Johann Gottfried Auerbach, Kaiser Karl VI. im Ornat als Großmeister des Ordens vom Goldenen Vlies, S. 236: Martin van Meytens, 1745, S. 275: Johann Baptist Lampi der Ältere, 1781, Konvent der Elisabethinen Klagenfurt, S. 291: Johann Baptist Lampi der Ältere, 1781/82, Konvent der Elisabethinen Klagenfurt

Alle Rechte vorbehalten. Kein Teil dieser Publikation darf in irgendeiner Form oder in irgendeinem Medium reproduziert oder verwendet werden, weder in technischen noch in elektronischen Medien, eingeschlossen Fotokopien und digitale Bearbeitung, Speicherung etc.

Bibliografische Information der Deutschen Nationalbibliothek
Die Deutsche Nationalbibliothek verzeichnet die Publikation in der Deutschen Nationalbibliografie; detaillierte bibliografische Daten sind im Internet über http://dnb.ddb.de abrufbar.

© 2017 müry salzmann
Salzburg – Wien
Lektorat: Silke Dürnberger
Gestaltung: Müry Salzmann Verlag
Druck: Theiss, St. Stefan im Lavanttal
ISBN 978-3-99014-123-6
www.muerysalzmann.at

www.muerysalzmann.at